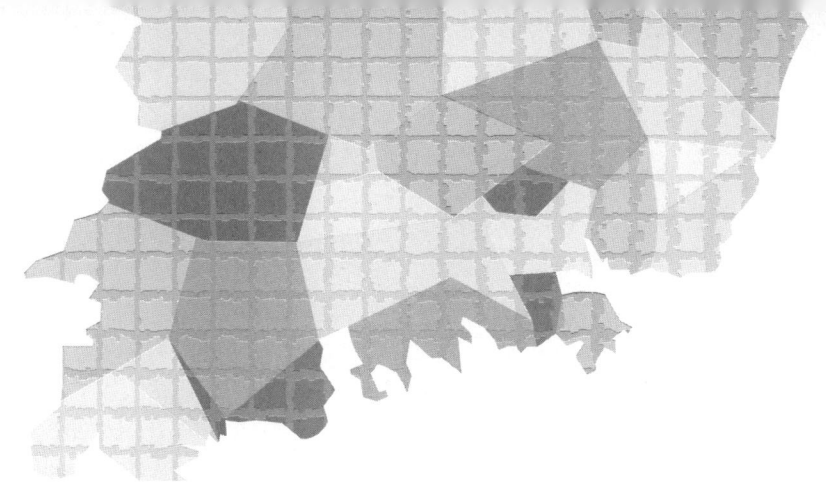

# 광주·전남지방의 기독교 역사

총회교육자원부 편 · 김수진 저

한국장로교출판사

# 머리말

「광주·전남지방의 기독교 역사」를 발간할 수 있게 해 주신 하나님께 감사와 영광을 돌려 드린다.

한국교회는 서양 선교사들의 지원과 헌신의 도움을 많이 받으며 성장하였다. 그들은 광주·전남지역의 산새가 험하고 반면에 드넓은 들녘과 아울러 신안 앞바다를 비롯해서 진도, 완도 장흥, 고흥 여수 앞바다가 펼쳐져 있는 지리적 특성에 맞추어 복음을 확장하였으며, 교육선교와 의료선교에도 큰 시발점이 되었다. 특히 일제강점기에 있던 3·1운동과 민족의 수난 6·25전쟁, 근대화를 향한 5·18민주화운동의 흔적이 그대로 남아 있는 곳이 바로 광주·전남 지방이다.

광주·전남 지방의 교회역사와 그 지역에 속한 개교회들의 사건과 일제의 종교탄압과 한국교회 저항운동 속에서 그 역할을 담당한 인물들을 보며, 우리가 가진 믿음의 유산을 새롭게 보게 될 것이다.

역사를 정리하고 다듬어 책을 내는 일은 참으로 귀한 작업이다. 왜냐하면 아무리 위대한 역사라도 무관심으로 방치해 두면 자료가 흩어지고, 기억 속에 사라져서 자취를 찾을 수 없게 되기 때문이다. 그런 의미에서 김수진 목사님의 자료와 역사의 흔적들은 귀한 재산이 아닐 수 없다. 본 서를 통하여 더 많은 믿음의 자손들이 역사교육을 바르게 알고, 우리 조상들과 선배들이 우리 교회를 위해 어떻게 헌신, 희생했는지를 터득할 수 있기를 바란다.

  이 책이 나오기까지 애써주신 이은미 간사와 출판을 위해 수고해 주신 한국장로교출판사 사장 채형욱 목사님과 직원 여러분께 감사를 드린다.

2013년 6월
총회교육자원부 총무 **김치성**

## 저자 서문

2007년은 한국교회로서는 의미 있는 한 해였다. 1907년 목사안수 100년, 평양부흥운동 100년이며, 예수교장로회 대한노회 100주년을 맞이하는 해였다. 이러한 해를 맞이하면서 한국교회로 하여금 21세기를 준비해야 하는 해이기 때문에 역사적으로 잘 정리해서 먼 훗날 한국교회의 미래를 설정할 수 있는 좋은 기회가 되었으면 한다.

광주·전남지방의 교회역사를 이미 공저로 「한국기독교회사」(호남편), 「일제의 종교탄압과 한국교회 저항운동」을 펴낸 일이 있으며, 개인적으로 「광주지방 초대교회 연구」, 「군산지방 초기교회사 연구」, 「호남선교 100년과 그 사역자들」 등을 출판한 일이 있었다. 그 외에 「목포지방 기독교 100년사」, 「6·25전쟁의 순교자들」, 「자랑스러운 순교자들」 그리고 광주·전남지방에 속한 각 교회사도 많이 저술하였다. 그에 이어 또다른 역사 보고인 광주·전남지방의 기독교 역사를 몇 년 전부터 계획하고 발간하려고 하였지만 다른 일에 밀려 이제야 출간할 수 있게 되어 얼마나 감사한지 모르겠다.

이번 발행한 「광주·전남지방의 기독교 역사」는 1996년 9월 7일부터 1998년 12월까지 「한국기독공보」에 "한국교회의 뿌리를 찾아서"와

2005년 1월부터 1년 간 「전남도민일보」에 "한국교회 유적지 탐방"으로 연재했던 내용을 일부 수정 보완하고, 송현숙 박사 연구원(총신대학교 인문학부 출강)이 보완하여 이 책을 내놓게 되었다. 아무쪼록 이 책을 통해서 광주·전남지방 기독교 역사를 되돌아볼 수 있는 좋은 기회가 되길 바라는 마음이다.

특별히 이 책을 총회 교육자원부 기획으로 발간할 수 있도록 협력해 준 김치성 총무와 담당 이은미 간사, 그리고 책을 출간하는 일에 힘써 준 한국장로교출판사 사장 채형욱 목사와 직원들에게 감사를 드리면서 이만 저자의 서문을 마감하려고 한다.

2013년 5월
한국교회역사연구원 원장 **김수진**

# 차 례

머리말 / 3
저자 서문 / 5

## 1장 선교구역분할과 호남지방 선교거점 확보

1. 미국 개신교 선교사들의 내한 / 11
   1) 미국의 해외선교와 학생자원운동 / 11
   2) 언더우드 선교사의 귀국보고 / 13
   3) 미 남장로회의 선교부 설립 / 15
2. 선교구역의 분할 /17
   1) 선교회의 선교지역 분할 / 17
   2) 호남 선교지역 / 18
3. 호남지방 선교거점의 확보 / 20
   1) 복음전파를 위한 준비 / 20
   2) 목포 선교기지의 확보 / 23
   3) 광주 선교기지 확보 / 25
   4) 순천 선교기지 확보 / 26
4. 각 선교부의 선교사 구성 / 27
   1) 목포 선교부 / 27
   2) 광주 선교부 / 29
   3) 순천 선교부 31
   4) 선교사 묘지 : 광주 양림동산 / 32

## 2장 장로교회의 개척

1. 전남지방의 지리적 특성 / 43
   1) 내륙지방 / 43
   2) 해안지방 / 45
2. 목포와 남서해안지방의 교회들 / 47
   1) 목포와 남서해안지방의 교회들 / 48
   2) 한반도 최남단의 해남·강진·장흥 교회들 / 59
   3) 다도해의 진도·완도·신안 교회들 / 68
3. 광주와 영산강유역 내륙지방의 교회들 / 74
   1) 내륙중심지 광주 / 74
   2) 영산강 상류의 영광·장성 교회들 / 80
   3) 영산강 중류의 광주 서부지역 광산·나주 교회들 / 87
4. 순천과 섬진강 유역, 남해지방 교회들 / 92
   1) 섬진강 유역의 곡성·구례·광양 교회들 / 92
   2) 고흥반도의 고흥·보성 교회들 / 98
   3) 여수반도의 순천·여수 교회들 / 102

## 3장 교육선교와 의료선교

1. 교육선교 / 109
   1) 중고등학교 / 109
   2) 성서신학원 / 117
   3) 광신대학교와 호남신학대학교 / 122
2. 의료선교 / 125
   1) 목포 프렌취 기념병원 / 125
   2) 광주기독병원 / 128
   3) 여수 애양원 / 131

## 4장  독립운동과 친일파 출현

1. 독립운동 / 137
    1) 2·8독립선언과 3·1운동 / 137
    2) 광주지방 3·1운동 / 139
    3) 목포지방 3·1운동 / 143
    4) 순천지방 3·1운동 / 145
    5) 기타지방 3·1운동 / 145
2. 순천지방 수난사건 / 149
    1) 원탁회 사건 / 149
    2) 순천지방 15인 사건 / 150
3. 친일파 출현 / 153
    1) 신사참배 결의한 한국교회 / 153
    2) 진님교구 출현 / 155
    3) 선교사 철수 / 156
    4) 노고단과 선교사들 / 158
4. 한국교회 해산과 일본기독교조선교단 / 161
    1) 호남지방과 교회의 조직 / 161
    2) 한국교회의 해산 / 167
    3) 태평양 전쟁에 협력한 부역자들 / 167
    4) 천황의 명령에 순종한 목회자들 / 169
    5) 일본기독교조선교단 / 170
    6) 친일파 평양신학교 등장 / 172

## 5장  한국교회 수난과 재건

1. 한국교회의 수난 / 173
    1) 북한교회 수난 / 173
    2) 조선기독교도연맹 출현 / 175
2. 한국교회 재건 / 176
    1) KNCC의 재건 / 176

2) 장로교회 재건 / 176
   3) 광주·전남지방의 노회재건 / 178
 3. 6·25전쟁과 교회수난 / 180
   1) 6·25전쟁 / 180
   2) 전남교회의 수난과 순교자 / 182
   3) 14연대 반란 사건 / 183
 4. 장로교회의 분열 / 186
   1) 고려파의 분파 / 186
   2) 기독교장로회 창립 / 188
   3) 예장, 합동, 통합의 분열 / 189

6장  민주화운동과 통일문제

 1. 유신정권과 박정희 대통령 시해사건 / 159
 2. 신군부와 5·18 광주민주화운동 / 197
   1) 신군부 등장 / 197
   2) 국보위사건과 5·18 광주민주화운동 / 199
   3) 5·18 광주민주화운동과 광주교회의 역할 / 201
 3. 평화통일로 가는 길 / 204
   1) 민수화와 징권교제 / 204
   2) 통일의 길이 가까워지고 있다 / 205
   3) 통일을 기다리는 남북 크리스천들 / 207

부 록   한국기독연대표 /213

•1장•
# 선교구역 분할과 호남지방 선교거점의 확보

## 1. 미국 개신교 선교사들의 내한

### 1) 미국의 해외선교와 학생자원운동

　미국의 해외선교는 1831년 이교 지역과 비기독교 지역을 기독교화하기 위한 목적으로 피츠버그 장로교대회에 해외선교부가 설치되었다. 1837년에는 장로교 총회 안에 해외선교본부를 두고 모든 해외선교 업무를 집행하게 되었다. 선교회는 꾸준히 증가되어 1860년에는 16개, 1890년에는 90개 단체로 급증하였고, 그 결과 전 세계복음화에 박차를 가하게 되었다.[1]

　미국에서 해외 선교사업의 원동력은 학생자원운동(student volunteer

---

1) W. R. Hutchison, *American Protestant Thought and Foreign Missions* (the Univ. of Chicago Press, 1987), pp. 116-124.

movement)이었다. 이 운동은 기독교대학 및 신학교 재학생을 대상으로 부흥집회를 열어 해외선교 지원자를 모집하는 역할을 하였다. 이 운동을 이끌었던 종교계 지도자들은 미국의 개척정신, 열정, 정직, 책임감, 모험심 등을 성공적인 가치덕목으로 선전하면서 이러한 덕목은 선교를 통해 성취될 수 있다는 점을 강조하였다. 전 세계에 복음을 증거하라는 주의 명령에 따라 한국에 진출한 미국의 젊은 청년들 대부분이 이 운동을 통해 선교사로 지원하였다. 이 영향으로 한국 선교사들은 미국의 엘리트에 속하는 중류층의 출신배경과 높은 학력 소유자들이 많았다.

그러나 학생자원운동은 선교단체는 아니었기 때문에 자체적으로 선교사를 파송하지는 못했다. 다만 해외선교사를 초빙하여 집회를 통해 선교활동을 보고하도록 하고, 선교지원자들을 모집하여 그들을 후원할 선교단체와 연결하는 역할을 하였다. 그럼에도 불구하고 이 운동을 주도한 지도자들의 탁월한 역량과 교육으로 선교단체에 버금가는 많은 선교사들이 배출되었다. 1915년까지 5,000명 이상의 선교사를 배출하여 해외 선교개척에 상당한 공헌을 하였다.[2]

미 남장로회 선교사들은 해외선교를 위한 신학교 동맹에 소속된 신학교 출신들이었다. 대부분이 드루(Drew), 프린스턴(Princeton), 맥코믹(Mckormic), 리치몬드 유니온(Richmond Union), 루이스빌(Louisville), 컬럼비아(Colombia), 디포우(Defoe), 파크(Park) 신학교 등을 졸업했다. 1892~1900년까지 입국한 남장로회 선교사 19명 중에 맥코믹과 리치몬드 유니온을 졸업한 선교사가 11명이었다. 이들은 신학교동맹에 소속되어 학생자원운동에 직접 참여했던 자들이었다.[3] 그러므로 미국 남장로회의 한국선교는 신학교 동맹에 기초한 학생자원운동에서

---

2) 류대영, 「미국아시아 외교 100년사」(서울 : 한국기독교역사연구소, 2001), pp. 51-56.
3) 김수진, "호남선교에 참여했던 미 남장로교회 선교사 인적사항,"「호남선교 100년과 그 사역자들」(서울 : 고려글방, 1992), 부록 참고.

비롯되었다고 볼 수 있다.

### 2) 언더우드 선교사의 귀국보고

미 북장로교 언더우드(H. G. Underwood) 선교사가 첫 안식년을 맞이하여 귀국하였고, 1891년 9월에 시카고에 있는 맥코믹 신학교에서 선교보고회를 가졌으며 이때 시카고의 맥코믹(McCormick) 신학교의 데이트(L. B. Tate), 또 그해 10월 테네스 주(州) 네쉬빌에서 개최한 미국신학생연합해외선교회(Inter-Seminary Alliance for Foreign Mission) 해외선교를 위한 국제세미나 집회에서 열띤 연설을 하였으며, 이때 밴더빌트 대학에 유학중이던 진보주의자인 윤지호가 한국에 관한 강연을 하였다. 이 집회에 참석해서 깊은 감명을 받았던 남장로교의 졸업반 신학생들이 있었는데, 리치몬드의 유니온(Union) 신학교의 카메론 존슨(Cameron Johnson)과 레이놀즈(W. D. Reynolds) 등 3명이 지원을 하였다.

존슨과 레이놀즈는 리치몬드 유니온 신학교로 돌아와서 동급생이자 친한 친구였던 전킨(W. Mc. Junkin)과 함께 한국 지원을 약속했다. 이들 3명은 중국선교에 관심을 두고 있었다. 그러나 이들은 선교지를 한국으로 바꾸어 선교위원회에 한국선교를 지원하였으나 거절당했다. 한편 맥코믹 신학교의 테이트(L. B. Tate)도 한국선교지원서를 선교위원회에 제출했으나 거절당했다. 당시 선교위원회의 거절사유는 다음과 같다.

> 우리 위원회는 한국처럼 알려지지 않은 나라에 새로운 선교부를 개설할 사람, 방법, 마음도 없습니다.

그러나 이러한 거절이 그들의 한국 선교열정을 식히지는 못했다. 세 사람은 '은자의 나라'에서 선교할 수 있는 기회를 얻기 위해 교회와 실행위원회를 설득하기로 결심했다. 그들은 언더우드와 버지니아

(Virginia), 노스캐롤라이나(North Carolina), 테네시(Tennessee) 등지의 지도적인 교회를 순회하였다. 또 선교부 개설을 위한 열정을 고무시키기 위해 교회간행물에 투고를 했다. 1892년 2월에 선교잡지 *Missionary*에 "왜 우리는 한국에 가기를 희망하는가?"라는 글에서, 전킨(W. D. Junkin)과 레이놀즈(W. D. Reynolds)는 조선은 왕정이 새로운 진리를 말살시킨다는 점과 기독교를 반대하는 강력한 조직종교가 없다는 점, 현재의 선교사들로는 선교 사업을 빠르게 진행시키기에는 역부족이라는 점 등의 이유를 지적하였다. 그리고 교인들과 협력하면 선교 사업은 용이하게 진행될 것이라는 점을 교회와 실행위원들 앞에서 설명했을 뿐만 아니라 교계지도자들도 설득을 했다. 그리고 전킨과 레이놀즈는 합심기도를 하기 위해 매일 만났다.[4]

이들의 노력으로 선교위원회는 1891년 12월 한국선교문제를 재고하게 되었고, 선교지원자금을 실행위원회에 요청하였다. 선교위원회가 한국선교문제를 다시 거론한 것은 두 가지 사건 때문이었다. 하나는 그리스의 선교활동을 지속시킬 수 없게 된 것이다. 왜냐하면 그리스 정부가 선교활동을 심하게 훼방했기 때문이다. 또 하나는 타자기 제조회사로 유명한 언더우드 선교사의 형인 존 언더우드(John Underwood)로부터 2,000달러의 기부금을 받고, 언더우드(H. G. Underwood)와 북부에 사는 그의 친구들이 남장로회의 한국선교를 출발시키기 위해 3,000달러를 모금해서 전달했던 것이다. 1892년 선교위원회는 젊은이들의 요구를 최종적으로 수용하였다. 이에 따라 선교위원회는 테이트(한국명, 최의덕), 전킨(한국명, 전위렴), 레이놀즈(한국명, 이눌서)를 한국선교사로 임명했다. 그리고 선교에 상당한 관심을 두었던 4명의 여 선교사들, 미주리주(Missouri) 풀턴(Fulton) 출신의 매티 테이트(Mattie Tate; 한국명, 최마태)와 버지니아주(Virginia)의 애빙던(Abingdon) 출신의 란 데이비스(L. Davis), 그리고 리치몬드(Richmond) 출신의 패시 볼링(P.

---

4) G. T. Brown, Ibid., pp. 21-22.

Bolling, 이눌서 부인)과 버지니아주의 렉싱턴(Lexington) 출신의 메리 레이번(M. Leyburn, 전위렴의 부인) 등을 선임하였다. 이들은 이전에 서로 만난 적이 없었다.[5]

### 3) 미 남장로회의 선교부 설립

7명의 개척자들은 1892년 9월 7일 미주리주의 루이스(Louis)에서 만났다. 그리고 Central and Grand Avenue Presbyterian Churches에서 송별예배를 드렸다. 루이스의 모임에 워싱턴(Washington) 한국공사관의 서기관 부인이었던 이자윤이 참여했다. 그녀는 데이비스(L. Davis) 선교사와 절친하였고, 이미 기독교인으로 개종을 하여 워싱턴 장로교회에 출석하고 있었다. 그들의 우정은 오랫동안 지속되었다. 1차로 데이비스(L. Davis)와 이자윤이 1892년 10월 18일 한국에 먼저 입국하였다. 제물포항에서 이들은 스튜어드(Steward)의 Topside Boarding House[6]에서 머문 후에 마차로 서울 입구까지 이동하였다. 그들이 서울에 도착했을 때 성문이 닫혀 있어서 밧줄을 내려 성벽을 넘었으며, 당시 미국공사관의 서기관이었던 알렌(H. N. Allen) 박사의 환영을 받았다. 2차로 나머지 일행이 제물포에 도착한 것은 11월 3일이었다. 그들 역시 마차로 서울까지 들어왔으며 마펫(S. A. Moffett)과 북장로교 선교사들의 환영을 받았다. 이로써 남장로회 선교사 7명은 모두 서울에 입성하게 되었다.

우선 그들은 북장로교 선교사들의 도움을 받아 그들과 함께하다가 서대문 밖의 독일대사관 사택을 1,500달러에 매입하여 리모델링하였지만, 두 쌍의 선교사 부부와 데이비스만이 거주할 수 있었다. 다른 선교회의 선교사들은 미국 남부의 새로운 이주자들을 위한 집이라는

---

5) 김수진,「호남선교 100년과 그 사역자들」(서울 : 고려글방, 1992), pp. 23-24.
6) 일반적인 가게로 2층에는 손님들이 숙박할 수 있는 방이 있었다. 중국인 사업가들이 경영하는 가게였으며, 외국인을 단골손님으로 하는 곳이었다.

뜻으로 'Dixie'라는 이름을 붙여 주었다. 이곳에서 선교사들은 2년 동안을 지내게 되었다. 함께 숙식할 수 없었던 테이트 남매는 외곽에 새로운 선교사 주택을 건축할 때까지 북장로회 선교사들과 함께 지냈다.

복음 전도는 언어와 주민들과 친숙해지기 위해 시작한 순회전도여행에서 이루어졌다. 1893년에 레이놀즈는 어학선생을 동반하여 강화도까지, 테이트는 마펫을 따라 평양까지 순회전도여행을 하였고, 서울에서는 여 선교사들이 아이들과 부녀자들을 상대로 전도활동을 하였다. 1893년 중국의 선교사였던 스튜어트(J. L. Stuart)가 한국을 방문하였고, 다음과 같은 기록을 남겼다.

> 데이비스 선교사가 이웃 아이들에게 복음을 전하는 것을 본 것이 내게는 큰 기쁨이었다. 매일 점심 때 장난꾸러기들이 문 밖에서 뜰 안을 기웃거리며 관리인이 들어오라는 말을 기다리는 것을 보았다.
> 3시에 데이비스가 그들을 그녀의 방으로 데리고 간 다음 그림을 설명해 주고⋯⋯ "예수님은 나를 사랑하신다"는 찬송을 부르고, 고개를 숙이고 기도를 했다. 그리고 모임은 끝났다.

1893년 1월에 남·북장로회 선교사들은 장로교공의회를 조직하였다. 첫 회의에서 레이놀즈가 의장으로 선출되었다. 공의회 조직목적은 "한국의 단일 조직체로 개혁신앙과 장로정치형태에 기초한 하나의 모교회"를 구성하고자 한 것이었다. 이것은 미국 장로교회가 초기에는 단일교회를 형성하고자 했다는 것으로 해석할 수 있다. 장로교공의회 첫 회의에서 남장로회는 전라도와 충청도의 남서부지방을 선교지역으로 선정하였다. 새로운 선교사들이 남부출신들이었기 때문에, 한국의 미개척지였던 남부지방을 선정한 것으로 보인다.

1894년 레이놀즈(이눌서) 선교사가 선교거점을 확보하기 위해 호남지방을 답사하면서 남·북 캐롤라이나와 같은 미국 동남부 해안지방과 자연환경이 매우 유사하다는 기록을 하였다.[7] 남장로교의 본거지인 미국 동남부 지역은 여름에는 고온다습하고, 겨울에는 비교적 온난한 지역으로 서쪽의 애팔레치아 산맥에서 발원하여 대서양으로 유입하는 많은 소하천들이 평행한 유로를 가지고 있는데, 호남지방 역시 노령산맥에서 발원한 금강, 만경강, 동진강, 영산강 등이 평야지대를 관통하며 나란히 흐르는 점에서 유사성이 많다.

특히 선교사들은 기후에 관심이 많았는데, 이것은 기후가 선교활동의 효율성과 질병에 직접적인 영향을 주었기 때문이다. 한국 기후에 관한 선교사 쿤(E. W. Koon)[8]이 연구는 한국의 지역별 월중기온을 기록하고, 한국의 기후 특성이 미국이나 영국과 어떻게 다른지를 비교분석한 것이었다. 그는 한국의 여름과 겨울은 선교사들이 적응하기 어려운 계절이라는 결론을 내렸다. 특히 겨울철 지역의 기온편차가 상당히 크기 때문에 겨울에는 신경쇠약증에 걸릴 확률이 많고, 거칠고 산만한 성격이 되기 쉽다는 평가를 내렸다. 그리고 여름의 고온다습한 정도는 산간지역보다는 평야지역이 높다는 것과 여름 장마는 습도를 높여 불쾌감을 주어 활동에 비효율적이라는 것도 밝혀냈다. 자연환경의 지리적 특성은 호남지방을 선교지역으로 선정하는 데 좋은 조건이 되었을 것으로 판단된다.[9]

## 2. 선교구역의 분할

### 1) 선교회의 선교지역 분할

선교사들 대부분은 일본을 경유한 후 제물포를 통해 서울로 들어왔는데, 이는 외국 공관들이 대개 서울에 있었고 또한 이곳에서 선교에 관한 정보를 얻을 수 있었기 때문이다. 따라서 대부분의 선교회가 도

---

7) "Mission Korea," *Annual Report*(1893), p. 56.
8) E. W. Koon, "The Climate of Korea," *The Korea Mission Field*(1920), pp. 116-119.
9) G. T. Brown, Ibid., pp. 22-25.

시로 편중되면서 선교회 간의 갈등 등 불편한 관계가 형성되었다. 이에 따라 선교사들은 효율적인 선교활동을 전개하기 위해 선교회 간의 선교지 조정을 거론하게 되었다.

선교지역 분할협정의 주요 내용은 다음과 같았다.

첫째, 서울·평양·원산 등과 같은 인구 5,000명을 초과하는 도시는 장·감 공동선교구역으로 한다.
둘째, 그 외의 지역은 선점우선권을 갖도록 하되 선교활동이 6개월 동안 중단될 경우 타 선교회가 활동할 수 있다.
셋째, 처음 시작하거나 선교구역을 확장하고자 하는 선교회는 미개척지역에서 착수한다.
넷째, 타 교파 교회의 규칙을 존중한다.

비록 이 내용이 합의를 이루지는 못했지만 이후 선교회 사이에서는 묵시적으로 수용되었다. 그런데 선교지역의 조정은 교파가 다른 선교회뿐만 아니라 교파가 같은 선교회 간에도 필요하였다. 장로교에서는 '장로교연합공의회'를 통해 교계이양협정(Commity Arrangement)이 체결되었다.[10] 이 협정에 따라 북장로회는 평안도를, 캐나다 장로회는 함경도, 호주 장로회는 경상남도, 남장로회는 충청도 일부와 전라도를 선교구역으로 선정하게 되었다. 선교회 간 또는 교파 간 중첩지역들은 지속적인 협의를 통해 선교지역이 조정되었고, 1922년에 이르러 선교지역이 재조정되었고, 1940년 초까지도 선교지역 조정은 계속되었다.

## 2) 호남 선교지역

미 남장로회 선교지역은 전라도와 충청남도 일부였다. 그런데 충청남도는 침례교 엘라딩 기념선교회·북감리회·남장로회 등 3개 교파가

---

10) 한국기독교역사연구회 편, 「한국기독교의 역사 Ⅰ」(서울 : 교문사, 1989), pp. 213-218.

중첩되었다. 침례교와 북감리회가 공주를 거점으로 선교활동을 먼저 시작하였으나 1899년부터는 침례교의 선교비 지원이 중단되면서 침례교의 선교활동은 더 이상 불가능하게 되었고, 이 영향으로 북감리회 선교사들이 집중적으로 선교활동을 전개하고 있었다.

1899년 부위렴(W. F. Bull) 선교사가 군산 선교부에 부임하면서 금강 수로를 따라 충청남도 서천까지 선교활동지역을 확대하였다.[11] 이로 인해 강경·부여·임천·남포 등지가 북감리회와 중첩되었다. 이에 따라 남장로회 전위렴 선교사와 북감리회 서원보(W. C. Swearer) 선교사는 선교구역을 조정하였다. 그 결과 충청남도의 웅천·보령·남포·홍산·비인·서천·한산·임천·안면도 등이 남장로회 선교구역이 되었다. 각 선교회의 지리적 선교구역 경계는 1909년부터 윤곽이 드러나기 시작하였고, 1922년에 이르러서는 대체로 확정되었지만 선교구역 조정은 1940년까지도 지속되었다.[12]

미 남장로회 선교지역이 된 전라도가 미개척지로 남아 있었던 것은 두 가지 요인으로 볼 수 있다. 하나는 조선왕실의 발상지인 전주와 다른 하나인 나주는 대표적인 유교문화중심지로서 척외사상과 보수성이 매우 강한 지역이었기 때문에, 초기 선교사들이 가능한 한 정부 및 엘리트층과 마찰을 빚는 상황을 피하고, 갈등에 끼어들지 않으려는 소극적인 태도를 취하면서 미개척지로 남게 되었다고 볼 수 있다. 또 하나는 천주교가 일찍 전래되어 박해를 심하게 받았던 지역이면서도 이미 천주교 신앙공동체가 강하게 형성되어 있었던 지역이었기 때문이었다.[13] 천주교가 1791년부터 1866년까지 약 75년간 조선 조정과 사회로부터 박해를 받으며 전파활동을 전개하였고, 전주 동부산간지대 및 평야지대에는 천주교 신앙공동체가 자리를 잡고 있었다.

---

11) 김수진, "군산초기 기독교사연구," 「호남기독교역사연구회」 2집(1994), p. 67.
12) 한국기독교역사연구회 편, 앞의 책, pp. 213-225.
13) 주명준, "천주교와 개신교의 전라도 선교비교," 「전주사학」 6집(1998, 12.), pp. 43-54.

## 3. 호남지방 선교거점의 확보

### 1) 복음전파를 위한 준비

#### (1) 어학훈련과 전도준비

서울에 도착한 남장로회 선교사들은 복음전파를 위한 준비로 약 2년 동안 한국의 문화, 풍속, 역사를 공부하며 한글공부를 시작하였다. 선교사들은 아침 기도회로 시작하여 저녁 기도회로 하루를 종결하며, 조선의 풍속에 적응하고 어학적 재능을 받아 의사전달을 할 수 있는 자신감을 얻기 위해 기도하였다.[14] 늦가을에 도착한 선교사들은 겨울을 보내게 되었는데, 이들에게 서울의 북풍은 너무도 차가왔다. 몸이 연약했던 전위렴(W. M. JunKin) 선교사는 추위를 견디지 못하고 한 밤중에 눈을 떴을 때 불길이 천정에서 일고 있었다. 이 불로 선교사들은 잠에서 깨어났고, 불을 진화한 후 철야기도회를 갖게 되었다.

마치 초대 예루살렘 마가의 다락방에서 일어났던 기도회운동처럼 선교사들은 뜨겁게 기도했다. 이러한 경험을 통해 선교사들은 하나님이 자신들을 얼마나 사랑하는가를 체험하며, 더 열심히 어학을 공부하였고 1년이 지나갈 때 선교사들은 짧게 한국어로 설교를 할 수 있었다. 한편 데이비스와 테이트는 집 근처의 골목길에서 만나는 부녀자들과 어린이들을 전도하였다. 특히 대화를 원하거나 전도의 대상이 되면 선교사들의 주택으로 초청하여 미국의 여러 가지 풍속을 담은 그림카드를 보여 주고, 성경 및 찬송가를 가르쳐 주었다. 때로는 이웃의 어린이집을 방문하여 이웃과 사귀면서 대면접촉을 통한 전도활동을 하였다.[15]

---

14) 김수진, "복음전파를 위한 준비," 「한국기독공보」(1996. 9. 14.), p. 9.
15) Ibid.

(2) 레이놀즈(W. D. Reynolds)와 드루(Dr. A. D. Drew)의 선교여행

호남지방의 최초 답사는 이눌서(W. D. Reynolds), 유대모(Dr. A. D. Drew) 선교사에 의해 이루어졌다. 1894년 3월 28일부터 5월 12일까지 약 45일 동안 호남 전 지역을 답사하였다.[16] 당시 육로의 교통 사정이 좋지 않았기 때문에, 해로를 통해 호남지방으로 들어왔다. 해로는 인천 제물포에서 군산을 왕래하는 선편을 이용해 이동했는데, 이것은 육로에 비하면 대단히 짧은 거리였다. 서울에서 인천 제물포항으로 이동하였고, 3월 29일 군산항에 도착하였다. 유대모 선교사는 군산에 대한 첫 인상을 "비록 작은 어촌에 불과하지만 넓은 들판을 배후지로 하고 있어 선교기지 구축에 좋은 지리적 조건을 지니고 있는 지역으로 개항장이 된다면 선교활동에는 더욱 유리할 것"이라고 긍정적으로 보았다.[17] 반면에 1894년 내한한 하위렴(W. B. Harrison) 선교사는 군산에 대한 첫 인상이 부정적이었다.

> 군산은 기선의 정박장이 있다는 것을 제외하고는 강가의 다른 도시들처럼 눈길을 끌 만한 곳은 아니었다. 장래성이 없는 작은 농촌이자 어촌에 지나지 않았다. 하여튼 빠른 조수 때문에 발전할 수 없는 어촌이었다.[18]

이렇게 선교사들의 선교지에 대한 주관적 평가는 선교거점이나 상주지역을 결정하는 데도 반영되어 결국 군산에 대해 좋은 인상을 가졌던 유대모 선교사는 군산을 선교거점으로 주장하였고, 군산에 상주하면서 선교활동을 전개하였다. 유대모·이눌서 선교사는 군산에서 전주(4월 3일)로 이동하여 만경강 상류의 서시포(西施浦)까지 가항수로를 따라 답사하였다.[19] 전주 일대를 답사한 선교사들은 전주까지 연결되

---

16) 김수진, "두 선교사의 전라도 선교여행," 「한국기독공보」(1996. 10. 5.), p. 5.
17) *Annual Report*(1893), pp. 61-64.
18) 김수진, "군산초기 기독교사연구," 「호남기독교사연구」 2집(1994), p. 22.

는 수로를 따라 많은 포구가 있고, 장래성이 있는 곳으로 보았다.[20] 이어서 김제(4월 5일), 정읍(4월 13일), 흥덕(4월 13일), 고창(4월 15일) 등 만경강 및 동진강 일대의 서부평야지대를 답사하였다. 이곳을 답사한 선교사들은 이곳은 미국 동남부의 캐롤라이나와 비슷하며 곰소만과 줄포는 이태리의 시실리와 흡사하다고 기록하였다.[21] 고창을 지나서 영광(4월 16일), 함평(4월 17일), 무안(4월 18일), 목포(4월 19일)에 도착하였다. '큰 강의 바위 둑에 붙어 있는 험준하지만 독특한 마을'로 선교사들은 목포의 첫 인상을 기록하였다.[22]

목포에 도착한 선교사들은 전도하기 위해 목포 선착장으로 갔고, 당시 서울에서 내려온 상인 신자를 만났다. 그리고 해남(4월 20-22일) 목장과 우수영을 답사하는 가운데 첫 예비 신자를 얻는 성과를 거두었다. 해남을 지나 진도(4월 23-24일)에 도착하면서 목포를 포함한 서남해안 지역의 답사를 마쳤다. 선교사들은 해남 우수영에서 배를 타고 진도, 완도(4월 24일)를 거쳐 신지도에, 그리고 거금도를 거쳐 고흥(4월 27일)에 도착해서 많은 사람들에게 전도를 하였다. 고흥에서 벌교를 거쳐 순천(4월 30일)에 도착하였다. 선교사들은 "비옥한 계곡 위에 아름답게 자리 잡은 곳"으로 순천의 첫 인상을 묘사하였다.[23] 그리고 순천에서 남하해 여수 우수영(5월 1일)[24]을 경유해 남해(5월 2일)에 도착했으나 바람이 거세 배가 움직이지 못하자 잠시 머물면서 전도를 하였다. 남해안(5월 5일)을 돌아 부산(5월 7일)에 도착하였으며, 부산(5월

---

19) 「擇里志」 八道總論, 全羅道條에 의하면 이 포구는 어람선의 출입이 활발했던 西施浦임이 분명하다.
20) Annual Report(1896), p. 46.
21) Annual Report(1896), p. 56.
22) 노영상, "미국 남장로교회의 전남권 초기 선교,"「신학이해」(1992), 호남신학대학교, pp. 307-308.
23) 노영상, 앞의 논문, p. 307.
24) 선교사의 지역탐사 과정을 자세히 기록해 놓았다. 김수진, "한국교회 뿌리를 찾아,"「한국기독공보」(1996. 9. 7.-1998. 9. 28.) ; 오종풍, "전남지역의 기독교에 대한 문화지리학적 연구"(고려대학교 석사학위논문, 1987).

10일)에서 기선을 타고 제물포(5월 12일)로 되돌아와 약 45일간의 호남지방 답사일정을 끝마쳤다.

### 2) 목포 선교기지의 확보

1896년에 선교사들은 나주에 선교기지를 구축하기로 결정했었다. 나주는 목포로부터 영산강 수로를 따라 약 48km 떨어진 내륙에 위치하고 있었고, 전라남도 지방이 행정중심지였으며, 전남 제일의 도시였다. 1897년 봄에 배유지와 하위럼 두 선교사가 나주 일대를 답사했고, 집을 매입했다. 이곳에 배유지 선교사를 도울 수 있는 한국인에게 집수리를 하도록 했다.[25] 그러나 외국인들에 대한 적대감과 새로운 종교인 개신교에 대한 주민들의 반감은 군산이나 전주에 비해 훨씬 격렬했다. 나주는 유생들의 거점도시였고 양반들의 아성이었다. 주민들은 외국인에게 돌아가리는 위협을 계속적으로 가했다.

그러는 중에 1897년 10월 1일, 목포가 무역항으로 개항되었다. 외국인들이 거주할 수 있는 조계지가 형성되어 외국인들이 상주할 수 있게 되었다. 결국 선교사들은 나주에 선교기지를 구축하여 선교활동을 시작하고자 했던 계획을 철회하였고, 대신에 목포에 선교기지를 구축하기로 결정했다. 왜냐하면 목포가 개항되면서 빠르게 성장했고, 전남 제일의 항구로 발전하기 시작했기 때문이다.[26] 뿐만 아니라 목포 앞바다에는 섬들이 많고 주민 수도 적지 않아 해안지방과 도서지방으로 전도활동에 좋은 지리적 장점을 지니고 있었다. 또한 공급물자와 우편물을 싼 비용으로 받을 수 있었고, 정기적인 기선운행으로 지역 간 이동이 편리하였으며, 갑작스러운 정치적인 소요가 발생했을 때는 가족들이 안전하게 피신할 수 있는 장소로 선교사들이 인식하고 있었다.[27]

---

25) 김수진, "목포선교부 신설,"「한국기독공보」(1996. 10. 26.), p. 12.
26) G. T. Brown, *Mission to Korea*, Board of world missions Presbyterian church, U. S(1962), pp. 48-51.
27) 목포노회,「남장로교선교회 목포선교부 보고서 2집 : 1895-1911」(1997), pp.

특히 목포는 겨울에도 얼지 않은 항구였고, 높고 험준한 곳들에 의해 보호를 받고 있어 방어에 매우 유리한 위치에 있었을 뿐만 아니라 해로를 따라 많은 도서로의 접근이 용이해서 해안 도서지역의 선교거점이 되기에 유리한 지리적 조건을 갖추고 있었다. 게다가 영산강 수로와 육로를 따라 무안·함평·나주·광주·장성·영암·화순·남평·동북·담양 등 내륙지역과 연계되어 있어 내륙지역의 접근도 용이한 지리적 장점이 있었다.[28]

선교사들의 목포에 대한 관심은 1896년 전라도 전체에 선교활동을 전개하기 위해 선교거점을 확보하고자 노력하면서부터 높아지기 시작했다. 선교사들은 제물포에 상주하며 외교업무를 담당하던 오스본(Osbon)으로부터 한국 정부가 목포를 개항장으로 개방될 것이라는 소식을 전해 들었고, 일본 정부도 목포의 개항을 줄기차게 요구하고 있었기 때문에, 목포개항의 가능성에 무게를 두고 주시하고 있었다. 또 지리적으로도 군산과 전주로부터 육로로 110마일 거리, 남동쪽 좌수영까지 육로로 100마일 거리에 있고, 제물포와 부산 간에는 정기기선이 운행되고 있었기 때문에 선교사들의 상황적 필요성을 충족시킬 수 있는 이점이 있는 곳이었다. 즉, 공급물자와 우편물을 싼 비용으로 받을 수 있고, 정기적인 기선운행이 보장되어 지역 간 이동이 편리하고, 갑작스러운 정치적 소요가 발생했을 때 가족들을 안전하게 피신시킬 수 있는 곳이기도 했다.[29] 1897년 선교사들은 목포에 편의시설들이 오픈되는 대로 목포에 선교기지를 구축하기로 결정하였다.[30]

---

5-13.
28) 홍기대, "나주지방 정기시장의 발달과 공간구조," 「무등지리」 2집(1984), 전남대학교, pp. 76-91.
29) *The Missionary*(1897), p. 50.
30) *Annual Report*(1898), p. 65.

### 3) 광주 선교기지 확보

목포에서 성공적으로 선교활동을 하던 배유지·오원 선교사는 전남 내륙지방의 집중적인 전도활동의 필요성을 느끼게 되었다. 영산강 수로를 따라 전남 내륙중심부와 주변지역에서 신앙공동체가 형성되었지만, 신자들을 돌보기에는 선교 인력의 한계가 있었기 때문이었다. 게다가 장성과 영광에서는 일부 유생들과 관리들이 신자들을 핍박한다는 소식도 전해져 신자들의 보호가 요청되었다.[31] 이에 따라 배유지 선교사는 광주에 새로운 선교부의 신설을 주장하였다.

1894년 갑오개혁으로 전라도의 행정구역이 남·북으로 나뉘고, 광주가 전라남도의 행정중심지로 확정되면서 나주의 행정청, 재판소, 진위대 등이 광주로 이전하게 되었다. 또 인구수가 증가되어 약 8,000명의 인구규모를 갖추게 되었을 뿐만 아니라 큰 도시로 발전하기 시작했다. 이러한 광주에 선교사들의 관심이 집중되었을 것이다. 광주의 변화에 대해 변요한 선교사는 "광주는 전라남도 인구의 중심지이다. 비록 목포에서 얻을 수 있는 문명의 편안함은 없다 할지라도 우리들이 일을 하기에는 가장 적합한 장소"라고 평가하면서 광주에 대한 관심을 나타냈다. 또 나주 선교부를 신설하려다 실패를 경험했던 배유지 선교사도 광주에 대한 강한 집념을 가지고 있었다.

> 목포 선교부에서 나주, 광주, 영광, 장성 등지에는 상당수의 교회들을 형성하고 있었다. 1904년의 선교보고서에 의하면 예배처 28곳, 세례교인 수 189명, 총 교인 수 2,462명, 학습문답자 366명 등이었다. 이러한 통계수치는 전년의 예배처 15곳, 세례교인 수 64명, 총 교인 수 820명, 학습문답자 84명 등과 비교해 급증한 것인데, 대부분이 영산강 유역에서 얻은 선교 성과였다.[32]

---

31) 김수진, "광주선교부 신설과 광주교회 창립," 「한국기독공보」(1997. 12. 13.), p. 8.
32) *Annual Report of Mokpo-Kwangju station*(1904), p. 61.

1904년 2월 목포에서 '사경회'가 개최되었고, 호남지방의 전 지역의 교인들이 참석하였다. 전주·군산을 중심으로 선교활동을 하던 선교사들도 2주 동안 사경회 강사로 참석하였고, 사경회를 마친 후 연례회의에서 전남지방의 선교에 대해 심도 있는 논의가 이루어졌다. 특히 전남 내륙지방에 대한 관심이 고조되었다. 그리고 전남 내륙중심부에 새로운 선교기지 구축을 결의하였고, 배유지·오원 선교사에게 내륙중심부의 선교부 신설이 위임되었다. 1904년 선교사들은 선교연례회의에서 광주에 새로운 선교부를 신설하였다.[33]

### 4) 순천 선교기지 확보

순천을 포함한 남해지방은 광주 선교기지가 구축된 이후 광주 선교부에 속한 구역이었다. 광주 선교기지에서 활동하던 배유지·오원 선교사는 선교활동의 효율성을 높이기 위해 선교구역을 광주 북부와 남부로 나누고, 북부지역은 배유지, 남부지역은 오원이 활동했다. 이에 따라 나주·화순·영암·강진·장흥·보성·고흥·순천·광양·여수 등 남해지방은 오원과 그가 감독하는 조사들의 전도구역이 되었다.

오원이 과로로 1909년 사망하면서 순천을 포함한 남해지방은 변요한·고라복(Robert Thornwell Coit) 선교사의 선교구역이 되었다. 오원 선교사를 대신해 두 선교사는 순천을 포함한 남해지방을 순회전도하면서 무만동교회를 포함해 이미 순천, 곡성, 여수, 보성 등지에 많은 신앙공동체가 형성되어 있음을 확인하게 되었다.[34] 고라복 선교사는 고흥반도와 보성 등을 중심으로, 변요한 선교사는 순천·광양·여수반도를 집중적으로 전도하면서 큰 감동을 받았다. 그러나 광주까지의 육로 교통이 불편하여 이 지역 신자들을 돌보는 일이 쉽지 않자 두 선교

---

33) 김수진, "광주선교부 신설과 광주교회 창립," 「한국기독공보」(1997. 12. 13.), p. 8.
34) Annual Report(1900), pp. 501-502.

사는 남해지방 새로운 선교부의 신설 필요성을 주장하였다.

그런데 순천의 선교부 신설의 필요성은 이미 1904년에 전위렴(William McCleary Junkin), 1910년에는 유서백(John Samuel Nisbet), 우월손(Robert Manton Willson) 등이 선교회에 제안하여 순천 선교부의 타당성을 검토하기도 했었다. 1911년 변요한·고라복 선교사의 의견을 선교회가 수용하여 선교부신설위원회가 구성되었고, 1912년 벌교와 순천을 놓고 새로운 선교거점에 관한 논의가 있었다. 그 결과 순천이 새로운 선교거점으로 결정되었다. 당시 교통의 요지는 벌교였으나 미래 교통 중심지는 순천이 될 것이라는 선교사들의 평가 때문이었다. 순천 선교기지는 광주나 목포에 비해 목사, 의사, 간호사, 교사 등 짜임새 있는 선교 인력으로 구성되었고, 전위렴 목사의 처남인 레이번(E. R. Leyburn) 목사가 담임하는 교회의 교인인 왓츠(G. Watts)가 매년 13,000달러의 재정지원을 약속함으로써 선교사업의 재징이 충분히 확보되었다. 그리하여 예배당과 병원, 학교 등을 모두 갖춘 선교기지가 1913년 순천 매산동에 구축되었다.[35]

## 4. 각 선교부의 선교사 구성

### 1) 목포 선교부

이미 목포는 선교기지가 1897년 선교연례회에서 결정되자 변창연 조사의 활동으로 유달산 아래 초분(草墳)터에 첫 목포교회가 출발하게 됐다. 이로 인해 목포 선교부가 자리를 잡자 배유지(Eugene Bell) 복음 선교사 부부, 오원(Dr. C. C. Owen 또는 오기원) 의료 선교사, 스트레퍼(Miss F. R. Straeffer) 교육 선교사 등이 목포지방에서 선교사역을 하였다. 1900년 오원 선교사가 결혼을 함으로써 목포 선교부의 상주 선교사 수는 5명으로 증가되었고, 오원 선교사는 의료활동보다는

---

35) 김수진, 「호남선교 100년과 그 사역자들」(서울 : 고려글방, 1992), pp. 432-433.

복음활동에 전념하고 있었다. 그리고 오원 선교사의 부인은 남편과 동행하여 세례를 준비하는 여성반의 성경공부를 도왔다.[36] 1913년 목포 선교기지에는 12명의 선교사들이 상주하였다.[37]

〈표 1〉 목포 선교부의 상주 선교사(1913년)

| 이름 | 직위 | 분야 | 현황 |
|---|---|---|---|
| P. B. Hill | 목사 | 복음 | 언어공부, 함평과 무안 순회전도자, 목포주일학교 지도 |
| Mrs. Hill | 목사부인 | 교육 | 언어공부, 정명여학교 기술교육 담당 |
| Miss Lillie O. athrop | 간호사 | 의료 | 언어공부, 의료활동 |
| R. S. Leadingham | 의사 | 의료 | 언어공부, 병원건물 관리 |
| Mrs. Leadingham | 의사부인 | 복음 | 언어공부, 복음활동 |
| Miss Julia Martin | 복음선교사 | 복음/교육 | 목포지방 순회전도자, 여자성경반 지도 |
| H. D. McCallie | 목사 | 복음 | 지도, 진도, 완도, 해남지방 순회전도자 |
| Mrs. McCallie | 목사부인 | 복음/교육 | 남편과 함께 순회전도자, 여자성경반 지도, Nisbet과 정명여학교 공동 관리 |
| R. A. McLcod | 목사 | 복음 | 언어공부 |
| Miss Ada McMurphy | 복음선교사 | 복음 | 언어공부, 선노활농 모소 |
| J. S. Nisbet | 목사 | 복음/교육 | 함평, 무안, 강진, 장흥, 영암 순회전도자 영흥학교교장, Leadingham 의사 보조 |
| Mrs. Nisbet | 목사부인 | 교육 | McCallie 부인과 함께 정명여학교 공동 관리, 여자성경반 지도 |

〈표 1〉과 같이 1913년 목포 선교기지에는 12명의 선교사가 상주하였고, 복음 선교활동 선교사 8명, 교육 선교활동 선교사 2명, 의료 선교활동 선교사 2명 등으로 구성되었다. 이 중 3명의 선교사는 복음·교육

---

36) Annual report to the General Assembly from the executive committee of foreign missions, presbyterian church in U. S., 1902, p. 61.
37) "Mokpo," *Minutes*(1913), p. 36.

선교활동을 동시에 전개하였다. 목포를 거점으로 목포 선교부의 교구는 무안, 함평, 장흥, 영암, 해남과 서남해의 도서 지역이었고, 3명의 목사가 3개 교구로 편성하여 복음전도를 전개하였다.

서남해 도서지역은 맹현리(H. D. McCallie) 목사, 목포 북부해안지방은 힐(P. B. Hill) 목사가, 남부해안지방은 유서백(J. S. Nisbet) 목사가 담당하였다. 그러나 58%(7명)에 해당하는 선교사는 언어습득을 위한 어학공부를 하였기 때문에 실질적인 선교활동은 42%(5명)의 선교사가 담당하고 있었다.

### 2) 광주 선교부

전남 내륙중심부의 거점으로 구축된 광주는 1904년 12월 25일 배유지·오원 선교사 가족들을 중심으로 첫 예배를 드림으로 광주 선교가 시작되었으며, 그 후 선교기지에 상주한 신교사는 1904년 9명이었다. 배유지(Eugene Bell) 목사 부부, 오원(C. C. Owen) 목사 부부, 변요한(J. Fairman Preston 한국명, 변요한) 목사 부부, 스트레퍼(F. Rica Straeffer) 선교사, 놀란(J. W. Nolan) 의사 선교사 등으로, 복음 선교사 5명, 교육 선교사 2명, 의료 선교사 1명 등이었다. 그러나 1913년 선교사 수는 15명으로 증가되었다.

광주 선교부는 전남지역에 구축된 3개의 선교기지 중 가장 많은 선교사들이 상주하였다. 1913년 목사 7명, 의사 2명, 간호사 2명, 교육 선교사 2명이 배치되어 의료활동이 크게 성장하였다.

〈표 2〉 광주 선교부의 상주 선교사(1913년)[38]

| 이름 | 직위 | 분야 | 현황 |
| --- | --- | --- | --- |
| Eugene Bell | 목사 | 복음 | 지역교회 담임, 영광, 나주, 광주 등 서부 순회전도자, 장로회신학교 1학기 교수 |
| Mrs. Bell | 목사부인 | 복음 | 지역 전도활동, 주일학교활동 |

| S. K. Dodson | 목사 | 복음 | 언어공부, 장성, 고창, 광주 등 북서부 순회전도자 |
|---|---|---|---|
| Mary L. Dodson | 교육 선교사 | 교육 | 언어공부, 주일학교활동, Hill · Talmage · Dodson 부인의 순회구역 전도 |
| Mrs. C. C. Owen | 의사 | 의료 | 의료활동, 지역전도활동 |
| P. B. Hill | 목사 | 복음 | 언어공부, 창평, 옥과, 곡성, 화순, 동복 등 남동부 순회전도자 |
| Miss Ella Graham | 간호사 | 의료 | 언어공부, 의료활동 |
| R. M. Wilson | 의사 | 의료 | 광주 나병원 |
| Miss Anna McQueen | 교육 선교사 | 교육 | 수피아여학교, 지역전도활동 |
| J. V. N. Talmage | 목사 | 복음 | 순창, 대명, 광주 등 북동부 순회전도자, 숭일학교 교장, 책방책임자 |
| Mrs. Talmage | 목사부인 | 교육 | 학교사업, 전도활동 |
| Robert Knox | 목사 | 복음 | 나주, 보성 등 남부지방 순회전도자 |
| Mrs. Knox | 목사부인 | 복음 | 지역전도활동 |
| M. L. Swinehart | 목사 | 복음 | 언어공부, 선교회 서기회계, 의료 사업 재정 관리, 주역 주일학교활동 |
| Mrs. Swinehart | 목사부인 | 복음 | 언어공부, 전도활동, 주일학교활동, 수피아여학교 기술교육 담당 |
| T. E. Wilson | 목사 | 복음 | 언어공부 |
| Miss Esther B. Matthews | 간호사 | 의료 | 언어공부, 의료활동 |

광주 선교부는 5개 선교구역으로 편성하였다. 광주의 북동부에 위치한 순창·담양·곡성은 타마자(J. V. N. Talmage) 선교구역, 광주의 북서부에 위치한 장성·고창은 도대선(S. K. Dodson) 선교구역, 광주의 동남부에 해당하는 창평·옥하·화순은 길변하(P. B. Hill) 선교구역, 광주의 서부에 해당하는 영광·나주·광산구는 배유지(E. Bell) 선교구역, 광주의 남부에 해당하는 장흥·보성은 로라복(R. Knox) 선교구역이었다. 선교교구의 지리적 경계는 광주를 중심지로 육로를 따라 구분되었고, 이는 장로교 전파의 경로에 영향을 주었다. 이 시기 광주 선교

---

38) Minutes of 22nd annual mission meetings, southern presbyterian mission in korea, chunju Aug. 21-Sept. 1, 1913, pp. 35-36.

부의 특징은 주일학교활동이 활발하게 전개되었고, 이는 광주지방 교회 성장에 직접적인 영향을 주었다.

### 3) 순천 선교부

전남지방에서 가장 늦게 구축된 순천 선교부(1913년)는 13명의 선교사가 배치되어 상주함으로써 가장 많은 선교사들이 활동을 시작하였다.

〈표 3〉 순천 선교부의 상주 선교사(1913년)[39]

| 이름 | 직위 | 분야 | 현황 |
| --- | --- | --- | --- |
| Miss Biggar | 복음 선교사 | 복음 | 전도활동, 여자성경반 담당 |
| Miss Greer | 약사 | 의료 | 언어공부, 약 조제 |
| Miss Dupuy | 교육 선교사 | 교육 | 언어공부, 매산학교 여자부 보조 |
| R. T. Coit | 목사 | 복음 | 신황, 구례 순회전도자 |
| Mrs. Coit | 목사 부인 | 복음 | 언어공부, 여자와 아이들을 위한 복음활동 |
| C. H. Pratt | 목사 | 복음 | 언어공부, Coit, Preston 부인과 순회전도, 선교기지건축위원회 |
| Mrs. Pratt | 목사 부인 | 복음 | 언어공부 |
| H. L. Timmons | 의사 | 의료 | 언어공부, 의료활동, 선교기지건축위원회 |
| Mrs. Timmons | 의사 부인 | 복음 | 언어공부, 주일학교활동 |
| J. C. Crane | 목사 | 복음 | 언어공부 |
| Mrs. Crane | 목사 부인 | 복음 | 언어공부 |
| J. F. Preston | 목사 | 복음 | 여수, 곡성 순회전도자, 지역교회 담임, Coit과 함께 보성 순회전도, 선교기지건축위원회 |
| Mrs. Preston | 목사부인 | 교육 | 매산학교 여학생 담당, 복음활동 |

〈표 3〉에서 볼 수 있듯이 1913년 순천 선교부가 개설될 당시 목사 4명, 교육 선교사 1명, 의료 선교사 2명 등이 편성되었다. 부인을 포함한 총 13명의 선교사가 순천에 상주하게 되었지만 그중 9명의 선교사는 어학공부를 하며 선교활동을 위한 준비를 하였다.

---

39) Ibid., p. 37.

순천 선교부를 거점으로 3명의 목사가 3개 선교구역으로 편성하여 전도활동을 하였다. 광양·구례는 고라복(R. T. Coit) 목사, 곡성·순천·여수는 변요한(J. F. Preston) 목사, 고흥·보성은 안체륜(C. H. Pratt) 목사의 순회선교구역이었다. 이러한 선교구역의 편성은 오늘날 시찰지역의 지리적 경계의 토대가 되었다.

### 4) 선교사 묘지 : 광주 양림동산

광주 양림동산에는 1909년부터 1967년까지 전남지방에서 활동하다 사망한 22명의 선교사와 그 자녀들이 안치되어 있으며 그 명단은 〈표 4〉와 같고, 이들은 모두 전남지방에 복음을 전파하는 데 중요한 역할을 했다.

〈표 4〉 광주 선교사 묘지 : 양림동산 선교사들[40]

| 이름 | 성별 | 직분 | 출생/사망연도 | 사망원인 |
| --- | --- | --- | --- | --- |
| C. C. Owen | 남 | 목사/의사 | 1909년 | 질병 |
| Eugene Bell | 남 | 목사 | 1925년 | 질병 |
| Mrs. Margaret W. Bell | 여 | 교사 | 1919년 | 사고 |
| P. S. Crane | 남 | 목사 | 1919년 | 사고 |
| E. L. Crane | 여 | 어린이 | 1917~1918년 | 풍토병 |
| J. C. Crane | 남 | 어린이 | 1921~1921년 | 풍토병 |
| T. H. W. Coit | 남 | 어린이 | 1909~1913년 | 풍토병 |
| R. C. Coit | 남 | 어린이 | 1911~1913년 | 풍토병 |
| Mrs. Anna M. Nisbet | 여 | 교장 | 1920년 | 질병 |
| E. D. Nisbet | 여 | 어린이 | 1922~1923년 | 풍토병 |
| L. C. Brand | 남 | 의사 | 1938년 | 질병 |
| Miss Ella Graham | 여 | 교장 | 1930년 | 질병 |
| Miss E. J. Shepping | 여 | 간호사 | 1934년 | 질병 |
| Miss T. B. Thumm | 여 | 간호사 | 1931년 | 질병 |

---

40) 김수진, 「예수 오실 때까지」(서울 : 진흥, 2007), pp. 226-245.

| H. K. Dodson | 여 | 교사 | 1924년 | 출산중 |
|---|---|---|---|---|
| Mrs. J. S. Levie | 여 | 의사 부인 | 1931년 | 질병 |
| Mrs. K. N. Gilmer | 여 | 교사 | 1926년 | 충격 |
| P. T. Codington | 남 | 어린이 | 1960~1967년 | 사고 |
| G. P. Chapman | 여 | 간호사 | 1928년 | 질병 |
| Mrs. C. S. Ross Roger | 여 | 교사 | 1927년 | 질병 |
| L. A. Southall | 여 | 교사 | 1938년 | 출산중 |
| A. J. Emerson | 여 | 교사 | 1927년 | 질병 |

● 오원 선교사

오원(Dr. Clement Carrington Owen)[41] 선교사의 원이름은 오웬이다. 그는 목사이면서 의사였다. 그는 1867년 미국 불랙크 월너트에서 출생하였고, 4세부터는 할아버지의 손에서 자랐다. 1989년 버지니아 대학 의학부에서 의학을 공부하고 목사가 되기 위해 신학을 공부히였다. 그는 스코틀랜드의 에딘버그 대학 신학부에 잠시 유학을 하기도 하였다. 1897년 미국 남장로교 선교사로 지원하여 내한하였다. 배유지 선교사와 함께 목포와 광주, 그리고 남해안지방에 기독교 문화를 최초로 소개한 선교사였다. 목포지방에 첫 진료소인 목포진료소를 개설하고 선편을 이용해 해안지방을 중심으로 전도활동을 하였다. 광주 이남지역의 교회설립에 중요한 역할을 하다가 1909년 장흥지방을 순회 전도하던 중 급성폐렴에 걸려 사망하였다. 그의 갑작스런 질병은 그를 치료하기 위해 광주로 오던 보의사(Dr. W. H. Forsythe)에게 광주에 나환자병원을 설립토록 하는 계기를 마련해 주었다. 1912년 오원의 가족과 친지들은 그가 살아생전에 원했던 성경학교의 뜻을 이루어 주기 위해 양림동에 '오원기념각'을 세웠다. 이곳은 달 성경학교를 운영하던 학교이자 광주시민들의 문화행사장으로 사용되는 장소로써 현재는 문화재로 등록되어 있다.

---

41) 앞의 책, p. 226.

• 마가렛트 선교사

마가렛트(Margaret Whitaker Bell)[42]는 배유지 선교사의 두 번째 부인으로 1904년 배유지 선교사와 결혼하였다. 교육 선교사로 내한하여 광주 선교부에 상주하면서 수피아여학교, 광주숭일학교 등 미션스쿨에서 영어와 성경을 가르치는 데 최선을 다하였다. 특히 광주에서 3·1운동이 발생했을 때 학생들을 자신의 집에 숨겨 주고, 구속된 학생들에게 용기를 주었다. 1919년 3·1운동으로 인해 교회와 교인들에 대한 일제의 집단학살로 마을이 희생되었던 화성군 발암면 제암리 교회의 현장을 방문하고 돌아오던 중 선교사들이 탔던 자동차와 기차가 병점에서 충돌하는 사고가 발생하였다. 이 교통사고로 마가렛트 벨, 구보라 선교사 부인이 사망하였고, 낙스는 한쪽 눈을 실명하게 되었다. 이 사고는 미국 남장로교 선교사들, 특히 광주 선교부 소속 선교사들에게 큰 고통과 충격을 주었다. 특히 배유지 선교사는 마가렛트와 사이에 두었던 윌리암과 홀란드를 안고 다시 미국으로 가야 하는 가슴 아픈 일을 당하였다.

• 구보라 선교사

구보라 선교사(Paul Sackett Crane)는 미국 미시시피주 야주시티에서 1889년 출생하였고, UTS에서 신학을 공부하였다. 1915년 K. W. Rowland와 결혼하고 목사로 1916년 남장로회 선교사로 내한하였다. 순천 선교부에서 어학훈련을 마치고 목포 선교부에서 정명여학교와 영흥학교의 영어교사로 활동을 시작하였다. 1919년 병점 교통사고 때 사망하였고, 교통사고로 남편을 잃은 그의 부인은 1922년 미국으로 귀국하였다.

---

42) 앞의 책, pp. 227-228.

● 고라복 선교사 가족

고라복(Robert Thornwell Coit) 선교사는 1878년 남캐롤라이나 샬럿트에서 출생하여 루이스빌과 시카고에서 신학을 공부하여 목사가 되었고, 1908년 C. M. Woods와 결혼하였다. 1909년 미국 남장로회 내한 선교사로 내한하였다. 광주 선교부에서 어학훈련을 하면서 광주 숭일학교에서 영어교사로 활동을 시작하였다. 1913년 순천 선교부가 개설되면서 순천 선교부로 선교지를 옮겨 매산학교를 설립하는 데 중요한 역할을 하였다. 순천 선교부에서 선교를 시작하면서 그해 4월 26일 첫 아들을 27일에는 둘째 아들을 잃어버리는 슬픔을 겪었다. 교육활동뿐만 아니라 고흥과 보성지방의 교회개척 및 설립에도 주력하던 중 1932년 사망하였다. 그와 그의 첫 아들이 양림동산에 있다.

● 유서백 선교사 가족[43]

유서백(John Samuel Nisbet) 선교사는 1869년 맘 캐롤라이나주 행케스터에서 엄격한 침례교 집안에서 출생하였다. 13년 동안 교사로 활동하였고, 동료의 권유로 중국 선교사로 나가기 위해 기도하던 중 어머니의 병세로 인해 중국 선교사 지망을 포기하였다. 어머니가 사망하자 1899년 그는 안나 메이저(A. L. Major)와 결혼하였고, 선교사의 꿈을 이루기 위해 1907년 내한하였다. 전주 선교부에서 신흥학교 교장으로 활동하다가 1911년 목포 선교부로 선교지를 옮겨 영흥학교의 교장으로 활동을 계속하였다. 그의 부인은 전주 기전여학교와 정명여학교의 교장으로 활동하였다. 목포에서 활동하던 중에 3·1운동을 만났고, 정명여학교 학생들이 3·1운동에 상당수 연루되면서 구명활동을 하는데 혼신을 다하던 중 사망하였다. 그녀는 미국 남장로교 선교사들의 활동을 정리한 *Days in and Days out*를 출간하였다. 첫 부인 안나가 사망한 후 유서백 선교사는 라첼(E. Rachel Walker)와 재혼하였고,

---

43) 앞의 책, pp. 230-231.

첫 딸을 얻게 되었다. 그러나 출생 후 3개월 만에 사망하였다. 양림동산에는 첫 부인 안나 메이저와 첫 딸 엘리자벳이 있다.

- 부란도 선교사[44]

부란도(Louis Christian Brand) 선교사는 의사로 1896년 미국 버지니아 스타운톤에서 출생하여 버지니아 의과대학을 졸업하고, 1920년 메리(M. A. Dudley)와 결혼하였다. 1924년 의료 선교사로 내한하여 군산 선교부에서 활동을 시작하여 군산 구암예수병원, 광주 제중원, 전주예수병원에서 의사로 활동하였다. 광주 제중원이 화재로 불타버리자 모금활동을 하여 병원을 새로 신축하는 데 기여했으며, 특히 결핵퇴치운동에 최선을 다하던 중 결핵에 감염되어 1938년 3월 사망하였다.

- 엄언라 선교사

엄언라(Miss Ellen Ibernia Graham) 선교사는 1869년 북캐롤라이나주 울라에서 출생하여 사범대학을 졸업한 후에 고등학교 교사로 활동하다가 1907년 남장로회 선교사로 내한하였다. 광주 선교부에서 수피아여학교 교장으로, 이일성경학교 성경교사로 교육활동에 주력하였다. 뿐만 아니라 광주 인근의 마을을 순회하면서 복음전도에도 열심을 다했다. 한국어가 유창한 여 선교사로 그녀의 인기는 대단해서 농촌에서는 가는 곳마다 환영을 받았다. 1926년 심장에 문제가 발생하자 요양 및 치료를 받았고, 회복 후에는 전주성경학교에서 성경과 풍금을 가르치는 일을 담당하였다. 그러나 질병이 재발되면서 심근경색으로 1930년 38세의 나이에 사망하였다.

---

44) 앞의 책, p. 231. & 설대위, 「꺼지지 않는 사랑의 불씨」, 전주예수병원(1998), p. 82.

● 서서평 선교사

서서평(Miss Elizabeth Joanna Shepping) 선교사는 광주지방에서는 널리 알려져 있다. 간호사로 내한하여 광주지방 공중보건활동에 주력하면서 1922년 이일여자성경학교를 설립하여 여성교육에도 힘을 썼으며, 특히 과부와 생활이 어려운 여성에게 양잠교육을 가르쳐 생활수준 개선에도 기여하였다. 뿐만 아니라 미국에서 선교비가 오면 양림다리 밑에 있는 거지들을 찾아가 목욕을 시켜 주고, 옷을 사 주는 등 복지활동에도 최선을 다하였다. 1934년 중병으로 병원에 입원하였지만 회복되지 못한 채 54세의 나이로 사망하자, 광주시는 서서평 선교사의 행적을 기려 최초의 광주시민장으로 장례식을 거행하였는데, 이때 약 300명의 거지들이 상여를 뒤따랐다고 전한다. 서서평 선교사는 1880년 독일에서 출생하여 사범대학교를 졸업하고, 성 마가병원 간호대학, 화이트성서신학교를 졸업하고 의료 선교사인 간호사로 1912년 내한하였다. 광주, 군산, 서울 등지의 미션병원에서 의료 선교사로 활동하는 동시에 교육에서도 중요한 역할을 하였다.

● 원대마 선교사

원대마(Miss Thelma Barbara Thumm)[45] 선교사는 1902년 미국 서바지니아주 찰리스톤에서 출생하였고, 해외선교에 관심을 쏟던 부림교회에서 신앙생활을 하였다. 이 영향으로 선교에 대해 관심을 갖고, 간호 선교사로 활동하기 위해 존스합킨스 병원 부설 간호학교를 졸업하였다. 1929년 선교사 지원을 하여 1930년 남장로회 의료 선교사로 내한하였다. 순천 알렉산더 병원에서 노재수 의사 선교사와 함께 활동하면서 한국인 간호사 16명을 모아 놓고, 간호학의 기초를 가르치기 시작했다. 뿐만 아니라 미국 무디학교에서 받은 영적 훈련을 토대로 환자들에게 복음을 전하는 데도 주력하였다. 그는 병원에서 홍역에 걸린

---

45) 앞의 책, pp. 233-234.

아이를 치료하다가 감염되어 1931년 29세의 나이로 사망하였다. 그녀의 부모는 시신을 미국으로 보내 달라고 요청하였지만, 호남 땅에 떨어진 밀알로 알고 양림동산에 안장하였다.

● 해리 선교사

해리(Harriet Octavia Knox) 선교사[46]는 도대선(S. K. Dodson) 선교사의 부인으로 1886년 북캐롤라이나주 다비슨에서 출생하였고, 사범대학을 졸업하였다. 1921년 Mrs. E. K. Wilson의 주선으로 교육선교사로 내한하였다. 순천 선교부에서 선교활동을 시작하다가 1923년 광주 선교부로 선교지를 옮겼고, 광주에서 활동 중이던 도대선 선교사와 1924년 결혼하여 주로 선교사 자녀들의 교육교사로 활동하였다. 1924년 첫 딸을 출산한 직후 회복되지 못한 채 사망하였고, 이 사실은 도대선 선교사에게 큰 충격을 주었지만 "먼 훗날 천국에서 만나리라"는 말씀을 깨달아 위로를 받고, 다시 힘을 얻어 1926년 바이올렛(V. B. Knox)과 재혼하여 선교활동에 주력하였다.

● 스미스 선교사

스미스(Jessie Smith) 선교사[47]는 호남지방 최초의 치과의사였던 여계남(J. K. Levie) 의료 선교사의 부인으로 1896년 미시시피주에서 출생하여 셈휴스톤 대학을 졸업하고, 기술교사로 활동하였다. 1914년 치과대학을 졸업한 여계남 선교사와 결혼하여 두 자녀를 두었고, 선교사를 지망하던 여계남 선교사와 함께 1922년 내한하여 군산 선교부와 광주 선교부에서 선교활동하였다. 스미스 선교사는 남편과 동행하여 각 지역을 순회전도하면서 치료를 받은 환자들을 관리하며 이들에게 복음을 전하는 일을 주력하였다. 1930년 장티푸스에 감염되어 동료 선

---

46) 앞의 책, p. 234.
47) 인돈학술원(미발행), 「미 남장로회 내한 선교사 편람(하)-biographical information」, p. 212.

교사들의 수혈을 받아 수술을 받았지만 회복되지 못한 채 1931년 사망하였다.

● 뉴먼 선교사

뉴먼(Kathryn Newman) 선교사[48]는 의사인 길마(William Painter Gilmer) 선교사의 부인으로 1897년 미시시피주 발트윈에서 출생하였다. 1923년 교육 선교사로 내한하여 목포 선교부에서 선교사 자녀교육교사로 활동을 시작하였다. 1925년 목포 프렌취 병원 원장으로 부임한 길머 선교사와 결혼하였고, 선교사 자녀교육뿐만 아니라 한국 여성 성경공부에도 주력하였다. 1926년 첫 딸을 출산하자마자 회복되지 못하고 29세의 젊은 나이로 사망하였다. 길머는 부인을 기념하기 위해 첫 딸의 이름을 뉴먼(Kathryn Newman Gilmer)이라 지었지만 그 슬픔을 이기지 못해 1927년 귀국하였다. 뉴먼의 묘비에는 "그가 오실 때까지"라는 문구가 적혀 있다.

● 고허번 선교사 자녀[49]

고허번(Herbert Augustus Codington) 선교사는 1920년 북캐롤라이나주 윌밍톤에서 출생하여 코넬의과대학에서 의학박사를 취득하고 의료 선교사로 부인과 함께 내한하여 목포 프렌취 병원에서 선교활동을 시작하였다. 1951년 광주기독병원으로 선교지를 옮겨 광주기독병원을 확장시키며 발전시키는 데 지대한 공헌을 했을 뿐만 아니라 한국의학 발전에도 큰 공적을 세웠던 선교사이다. 한국 광주에서 1960년 출생한 첫 아들 필립이 1967년 8월 대천 해수욕장에서 수영을 하다가 익사하는 불행을 당했다. 필립의 장례식은 인도아 선교사의 인도로 광주배유지기념 예배당에서 거행되었다. 이날 설교는 광주 제일교회 선재련

---

48) 김수진, 「예수 오실 때까지」(서울 : 진흥출판사, 2007), pp. 235-236.
49) 앞의 책, p. 236.

목사가 하였으며, 고허번 선교사는 "우리 아들이 미국인과 한국인이 함께 드리는 예배 중에 하늘나라에 가게 되었으므로 매우 기쁩니다." 라고 답례를 했다. 묘비에는 "나는 선한 목자라 내가 내 양을 알고"라 고 적혀 있다.

● 채프만 선교사

채프만(Miss C. P. Chapman) 선교사[50]는 1869년 미 남부지역 루이스에서 출생하였고, 텍사스주에서 성장하였다. 독실한 기독교 가정에서 자란 채프만은 어려서부터 가난한 이웃에 관심을 갖고 성장하였으며 삶의 주제 말씀이 "친구를 위하여 목숨을 버리면 이에 더 큰 사랑이 없느니라"였다. 1920년 필라델피아 대학병원 부속 간호학교를 졸업하고, 간호사로 한국선교를 위해 1926년 내한하였다. 채프만 선교사의 조카였던 허우선(Miss G. F. Hewson) 간호 선교사가 먼저 내한하여 의료선교활동을 하고 있었다. 목포 프렌취 병원에서 이모인 채프만 선교사와 조카인 허우선 선교사는 함께 간호사로 의료활동에 전념하던 중 채프만 선교사가 폐렴에 걸리게 되었다. 채프만 선교사는 회복되지 못하고 1928년 3월 사망하였다. 그녀의 장례식은 목포 양동교회 박연세 목사가 집례를 하였으며, 그녀의 묘비에는 "하나님의 뜻을 행하는 이는 세세에 있으리로다"라는 성경구절이 기록되어 있다.

● 로스 선교사[51]

로스(Mrs. Cora Smith Ross) 선교사는 순천 알랙산더 병원의 의사였던 노재수(J. M. Rogers) 의료 선교사의 장모로 1917년 노재수 선교사 부부와 함께 내한하여 순천 선교부에 선교활동을 시작하였다. 미남장로회가 파송한 정식 선교사는 아니었지만, 딸과 사위의 선교활동

---

50) 앞의 책, p. 237.
51) 앞의 책, pp. 237-238.

을 도와 선교사들의 자녀교육교사로 일을 했다. 그러나 로스 선교사는 1927년 4월에 괴질에 걸려 사망하였다.

이상과 같이 16명이 소개되었지만 이외에도 6명을 포함해서 22명이 양림동산에 잠들고 있다.

또 순천선교부에서 사역했던 휴(Hugh M. Linton, 인휴) 선교사는 1984년 교통사고로 사망하였다. 그의 묘지는 순천시 조례동 결핵요양소 앞에 있다.

또 미국 남장로교 선교사로 목포에 부임했던 배유지 선교사 부인 로티(Lottie W. Bell, 1867-1901)는 목포에 정착을 하면서 이곳에서 둘째 자녀를 낳았다. 괴질에 걸려 첫 사망자가 되었으며, 이때 배유지 선교사는 서울 언더우드 선교사의 주선으로 서울 양화진에 시신을 안장하였다.

## 2장. 장로교회의 개척

### 1. 전남지방의 지리적 특성

#### 1) 내륙지방

호남지방은 노령산맥을 경계로 두 개의 지역으로 구분되는 지리적 특징을 지니고 있다. 지형적 영향으로 북부지방의 대표적인 도시는 전주, 남부의 상징적 중심도시는 나주로 구분되고 있었다. 나주는 전주에 비해 대표성이 약하면서도 양반세력은 강력하여 외국인 선교사들의 선교활동이 결코 용이하지 않았다. 영산강이 중심부를 관통하는 나주의 지리적 특징을 택리지는 다음과 같이 기록하고 있다.

  나주는 노령 아래의 한 도회로 금성산을 등지고 남쪽은 영산강에 임하여 읍치의 지세가 마치 한양과 비슷하다. 옛날부터 높은 벼슬을 지낸 집안이 많았다. 이곳 영산강은 서쪽으로 무안, 목포에 이르는데

강 연안에는 명승과 촌락이 많고 강 건너는 큰 평야를 이루고 동쪽은 광주에 연접하고 남쪽은 영암에 통한다. 목포는 풍기가 화창하고 땅은 넓고 물자도 넉넉하며 촌락은 여기저기에 분포되어 얽히고 또 서남쪽 강과 바다는 운수의 이익을 통제하여 광주와 함께 명읍이라 일컫는다.[1]

또한 나주에는 보수성이 강한 반촌의 동족촌락이 많았다. 대개 동족촌락은 생물학적, 문화적 동질성에 기초하여 구성원이 통제를 받았기 때문에 이질적인 문화나 사상이 침투하기 어려운 특징이 있다.[2] 동질성이 강한 촌락은 일부라도 새로운 사상이 수용되면 집단개종으로 이어질 가능성도 높지만 반면에 거부되면 확산이 차단되는 장애요인으로 작용할 여지가 큰 곳이었다.[3] 결과적으로 후자가 크게 작용하였고, 선교사에 대한 나주 주민들의 반응도 냉담하여 강한 적대감 및 거부감[4]으로 나타나면서 결과적으로 나주 선교기지 구축이 실패하게 되는 요인으로 작용하였다.

나주와 인접한 광주는 갑오개혁(甲午改革)에 의해 전라도가 남·북으로 분도(分道)되면서 남도의 행정중심지가 되었고, 나주 행정청, 전남재판소와 장교와 사병 400명 정도로 구성된 진위대 등이 광주로 이전하면서, 1902년 광주는 인구규모가 약 8,000명에 달하여 나주와 목포를 능가하는 큰 도시가 되었다. 또한 광주는 지리적·상업적 중심지로 상설장이 형성되어 전라남도 거의 전 지역의 상인들이 출입하고 있었으므로 장로교를 전파시킬 수 있는 좋은 여건을 갖추고 있는 곳이었다. 지리적으로 개항장인 목포까지는 60마일, 나주까지는 20마일 거

---

1) 김경수, 「영산강 수운연구」(고려대학교 석사학위논문, 1987), p. 8.
2) 최영준·손종균, "동족촌의 문화지리적 연구," 「문화역사지리」 2집(1990), pp. 19-37.
3) 김연택, 「목회와 교회성장」, 기독교문서선교회(1996), pp. 63-81.
4) 청년들은 작당하여 선교사를 성 밖으로 각출하려 하였고, 주민들은 만일 선교사들이 성내에 거주할 경우 살해하겠다고 거듭 위협하였다. 이리하여 배유지 목사는 매수하였던 토지와 건물을 환매하고 목포를 물색하였다.

리에 위치하였다. 나주 간의 교통은 거의 하루가 소요되는 육로뿐이고, 나주와 목포 간은 영산강 수로를 이용할 수 있었다.[5] 이러한 지리적 여건은 부족한 선교인력을 극복할 수 있는 것이었고, 무등산의 아름다운 자연경관은 선교사들에게 대단히 매력적 요인으로 작용하고 있었다.[6] 이런 광주에 대해 변요한(Preston, J. Fairman) 선교사는 "광주는 전라남도 인구의 중심지이다. 비록 목포에서 얻을 수 있는 문명의 편안함은 없다 할지라도 우리들의 일을 위해서는 가장 적합한 장소이다."[7]라고 기록하고 있다.

### 2) 해안지방

전남지방의 서남쪽은 해안지대를 이루면서 도서들이 많다. 육로에 비해 해안가를 따라 해로가 발달하여 해안지방의 접근이 용이했을 뿐만 아니라 도서 간에도 연결되어 있었다. 해상으로 나가는 주요 지점인 동시에 내륙으로 들어오는 관문인 목포는 1897년 10월 남포와 함께 개항되고 일본과의 교역이 이루어지면서 무역항으로 성장하기 시작했다. 그리고 약 1,000명의 일본인들이 목포로 이주되면서 새로운 시가지가 형성되기 시작했다.[8] 또한 극동지역의 가장 중요한 교통 요지로 주목되었는데 *St. James' Gazette*지는 시베리아 횡단 철도의 종점으로 가장 적합한 지역이 목포라면서 '한국의 지브롤터'(Gibraltar)로 평가하였고, *North China Herald*지 역시 목포를 발전적인 항구로 지목하였다.[9] 이러한 지리적 중요성이 철도의 부설로 이어지면서 목포발

---

5) *Annual Report*(1904), p. 45.
6) Kwangju-The Mountains rim an emerald cup…… from fruitful fields of velvet green To cloud patched sky of deep sea blue, A fairer spot I've never seen…….
7) J. P. Preston, *Letter to Jim*, 1904년 12월 14일자.
8) 목포노회,「남장로교선교회 목포선교부 보고서 2집 : 1895-1911」(1997), pp. 18-19.
9) 1896년 3월 20일 "한국의 Glbraltar, 목포," *Annual Report*(1896), pp. 5-7.

전이 가속화되었다.[10]

또한 목포는 서남해안의 서해 도서들과 해로로 연결되어 있으면서 해안교통의 중심지였다. 그럼에도 불구하고 목포는 지리적으로 좋은 입지에 선교기지가 구축된 것에 비해 초기 선교성과는 낮았다. 그러므로 1904년 9월에 거행된 선교사 연례회의에서 선교사들은 목포의 선교성과 부진을 만회하고 광주를 비롯한 영산강 유역에 선교 힘을 쏟고 광주, 장성, 영광 등 내륙 지역에서 동학도들에 의한 교인박해로부터 교인들을 보호하기 위해서,[11] 영산강 수로를 따라 목포와 광주를 선교교구로 묶어 광주에 선교기지를 구축하기로 결정하였다.[12]

순천과 남해안지방은 광주의 남쪽 80~160마일 범위에 위치한다. 비록 먼 거리는 아니지만 육상교통이 발달하지 못했던 20세기 초에는 이 지방과 광주 간의 왕래가 그리 용이하지 않았다. 따라서 이 지방을 광주선교구역으로부터 분리시키는 것은 선교의 활성화 차원에서 바람직하였을 것이다.

> 광주 선교기지로부터의 거리가 약 60마일 거리에 있고, 몇 개의 산을 넘어가야 할 정도로 육로교통이 상당히 불편했다. 그래서 광주아 전주 간을 왕복하는 것보다도 광주와 순천 간의 여정이 훨씬 더 힘겨웠다. 따라서 광주를 거점으로 한 선교활동은 너무 어려운 일이었다. 게다가 해안지역에서 떨어진 섬을 제외하고도 순천의 배후지역은 반경 약 26마일에 이르렀다.[13]

순천은 남해안으로 뻗은 지형 덕택에 내륙지역과 남해도서의 가교 역할을 하였으며, 남해의 수산물 집산지로서 일찍부터 상업적 기능이

---

10) *Annual Report*(1899), p. 56.
11) 차종순, 「호남교회사에 있어서 복음적 사회운동에 대한 한 연구」(박사학위논문, 계명대학교, 1998), pp. 31-36.
12) *Annual Report*(1906), pp. 45-48.
13) *Annual Report*(1909), pp. 501-502.

발달한 지역이었다.[14] 순천 인근의 벌교나 여수는 개항장이 아니었음에도 외국선박 및 외국인의 출입이 잦았으며, 상업활동도 활발하게 전개되었던 지역이다. 이러한 지리적 특성과 함께 주민들은 진보적이며 개방적 성향이 강하여 선교활동에 유리한 여건을 조성하고 있었다. 도서들은 서로 인접해 있으며, 약 20,000명의 주민들이 거주하고 있을 정도로 인구규모가 컸다. 상당수의 도서들이 가톨릭 신자들의 은신처로서 역할을 했으나 주민 대부분은 어업에 종사하였으므로 험한 바다와 관련된 무속신앙이 널리 퍼져 있었다.

## 2. 목포와 남서해안지방의 교회들

1897년부터 1984년까지 목포지방에서 교회설립 및 교회활동에 참여한 선교사는 모두 51명이었다.[15] 특히 남서해안지방의 초기교회설립은 오원 선교사가 배를 구입하여 해로를 따라 선교사들이 순회전도를 하면서 시작되었다. 1900년 오원 선교사는 목포 근방의 도서로 복음을 전파하기 위해서 범선구입을 선교부에 요청하였고[16] 구입한 범선은 흑산도, 가거도, 진도, 완도, 장흥의 해안지역을 따라 거금도, 여수 앞 남해도서까지 이동하면서 선교활동을 하게 되었다.[17] 1906년 이후 변요한(J. F. Preston), 맹현리(H. D. Mcallie), 위의사(W. A. Vernable) 선교사가 목포 선교기지에 새로 부임하면서 전도활동이 활발해지면서, 남서해안지역에 장로교는 빠르게 확산되었다. 특히 1902년 정명학교, 1903년 영흥학교가 설립되어 교육활동이 이루어지고, 목포 의료원을 통한 의료활동이 시작되면서 목포지방, 서남지방의 근대화의

---

14) 정승모, "농촌 定期市場體系와 농민 地域社會構造,"「호남문화연구」13집 (1993), 전남대학교, pp. 232-244.
15) 김수진,「호남선교 100년과 그 사역자들」(서울 : 고려글방, 1992), 부록 참조.
16) 목포노회 편,「목포선교부 보고서 : 1895-1911년」(1997), 제2집, p. 20.
17) 김수진, "도서지방 선교,"「한국기독공보」(1997. 8. 16.), p. 9.

발원지가 되었다.

### 1) 목포와 남서해안지방의 교회들

1908년부터 맹현리[18] 선교사는 무안, 함평지역을 담당교구로 하면서 평신도 전도대를 조직하고, 전략상 중요한 마을에 성경공부반을 만들고, 주일학교를 시작하는 등의 선교전략을 실행하였다.[19] 이 노력으로 무안 일로읍(1910년), 몽탄면(1920년) 등지에 교회가 설립되었고, 함평 읍내(1910년), 대동면(1910년), 손불면(1913년) 등지에도 교회가 설립되었다. 한편 영암은 무안과 근접한 지역임에도 불구하고 영산강이 사이에 놓여 있어 양 지역교류에 장애물이 되었다. 그래서 영암은 무안이 아닌 강진을 통해 장로교가 전파되었고, 첫 교회는 금정면 쌍효리(1913년)에 설립되었고 군서면(1916년), 영암읍(1918년)[20], 덕진면(1923년) 등지에 교회가 설립되었다. 목포와 함평 사이에 위치한 무안은 비교적 늦게 교회가 설립된 곳이다. 유서백(Nisbet, J. S.) 선교사의 순회전도구역에서 마서규, 이행언, 김경원, 김봉현 조사의 전도활동으로 교회가 설립되었다. 해제면(1908년), 무안읍(1908년), 일로읍(1910년), 몽탄면(1915년), 해제면(1920년) 등지로 장로교회가 확산되었다.

---

18) 1906년 남장로교 선교사로 광주와 목포 선교부에 소속되어 농촌지역 개척, 지원, 전도에 힘을 쏟았다. 변요한 선교사와 함께 순천선교기지 개설에 노력하였다. 1913년 순천선교기지로 이주하여 고흥과 보성에 복음을 전하며 교회를 설립하였다. 1932년에 귀국하여 소천하였다(김승태·박혜진, 「내한선교사총람」(1994), p. 211.).
19) 목포 선교부, 1994, 전게서, p. 80.
20) 영암읍교회는 미국 남장로교 목포 선교부 소속 맹현리 선교사가 설립했으며, 조하파, 유서백 선교사가 차례로 시무하였다. 영암의 모(母) 교회로 발전하여 영암지역 장로교 전파의 센터로 기능하고 있다. 6·25전쟁 시 24명의 신자가 순교를 하여 영암읍 뜰 안에는 순교비가 세워져 있다. 비문은 함태영 목사이자 당시 부통령이 친히 기록하였고, 교인들은 순교의 정신을 기리고자 본당과 교육관 사이 뜰에 순교비를 세워 놓았다.

함평에 장로교가 전파된 것은 1900년이었고, 최초의 전파지역은 문장리였다.[21] 이곳에서 대동면(1905년)[22], 나산면(1907년)[23], 엄다면(1909년)[24], 함평읍(1910년)[25], 손불면(1913년), 신광면(1916년) 등지로 장로교회가 확산되었다. 함평과 인접지역인 영광과 나주에는 이미 교회가 형성되어 있었다. 함평의 최초 개종자는 철물점과 약재상을 운영하던 상인으로 목포와 영광을 오가며 상업활동을 했던 사람이었다. 그가 개종하여 자신이 서재를 예배처소로 제공하면서 함평교회는 출발되었다. 개방적 성향이 강하고 어느 정도의 지식을 갖춘 부유한 상인이 장로교를 수용하였다는 사실은 유교적 가치로부터 비교적 자유로운 계층이 먼저 장로교가 수용하였다는 것을 의미하고 영향력 있는 지도층 인물의 포섭을 말하는 것이다. 함평읍은 유서백(J. S. Nsbet) 선교사

---

21) 함평군 문장리교회가 성립하다. 선시에 박찬익, 임봉춘, 정규선 등이 영광 하라리교회에 출석하다가 신자가 증가하여 교회를 분립하고 선교사 배유지, 남대리 조사 변창연, 마서규, 정순모, 이주수, 허원삼 등이 계속 시무하니라(「조선예수교장로회사기」, p. 72.).
22) 함평군 용성교회가 성립하다. 서경구, 정도연, 최치문 등이 신교하고 나주 마암리 윤상삼과 같이 성정교회로 다니면서 예배하다가 후에 예배당을 용성리에 설치하다(「조선예수교장로회사기」, p. 44.).
23) 함평군 월봉리교회가 성립되다. 김윤섭 등 수인이 나주 망암교회 윤상삼의 전도로 인하여 믿은 후 전도하여 신자가 급진하므로 사랑에 회집하다가 예배당을 신축하고 선교사 어라복, 유서백, 남대리, 민도마와 조사 임성옥, 정현모, 최경진, 노형렬, 서상일 등이 차례로 시무하니라(「조선예수교장로회사기」, p. 256.).
24) 함평군 영흥리교회가 성립하다. 이계원의 전도로 30여 명이 신자가 되어 이계원 사택에서 회집하다가 신천리에 예배당을 신축하였고, 후에 영흥리로 이전하니라. 어라복, 유서백, 민도마 선교사와 조사 정현모, 임성옥, 최경진 강익수 등이 차례로 시무하니라(「조선예수교장로회사기」, p. 268.).
25) 함평군 향교리교회가 성립하다. 본리 철물점 상인이 목포로 가는 중에 서화일의 전도를 듣고 신구약성경을 구하여 오고, 자각한 후 서가일가가 신자가 되어 전도한 결과 예배당을 신축하고 선교사 어라복, 유서백, 남대리, 민도마와 조사 임성옥이 인도하니라(「조선예수교장로회사기」, p. 272.). 1910년 함평군 수호리교회가 성립되다. 약재상 김홍식이 무안에서 김경문의 전도를 인하여 믿고 김서기 등 수인이 신자가 되어 중동서재에서 회집예배하니 선교사 어라복, 유서백과 조사 임성옥, 정현모 등이 차례로 인도하니라(p. 272).

의 순회전도구역이었으나 지리적으로 광주와 근접해 있어 광주를 거점으로 활동했던 남대리(L. T. Newland) 선교가 전도활동을 확대했던 지역이기도 했다.

### (1) 목포 양동교회[26]

목포 최초의 교회는 양동교회[27]이다. 이 교회는 1897년 변창연 조사의 개척전도로 시작되어 1898년 배유지 선교사가 목포 선교부를 관할하면서 성장하기 시작하였고, 이후 윤식명 목사를 중심으로 자립교회로 성장되어 죽교리, 온금동, 용당리, 연동에 교회를 설립하는 토대가 되었다.[28] 그러나 오늘날 목포에는 두 개의 양동교회, 즉 양동교회(기장)와 양동제일교회(예장)가 양립하고 있다. 왜 두 개의 양동교회가 존재하는가에 관한 논의는 접어 두고 본 고에서는 목포 최초의 양동교회가 설립되는 과정만을 살펴보기로 하겠다.

1897년에 목포 최초의 교회인 양동교회는 변창연 조사가 장막을 치고 시작하여 노학주, 김만실, 김현수, 임성옥, 지원근, 마서규 등 약 20명이 참여하였다. 양동교회는 초기에는 목포교회라고 명명되다가 1909년 행정구역이 개편되면서 양동교회로 이름을 바꾸게 되었다.[29]

---

26) 김수진,「목포지방 기독교 100년사」, 목포노회(1997), pp. 55-71.
27) 1910년 봄 석조로 106평, 7천여 원을 투입해 1,500명을 수용할 수 있는 현재 건물을 건축하였다. 광복 전 박연세 목사가 시무했던 양동교회를 광복 후 이남규 목사가 시무하게 되었다. 이남규 목사는 양동교회, 영흥학교 출신으로 애국청년단을 조직하고 지역 치안을 담당했다. 1953년 양동교회는 이남규 목사를 중심으로 기독교장로회로 편입되었다. 남부교회, 항동교회, 중앙교회, 연동교회, 산정동교회 등 대형교회의 대부분이 기장 측에 편입되었고, 동부교회, 성산교회, 희성교회, 함평읍교회, 진도읍교회 등 농촌교회는 예장측으로 편입되었다. 1999년 교회 수는 250개, 복음화율은 60%이다(「국민일보」(1999. 7. 30. 금요일자).
28) 김수진,「목포양동제일교회 100년사」(서울 : 쿰란, 1997), p. 100.
29) 배유지 선교사가 선교기지에 교회를 설립한 지역은 당시 무안군 이로면 만복동이었으며, 후에 행정구역 개편으로 목포부 양동이 되었다.

木浦府 양동교회가 成立하다. 先時(필자주, 이미)에 선교사 배유지와 賣書 변창연이 當地에 來하여 양동에 帳幕을 치고 선교를 시작하야 열심전도하므로 노학구, 김만실, 김현수, 임성옥, 지원근, 마서규, 김치도 등 20여 人이 신도하야 교회가 設立되고 의사 오원이 適來하야 의약과 복음으로 예수의 慈愛를 실현하니 신도가 遂日 增加하더라.[30]

목포교회 예배당은 1898년 6월 10일에 건축을 시작하여 8월 16일쯤에 완성되었다. 이에 따라 배유지 선교사는 자신의 주택은 매매하고 새로 지은 건물로 이사하였고, 같은 해 11월에 오원 선교사가 목포 선교부에 합류하면서 선교활동에 활기를 띠게 되었다.[31] 목포교회 성장에 초석이 된 분은 배유지 선교사의 조사인 변창연으로, 그가 먼저 목포에서 들어와 선교 부지를 물색하면서 전도자로 복음전파 활동을 하였기 때문이다. 1897년 배유지 선교사가 목포에 부임하면서 목포지역은 뿌리를 내리기 시작하였다.

그러나 배유지 선교사 개인은 슬픔을 경험해야 했다. 함께 한국 선교를 위해 내한한 부인 로티(Lottie)가 1901년 4월 12일 배유지 선교사가 전주에 출장을 나간 동안에 심장마비로 세상을 떠났기 때문이다. 배유지 선교사는 전주에서 급히 목포로 돌아왔지만 부인 로티가 세상을 떠난 지 4일 후였다. 부인을 잃은 배유지 선교사는 어린 두 자녀를 혼자 양육할 수 없게 되자 잠시 본국으로 귀국해야 했다. 설상가상으로 오원 선교사 역시 과로로 건강이 악화되었고 특별휴가를 얻어 귀국하였다. 이로써 목포는 스트래퍼 여 선교사만이 홀로 남게 되자 선교회가 스트래퍼를 서울로 상경토록 조치함으로써 목포는 선교사 없는 공백기를 갖게 되었다. 하지만 목포교회 교인들은 이러한 상황에 동요치 않고 교회성장에 힘을 기울였다. 1902년 가을 배유지 선교사와 오원

---

30) 차재명 편, 「조선예수교장로회사기」(경성 : 신문내교회, 1928), p. 55.
31) 김수진, 「목포지방 기독교100년사」, 목포노회(1997), pp. 57-59.

선교사가 돌아오면서 선교활동은 다시 활기를 띠게 되었다. 1903년 교회는 약 200명이 회집할 정도로 성장하였다. 이에 따라 목포 양동교회 교인들은 새로운 교회를 건축하였고, 교회명을 로티 선교사를 기념하기 위해 '로티 위더스푼 벨 기념예배당'이라 짓게 되었다.

1906년 4월 10일 양동교회는 임성옥을 장로로 장립하고 최초의 당회를 구성하였다. 이에 따라 자립교회로 성장할 수 있는 토대가 마련된 셈이다. 배유지 선교사의 후임으로 변요한 선교사가 부임하였다. 허나 변요한 선교사가 광주 선교부로 전출되면서 후임으로 하위렴 선교사가 부임하였다. 곧이어 하위렴 선교사의 후임으로 윤식명 목사가 취임하여 호남지방 한국인 첫 담임목사가 되었다. 그는 1909년 9월 17일 평양 장대현교회에서 모인 제3회 조선예수교장로회 독노회에서 목사안수를 받았다. 그의 부임으로 교회는 더욱 발전하여 교회학교 아동부만 약 350명, 13개 반으로 성장되었다. 1910년 3월 양동교회는 약 600명을 수용할 수 있는 예배당을 신축하여 1911년 겨울에 완공하였다.

〈표 5〉는 양동교회 역대 담임목사들과 그 시무 기간을 도표화한 것이다. 5대까지는 선교사가 담임목사로 활동했으나 6대 이후는 한국인 목사가 중심이 되어 활동했음을 알 수 있다. 한국인 담임목사 가운데 제10대 박연세 목사는 주기철 목사만큼 잘 알려진 인물은 아니있지만 그 역시 교회를 지키기 위해 순교한 인물이다.

박연세는 군산지역에서 활동하고 있던 중 1926년 목포 양동교회의 초빙을 받게 되었다. 그는 마율니아(Julia A. Martin) 선교사의 도움을 받아 희성유치원을 개설하여 목포에서는 처음으로 미취학 아동을 위한 교육기관을 설립하였다. 또한 중앙교회, 죽동교회, 연동교회 등을 차례로 분립하며 목포의 개신교 전파중심지로 양동교회를 발전시켜 나갔다.[32] 1942년 7월 7일 지나 사변 5주년을 기념하는 날을 맞이하여 일본경찰은 박연세 목사에게 일본천황을 찬양하라는 설교를 부탁받았

---

32) 김수진, 「호남선교 100년과 그 사역자들」(서울 : 고려글방, 1992), pp. 210-211.

으나 오히려 비난하였다. 이로 인해 박연세 목사는 목포경찰서로 연행되었다. 또 같은 해 11월에는 일본기독교조선장로교단이 발족되면서 일제는 목포교회의 통폐합을 명령했다. 이에 대해 박연세 목사는 이 명령을 불복하며 거부하였다.

〈표 5〉 양동교회 역대 담임목사

| 회 차 | 담임목사명 | 시무기간 |
|---|---|---|
| 1 | 배유지 | 1897-1901년 |
| 2 | 이눌서 | 1901-1902년 |
| 3 | 배유지 | 1902-1904년 |
| 4 | 변요한 | 1904-1908년 |
| 5 | 하위렴 | 1908-1909년 |
| 6 | 윤식명 | 1909-1914년 |
| 7 | 이원필 | 1914-1916년 |
| 8 | 이경필 | 1917-1921년 |
| 9 | 김응규 | 1922-1926년 |
| 10 | 박연세 | 1926-1942년 |

이로 인해 박연세를 포함한 30여 명의 교회제직들이 체포되어 구속되었다. 1942년 8월 30일에 박연세는 "육으로는 천황폐하를 존경할 수는 있어도 영적으로는 예수 그리스도가 제일 존경의 대상이다."라고 천황의 절대적 위세를 부정하는 설교를 하였다.[33]

일제는 박연세를 회유하고자 노력했으나 뜻대로 일이 되지 않자 불경죄, 보안법위반, 조선임시 보안령위반 등의 죄목을 씌워 1년형을 언도하였다. 박연세 목사가 옥중생활하고 있는 동안 친일파의 한 사람인 조승제 목사가 부임하였다. 1943년 10월 대구형무소로 이감되어 옥살이를 하다가 1944년 2월 15일 추운 독방에서 두 손을 모으고 무릎을 꿇고 기도하는 모습으로 순교하고 말았다.[34]

---

33) 김수진, 「목포지방과 기독교 100년사」(서울 : 쿰란, 1997), pp. 163-166.

2. 장로교회의 개척 53

박연세 목사의 순교 후 양동교회는 연동교회와 통폐합되었다.

해방 이후 양동교회는 이남규 목사를 초빙하였고, 조승제 목사는 교회를 사임하고 그를 지지한 세력들 몇 사람 모아놓고 남부교회를 개척하였다. 이남규 목사는 양동교회에서 사역을 하면서 독립촉성회를 조직하고, 전남노회 재건과 총회 재건 그리고 목포의 치안질서를 바로잡는 데 노력하였다. 1948년 5월 10일 제헌국회의원을 선출하는 선거가 남한에서 처음 실시되었고, 이남규 목사는 제헌국회의원 선거에 출마하게 되었다. 목포 시민들의 절대적 지지를 받아 이남규 목사는 국회의원으로 당선되었고, 국회 진출로 양동교회를 사임하게 되었다. 이후 이남규 목사는 전라남도 초대지사를 역임하였다. 이남규 목사는 임기가 끝나자 1952년 양동교회가 재초빙 하자 그 교회로 부임하였다.[35] 1953년 8월 16일 양동교회는 교파분쟁에 휩싸이게 되었고, 교회는 분열되었다. 이에 따라 양동교회는 기장과 예장으로 나뉘면서 두 개의 교회로 양분되었으며, 또 1959년 예장이 분열하자 통합측과 합동측으로 3개의 양동교회가 등장을 하였다.

(2) 목포 동부교회

동부교회는 용당리교회의 개명교회로 1928년 용당리의 죄아석 십사의 사랑에서 기도처로 출발하였다. 이후 1931년 초가집을 구입하여 개축한 후 용당리교회로 불리게 되었으나 조직 교회는 아니었다. 해방까지는 이남규, 김점래 목사가 교회를 관할하였고, 1950년 2월 동부교회로 개칭하였다. 1951년 이귀동 목사가 초대목사로 부임하였고, 송암석, 김경식, 우옥배, 문철수, 임서현 목사 등이 차례로 담임목사로 활동하였다. 이 교회를 토대로 산정교회, 동광교회, 동문교회, 용당교회 등이 분립되었다.[36]

---

34) 김수진, 「신앙의 거목들」, 한국방송선교센타(1984), pp. 101-110.
35) 김수진, 「신앙의 거목들」, 한국방송선교센타(1984), pp. 275-279.
36) 동부교회는 전남 목포시 용당 1동 945-2에 위치해 있으며, 현재는 명철봉

(3) 목포 중앙교회

1923년 4월 10일 마율리( Miss J. A. Martin) 선교사가 남교동 76번지에 위치한 초가집을 매입하였다. 이 초가집에서 중앙교회가 시작되었다. 1924년 9월 1일 예배당을 신축하고, 목포의 첫 유아교육기관인 '희성유치원'을 개원하였다. 그러나 1933년 1월 7일 제24회 전남노회에서 중앙교회로 설립을 승인하였다. 1934년 현재 중앙교회가 소재하고 있는 죽동으로 신축하고 이전하였다.[37] 1935년 박용희 목사가 취임하였으며, 1940년 2대 이순영 목사, 해방이 되자 일본 식민지 시절 히가시혼간지 절간을 접수하고 예배를 드렸다. 1946년 3대 장희열 목사, 1950년 4대 이근택 목사, 1951년 5대 박용희 목사가 재취임하였다. 1953년 장로교가 기장과 예장으로 분열될 때 박용희 목사가 기장 측으로 편입하였으며, 박용희 목사는 1954년 제2대 기장 총회장으로 선출되었다. 1954년 제6대 이국선 목사, 1963년 제7대 서정태 목사, 1966년 제8대 윤재현 목사, 1969년 제9대 김해동 목사, 1980년 제10대 진연섭 목사, 1983년 제11대 전태국 목사, 1985년 제12대 이기영 목사가 부임하였다. 이기영 목사가 사역하던 중 1993년 교회창립 70주년 기념대축제를 목포대학교 교정에서 거행하였다.

(4) 목포 연동교회

연동교회는 목포 양동교회에서 분립한 교회로써 1923년 김규언의 사가에서 기도처로 시작하여 1929년 조하파 선교사, 프렌취 병원 휘손영 선교사, 신자들이 연합하여 연동교회를 설립하였다. 1930년 예배당을 확장하는 공사를 하면서 연동지역에서 양동교회로 출석하던 약 80명의 신자들을 위해 연동교회를 설립하여 신앙생활을 하도록 양동교회가 분립시켜 주었다. 일본기독교단이 출범하면서 1942년 연동

목사가 시무하고 있다.
37) 이기영, 「목포중앙교회 75년사」(목포중앙교회, 1999), pp. 167-173.

교회를 일본기독교단에 가입토록 하는 조치가 내려지자 이남규 목사는 이를 거부하여 일본경찰에 의해 체포되어 구금되었다. 이로 인해 이남규 목사는 목사면직을 당하고 목포 부자 정병조의 개인비서로 은둔하게 되었다.

그러나 해방이 되자 1946년 이근택 목사가 부임하여 재건하였다. 1947년 최명길 목사가 부임하였으나 6·25전쟁 때 순교를 당하였다. 그 후 문철수 목사가 부임하였으며, 교단이 분열되면서 연동교회는 윤반웅 목사가 부임하였으며, 그 후 양동석, 윤재현, 박종욱, 강신석, 김준옥, 장재언, 정권모, 유원구, 조명철, 선진영 목사 등이 차례로 시무하였다. 현재는 김영봉 목사가 부임하여 새로 개발된 하당지역으로 이전 신축하고 2002년 11월 24일 연동교회의 순교자 김창옥 장로, 최명길 목사, 김개수 장로 등의 순교비를 연동교회 틀 안에 세웠다.[38]

### (5) 무안제일교회[39]

무안읍교회는 1908년 4월 5일 무안읍 성남리의 김서규, 황봉삼, 주덕유가 신자가 되어 설립되었다. 1917년 강익수 장로를 장립하여 당회가 조직되었고 1955년 예배당을 신축하였다. 1908년부터 1933년까지 무안읍교회는 마율리, 유서백, 조하파 선교사가 낭회장으로 활동하였고, 1936년 제주선교에 크게 공헌한 강문호 목사가 시무하였다.

1939년부터 1944년까지는 나덕환, 양희덕, 이학림 전도사가 차례로 시무하였다. 1948년부터는 김진수, 노경수, 조승재, 조홍래, 조원태, 장주헌, 안동해, 류기문 등이 차례로 시무하였으며, 이중 조홍래 목사는 민주화운동의 주역으로 복음의 사회참여를 강조했던 목회자였다. 목회 중 무안제2교회를 개척했으며, 무안제일교회는 현재 김철현 목사가 시무하고 있다.

---

38) 연동교회 편, 「순교의 영성을 이어가며」(예사랑디자인, 2002), pp. 167-173.
39) 무안제일교회, 「교회요람」(2005), 참고.

### (6) 함평 영흥교회[40]

영흥교회는 1909년 엄다면 신천리에 예배처를 마련하고 회집하다가 후에 영흥리로 이전하여 설립된 교회이다. 「조선예수교장로회사기」에는 "함평군 영흥리교회가 성립하다. 선시에 이계완의 전도로 30여 사람이 귀주하야 이계완 사택에 집회하다가 신천리에 예배당을 설치하얏고 그후 영흥리에 이전하니라 선교사 어라복, 유서백, 민도마와 조사 정현모, 임성옥, 최경진, 안익수 등 차례 시무하니라."[41]고 기록되어 있다. 1912년 행정구역이 엄다면 영흥리로 개편되어 오늘에 이르고 있다.

일제 말엽에는 신사참배를 반대했던 영흥교회의 장현경 전도사가 투옥되는 아픔을 경험하기도 했다. 해방이 되면서 영흥교회는 엄다성산교회, 학다리교회, 사창교회, 기동교회 등으로 분립되었으며, 1946년 3월 초가예배당을 신축하였다. 또한 1972년에 또다시 예배당 확장 및 신축하게 되었다. 교회는 꾸준히 성장하면서 1991년에는 독일에 본 교회 출신 노남도 선교사를 파송하기에 이르렀다. 2006년에는 선교 사업에 박차를 가하며 케냐에 본 교회 출신 김좌명 선교사를 파송하였다. 영흥교회가 배출한 목사는 2007년까지 총 17명이며,[42] 이 중에서 서기행, 정종수, 장종환 등은 대한예수교장로회 총회장을 역임하였다.[43] 또한 본 교회가 배출한 장로는 총 11명에 이르고 있다.

영흥교회에서 사역한 교역자는 제1대 오채규를 시작으로 강익수, 노재삼, 나덕환, 박화윤, 양희덕, 나태환, 진정현, 장정주, 홍을림, 이신영, 김남일, 이숙인, 진대현, 김창학, 노남규, 양옥순, 노남귀, 조정

---

40) 영흥교회 편, 「영흥교회 100년사」, 전남 함평군 엄다면 영흥리 818.
41) 차재명 편, 앞의 책, p. 268.
42) 정봉진, 장주열, 조옥룡, 조몽룡, 정상수, 서기행, 정종수, 정종환, 노남귀, 노남도, 조광채, 임안택, 정종옥, 장윤석, 장동석, 임채성, 김좌명 등 17명의 목사가 배출되었다.
43) 서기행은 합동 총회장, 정종수는 홍은측 총회장, 정종환은 개혁측 총회장을 역임하였다.

주, 송해일, 강청석, 양병순, 진성현, 박광순, 정해흔, 강만선, 임춘 목사 등이 차례로 시무하였다. 2004년 박창순 목사가 부임하여 시무하고 있다.

### (7) 함평읍교회

함평읍에는 1911년에 서경구, 김산정, 박화윤, 전원실, 이문겸, 김영광 등의 신자가 중심이 되어 교회가 설립되었다. 1920년 이남규 전도사가 부임하여 활동했고 1923년 강문호, 김병영, 김병두, 박종삼 목사가 차례로 시무하였다. 최초의 신자였던 박화윤, 이문겸이 1942년 장로로 장립되었고, 1948년 5월 함평리에 예배당을 신축하고 '함평읍교회'로 교회명칭을 변경하였다. 1949년 함평유치원을 개원하여 어린이 교육활동에 주력하기 시작하였고, 1950년 교회를 지키다가 이기섭 장로, 노현덕 장로, 박병연 집사, 이대수 집사가 공산당에 의해 순교당했다. 1951년 모남식, 홍순호 장로가 장립되면서 김병두 목사와 협력하여 함평 YMCA를 설립하였고, 함평중앙교회를 분립하였으며 광인고등공민학교를 설립하여 지역사회의 청소년 교육활동에 박차를 가하였다. 뿐만 아니라 1954년부터는 만흥교회, 해동교회, 산음교회, 고시교회 등을 개척하여 함평의 송교센터로 발전되었다.

### (8) 영암읍교회[44]

영암읍교회는 1915년 2월 2일 유서백 선교사와 조명선 조사의 전도활동으로 교동리의 사랑방에서 시작되었다. 조명선 조사가 영암·강진·해남을 순회전도하면서 영암 교동리의 4~5명의 신자를 얻게 되면서 교회가 성립되었다. 1919년 조하파(Joseph Hopper) 선교사가 목포 선교기지에 부임하면서 영암, 강진, 장흥을 순회전도구역으로 담당하게 되었고, 신도인 조사와 함께 전도활동을 하게 되었다. 1923년 김세열

---

44) 「영암읍교회 80년사」(1995).

전도사가 부임하면서. 영암읍교회는 복음전파뿐만 아니라 독립과 애국운동의 구심점이 되었다. 1928년에는 김원배가 최초의 집사로 임명되어 교회성장을 위해 헌신하면서 지역복음화의 발판을 구축하기 시작했다. 김원배 집사는 한국전쟁 때 부인 김윤자 집사와 더불어 공산당에 의해 순교당했다.

1930년대 들어서면서 영암읍교회는 장로교 전파의 중심지로 부상하며 구림, 지남, 도장에 교회를 개척하였다. 1938년 박병근 전도사가 부임하면서 일제의 탄압을 받기 시작하였으며, 1938년 전남노회는 신사참배를 결의하자 영암읍교회가 반대를 하였다. 영암읍교회를 담임했던 박병근 전도사와 김주철 신도가 일제의 회유와 박해를 받았지만 신앙의 정조를 지키다가 체포, 투옥되어 3년형을 언도받고 옥고를 치룬 후 1943년 석방되었다.[45] 그러나 옥고로 얻은 지병으로 영암읍교회 시무가 어렵자 사임하고 장암교회를 개척하였다. 그후 함평군 나산교회로 부임하여 교인들을 보호하고 교회를 지키고자 애쓰다가 결국 공산당에 의해 순교당했다. 1943년 지한홍 목사가 부임하면서 교회를 복구하였고, 1946년에는 최초로 김동흠 장로를 장립하여 당회를 조직하면서 성장의 기틀을 마련하였고 예배당을 신축하게 되었다. 그러나 한국전쟁으로 교회는 공산당에게 박탈당하고 24명의 순교자가 나왔다.

1954년 김원섭 목사를 중심으로 폐허된 교회를 복구하고자 노력하여 새 예배당을 신축하게 되면서 영암읍교회는 새롭게 발전을 시작하게 되었다. 1971년 이서하 목사가 시무를 시작하여 1974년 교회당을 신축하고, 변화된 시대에 대응하는 선교정책과 교회개선으로 복음화를 위한 박차를 가하였다.

### 2) 한반도 최남단의 해남·강진·장흥 교회들

해남은 남해안지역에서 가장 먼저 장로교가 전파된 곳이다. 1894년

---

45) 김수진, 「신앙의 거목들 Ⅰ」, 한국방송선교센타(1984), pp. 83-90.

이눌서, 유대모 선교사가 선교거점을 확보하기 위한 답사 도중에 첫 신자를 얻은 성과가 있었던 곳이며, 첫 교회는 해남 문내면 우수영에 1902년에 설립되었다. 목포 선교기지 소속의 오원, 배유지, 변요한, 하위렴, 맹현리 선교사의 활동이 이루어진 지역이었다. 남해지방의 읍내에 교회가 설립된 시기는 1905~1910년으로, 먼저 장흥 읍내(1905년)에 설립되었고, 다음으로 강진 읍내(1910년), 해남 읍내(1910년) 등지였다. 읍내 지역에서 교회는 정기시장이 열렸던 장터, 즉 결절지에 설립되어 있어 정기시장이 장로교 전파통로였음을 짐작할 수 있다.[46] 선교사와 조사들은 목포에서 선편으로 해남, 강진, 장흥으로 이동하였고, 물품을 운반할 조랑말을 대동하여 말을 타고 촌락을 돌며 전도 활동을 하였다.[47]

해남은 문내면(1902년), 화원면(1905년)[48], 화산면(1907년), 산이면(1908년), 마산면(1909년), 해남읍(1910년)[49]에 장로교회가 설립되었다. 문내면의 선두리는 진도로 건너가는 도진취락이었으며, 오원 선교사에 의해 교회(우수영, 선두리교회)가 설립되었다. 이곳에서 진도, 목창, 삼치운, 이도, 삭굼 등지로 장로교가 전파되었다.[50] 또 화원면은 우수영에서 장로교가 전파되었고, 신덕리(1905년)[51], 고당리(1906년)[52],

---

46) 이원구, "정기시장에 관한 지리학적 연구"(석사학위논문, 전남대학교, 1982), p. 13.
47) 김수진, 「목포지방 기독교 100년사」(서울 : 쿰란, 1908), 전게서, pp. 54, 84.
48) 해남 문내면에 최초로 교회가 설립된 것은 오원, 배유지 선교사의 전도가 시작된 1902년 이곳을 발판으로 1905년 인접한 화원면에 신덕리교회를 설립하였다(「조선예수교장로회사기」, p. 144.).
49) 1941년 해남읍교회는 이우석 목사가 담임을 맡고 있었다. 일제는 애국 금채회를 조직하여 한국 부녀자들의 금비녀, 금반지 등을 일본에 바치도록 조치하였다. 이 일에 협조하지 않는 사람은 비국민이란 칭호를 붙여 가며 강제 회수하였는데, 이에 대한 불복과 일본은 망한다는 설교를 하여 선동죄목으로 투옥되어 순교하였다.
50) 목포노회, 앞의 책, p. 35.
51) 문내면 좌수영교회를 토대로 화원면 신덕리교회가 설립되었는데, 배유지 선교사의 전도로 본리인 이귀현 등 수 인이 신자가 되었고, 이들의 전도로 수백인이 회집하면서 교회가 설립되었다(「조선예수교장로회사기」, pp. 169-170.).

동창리(1907년)⁵³⁾로 장로교가 확산되었다. 이중 고당리교회는 해남지방의 장로교 확산의 2차 중심지가 되었다.⁵⁴⁾ 맹현리 선교사가 고당리교회로 부임하면서 신안, 진도, 완도, 장흥, 무안 등지로 장로교회 확산이 가속화되었고, 고당리는 서양문화를 일찍 받아들여 영명학교를 설립하여 인재를 배출하며 지역사회를 선도하는 데 중요한 역할을 하였다.⁵⁵⁾ 화산면은 신자가 많이 거주했던 원진에 첫 교회가 설립되었고, 산이면은 촌락 신자의 전도로 교회가 설립되었다.⁵⁶⁾

강진은 강진 도암면 만덕리⁵⁷⁾에 1905년에 첫 교회가 설립되었고, 칠량면(1906년)⁵⁸⁾, 강진읍(1908년)⁵⁹⁾ 등지로 확산되었다. 강진의 장로교

---

52) 좌수영교회를 토대로 1906년 고당리교회가 설립되었는데, 조사 도정윤이 김성우, 김익천, 조병선 등을 전도한 결과였다(「조선예수교장로회사기」, p. 170.).
53) 화산면 원진에도 교회가 설립되었는데, 변요한 선교사와 임성옥 조사의 전도로 인해 동인범, 이지도 등이 신자가 되면서 이루어졌으나 예배당은 원진이 아닌 동창리로 이전되어 건축되었다(「조선예수교장로회사기」, pp. 256-257.).
54) 1906년 다시 문내면 고당리교회가 설립되었는데, 이는 좌수영 출신의 조사 도정윤이 동리의 김성우, 조병선, 김익천 등을 전도한 결과였다. 1907년 주병완, 이정언, 김인찬 등의 노력으로 좌수영에 1,000명 정도가 자리에 앉을 수 있는 큰 예배당이 신축되고, 약 500명 정도의 신자들이 교회에 출석하였다(「조선예수교장로회사기」, p. 170.).
55) 김수진, 「자랑스러운 순교자」(서울 : 범론사, 1981), p. 87.
56) 해남군 초송리교회가 성립하다. 선시에 원봉수, 원사기, 원명오 등이 믿고 해남군 돈다리교회에 출석하다가 신자가 증가됨에 예배당을 신축하고 선교사 변요한, 맹현리, 조사 마서규 외 5인이 시무하니라(「조선예수교장로회사기」, p. 265.).
57) 강진에는 1905년 김두찬의 입교를 계기로 만덕리교회가 최초 설립되었고, 장흥, 목포에서 입교한 이낙서의 전도로 신자가 증가하자 예배처가 마련되었다. 그러나 오원 선교사가 내조하면서 신자 수가 급증하자 대덕읍의 가옥을 매입하여 도청리교회가 설립되었다(「조선예수교장로회사기」, p. 144.).
58) 변요한 선교사의 전도로 칠량면 홍학리에서 3명의 신자를 얻어 하영술 집에 예배처를 마련해 회집하다가 신자가 증가한 후 홍학리교회(1906년)로 발전시켰다(「조선예수교장로회사기」, p. 169.).
59) 강진읍에는 서산리(1908년), 학명리(1910년) 등 2개 촌락에 교회가 설립되었는데, 서산리교회는 매서인 박창인이 동리 서당의 훈장이었던 신도우를 전도함으로써 시작되었다. 그가 동리사람들을 전도하여 서당을 예배처로 회집하다가 약 40인이 집단세례를 받으며 교회가 설립되었다(「조선예수교장로회사기」, p. 265.). 학명리교회는 백호동교회에 출석하던 김두천, 강백선, 이성

전파는 정약용의 진보적 개혁성향의 영향과 밀접한 관련이 있는 것으로 생각된다. 강진에 유배되었던 정약용은 사회개혁을 주장하였고, 그의 사상은 기독교의 인간평등과 직업에 귀천이 없다는 사상과 그의 개혁사상은 상통하는 일면이 있었고, 이런 진보적 개혁성향은 해남, 강진, 장흥, 도서 일대 지식인의 장로교 입교에 영향을 주었을 것으로 생각된다.

장흥은 대덕읍(1905년)[60], 회진면(1906년)[61], 용산면(1906년)[62], 안양면(1919년), 장평면(1921년) 등지로 장로교가 확산되며 교회가 설립되었다. 1911년 이곳에서 활동을 했던 하위렴(W. B. Harrison) 선교사는 이 지역의 상황을 다음과 같이 파악하였다.

> 몇몇 그리스도인들은 예배당으로 사용하기 위해 초가집을 완성하려고 애쓰고 있다. 이곳에서 그리스도인은 자신들이 지역관리의 비난을 감수해야 한다고 말했다. 국가적 자존심의 붕괴, 깊어만 가는 빈곤, 희망의 상실 등이 한국인의 마음을 어둡게 하는 요인들이다. 곤경에 빠진 많은 사람들이 하나님을 향하여 위로를 구하고 있다.[63]

이 같은 상황에서 장로교는 몰락층에 속한 사람들에게 새로운 사회질서를 추구할 수 있는 보상심리로 작용하기에 충분한 것이었다. 송교를 통해 위로받으며, 곤경을 극복하고자 하는 심리적 요인이 장로교회

---

현, 조승일 등이 동리사람들 전도에 성공하여 교회가 설립된 곳이다(「조선예수교장로회사기」, p. 173.).
60) 목포를 왕래하던 상인 이낙서가 신자가 되어 동리사람들을 전도하면서 방천일의 집에 예배처를 마련하면서 교회가 설립되었다.
61) 장흥군 대리교회도 본리인 김인원, 구성숙이 신자가 되어 구성숙 집에 예배처가 마련되었고, 10명 이상 신자가 증가하자 동중서제(洞中書齋)에서 예배하면서 교회가 설립되었다(「조선예수교장로회사기」, p. 170.).
62) 장흥군 월금리교회는 이씨 일가, 권세일, 박호연, 박인옥 등이 신자가 되어 이성배 집에 예배처가 마련되면서 교회로 발전되었다(「조선예수교장로회사기」, pp. 169-170.).
63) 목포노회, 앞의 책, p. 85.

수용을 촉진하면서 교회가 확산되었을 것으로 생각한다.

### (1) 해남 예락교회[64]

1902년 목포에 농산물을 매매하기 위해 갔던 예락리 사람 김인찬이 목포 진료소에서 진료를 받을 때, 복음의 메시지를 듣고 감동되어 신자가 되기로 결심하고 돌아왔다. 그는 우수영교회를 출석하며 예락리와 동리에서 주민들에게 전도활동을 하였다. 그러나 우수영교회끼지는 상당히 먼 거리에 있었기 때문에 김권성, 한경일 등 신자와 함께 예락교회를 설립하기로 하고, 1905년 3월 1일 김인찬의 주택에 예배처를 마련하게 되었다.[65]

1907년 김인찬이 교회 부지와 건축자재를 제공하고 신자들의 헌금이 모아져 초가 3칸의 예배당을 건축하였고, 김인찬, 장경빈 등이 1907년 5월 변요한 선교사에게 세례를 받았다.[66] 예락교회는 문맹퇴치를 위한 농한기의 야학을 운영하다가 간립학교를 설립하여 교육활동에 힘을 기울였다. 간립학교는 한글을 가르치고 배일사상을 심어 준다는 구실로 일제에 의해 1942년 폐쇄되었다.

> 1919년 3월 1일 만세운동이 전국적으로 확산되면서 해남지방도 이에 동참하여 4월 6일에 만세운동을 전개하였다.[67]

1935년 4월 13일 예배당을 동리로 이전하여 신축하였으며, 1942년 10월 15일 해남지역의 교회 종탑들이 수난을 당하게 되었는데, 태평양전쟁에 교회종이 강제 동원되었기 때문이다. 이때 예락교회의 종도 공출되었다.

---

64) 김행복,「예락교회 100년사」(화신사, 2005), pp. 148-149.
65) 김행복, 앞의 책, p. 149.
66) 위의 책, p. 150.
67) "만세 60년,"「전남일보」(1979. 2. 26.).

1950년 한국전쟁 시 교회는 인민위원회 사무실이 설치되었고, 더 이상 교회로서의 기능을 하지 못하게 되었다. 이때 예락교회는 강택현 목사가 담임하고 있었고, 목사를 보호하기 위해 신자들은 신안 비금도로 피신토록 도움으로써 목숨을 구할 수 있었다. 그 후 윤사현, 노금협, 문명식, 윤주원, 양남현, 고홍태, 장한석, 조규범, 김갑수, 윤진철, 김현규, 전희영, 박경일, 류장렬, 송천석 교역자 등이 수고를 하였으며, 2008년에 부임한 문선호 목사가 현재 시무 중에 있다.

### (2) 해남 우수영교회[68]

해남 우수영에 기독교가 전래된 것은 1894년 4월 19일이었다. 이놀서·유대모 선교사가 최초로 방문하여 해남 목장을 지나 우수영에서 세탁을 하면서 복음을 전파하였다. 그때 많은 사람들이 염전에서 소금을 생산하기 위해 일을 하고 있었다. 이들 중 한 사람이 복음을 듣고 예수를 믿겠다고 약속하여 4월 22일 주일에는 최초의 입교인과 예배를 드리게 되었다. 8년 후인 1902년 배유지 선교사가 우수영에 교회를 세움으로써 우수영교회는 해남지방 최초의 교회가 되었다.

> 1902년 해남군 우수영교회가 설립하다. 선교사 배유지 선교사가 전도하야 신자를 얻어 교회가 성립되었고, 후에 리행언, 박경두가 집사로 임무하니라.[69]

1902년 우수영에 교회가 설립된 후에 신자들이 증가함에 따라 1907년에 주병원, 이형진, 김인창 등의 열심전도와 헌신으로 새 교회당이 건축되었다. 이때 배유지 선교사는 광주 선교기지로 이주하면서 하위렴, 변요한, 맹현리 선교사가 당회장으로 성례전을 베풀었다. 우수영과 인접한 선두리에도 오원 선교사와 변창연 조사의 전도로 선두리교회가

---

68) 김수진, "신앙의 뿌리를 지킨 우수영교회," 「한국기독공보」(1997. 7. 5.), p. 9.
69) 「우수영교회 당회록」(1902년), p. 1.

설립되었다. 도정이라 하는 전도인이 선두리교회 조사로 부임하면서 약 300명의 교인들이 회집할 정도로 교인 수가 증가하자 선교사들이 관심을 갖게 되었다.

그런데 대부분의 교인들이 이탈하여 우수영교회로 출석하면서 선두리교회의 출석교인 수는 약 30명까지 줄게 되었다. 결국 선두리교회는 우수영교회로 병합하게 되었고, 우수영교회만이 남게 되면서 우수영은 기독교 마을로 알려지게 되었다. 이후 우수영교회는 해남에서 큰 교회로 성장하여 1934년 279평의 대지 위에 돌집으로 예배당을 확장·건축하면서 해남 최초의 돌집예배당이라는 이름을 얻게 되었다. 그리고 1936년 김세열 목사가 부임하였으며, 첫 당회를 조직하게 되었고 교회는 한층 더 발전하였다. 김세열 목사는 전주서문교회로 목회지를 옮겨 갔고, 후임으로 김아열 선교사가 임시 당회장을 맡아 교회를 관리했지만, 일제의 심한 탄압으로 미국으로 강제 출국당했다. 그 후임으로 해남 출신의 이순영 목사가 목회를 맡게 되었고 해방을 맞았다.

### (3) 해남 고당교회[70]

고당교회는 행정구역으로 해남군 문내면 고당리에 자리 잡고 있다. 고당리는 엄섬 해수욕장에 인접한 촌락으로, 선교사들이 여름철 휴식을 위해 찾았던 지역이었다. 엄섬 해수욕장은 주로 목포 선교기지에 상주하던 선교사들이 여름철이면 찾았던 곳이었다. 이곳에서 휴가를 보내기 위해 왔던 오원 선교사가 휴가 중에 전도활동을 하여 교회를 설립하였다.

> 나는 예수교 선교사이자 의사인데 예수의 십자가를 전하고자 조선에 왔습니다. 나와 미국은 예수를 믿어 복을 많이 받았습니다. 여러분과 조선사람도 예수 믿으면 복 많이 받습니다. 예수교 십자가의 도를 전 세계에 전파할 사명감에 수만리 타국에 조선까지 왔습니다.[71]

---

70) 김용섭, 「고당교회 93년사」(1997) 참고.

마침 해남읍내에 왕진을 다녀오던 한의사 조철승은 오원 선교사의 말에 귀를 기울이고, 조선의 장래에 개벽이 일어날 것을 알고 먼저 자신의 아들 조병선에게 예수 믿기를 권유하였다. 이후 조병선, 김성우, 김익천 등은 변요한 선교사와 도징이의 전도를 받아 우수영교회로 출석하였다. 1년 동안 멀리 떨어진 우수영교회를 출석하던 고당리의 신자들은 고당리에 교회설립을 추진하게 되었다. 1904년 3월 1일 김우성의 사가에서 첫 예배를 드림으로써 고당교회가 시작되었다. 고당리는 지역 유지들이 운영하는 사설학원이 있어 많은 인재를 배출하고 있었다. 고당교회는 영명의숙을 설립하였다.

영명의숙의 초대숙장은 조철승, 교사는 정관진, 손정현, 김세봉 등으로 이들은 한결같이 새로운 학문을 전달해야 한다면서 봉사하였으며, 신앙의 바탕 위에 민족의식을 심어 주고자 하였다. 문내면을 포함한 이웃 지역에서 청소년들이 영명의숙으로 몰려왔다. 1910년 한일합방이 되면서 평양출신 정광진은 진실한 기독교 신자로 숭실중학교를 졸업한 재원이기도 하였다. 그는 영명의숙에서 자원봉사로 1년간 학생들을 잘 가르치고 있었으며, 이 소문이 해남지역에 알려지면서 학생들이 예배당까지 차게 되었다. 한의사 조승선은 고등과를 신설할 수 있도록 후원을 하였고, 영명의숙은 민족의식을 고취시키며 인재를 양성했다. 한국사를 지도한 일이 문제가 되어 일제에 의해 강제 폐교되었다. 해방 후 학교를 재건하여 영명중학교로 인가를 받고 인재양성에 크게 공헌하게 되었다. 또한 고당교회 교인들을 중심으로 일성장학회를 만들어 전액장학금을 지급하며 인재를 양성하였다.

그동안 많은 교역자가 지나갔으며, 특별히 1992년에 부임한 김용섭 목사로 1997년에 「고당교회 93년사」를 발간을 하였으며, 현재는 2000년 10월에 부임한 최어중 목사가 사역을 하고 있다. 2011년 현재 230~240여 명이 재적하고 있으며 주일 출석예배로 130~140여 명이

---

71) 김수진, "해남지방과 기독교," 「한국기독공보」(1997. 7. 5.), p. 9.

참여하고 있다.

### (4) 강진읍교회[72]

강진읍교회는 1913년 11월 나막신 장수 김영순이 강진 읍내에 들어와 김성운, 김두삼을 전도하여 김두삼의 사랑에 예배처가 마련되고, 열심전도하여 신자가 증가함에 따라 김영순, 김두삼, 김성운, 신명탁, 조낙균 등 신자와 유서백 선교사가 협력하여 강진읍 남성리 주택을 매입하여 설립되었다. 그러나 강진읍교회는 강진 최초의 교회는 아니었다. 1905년 강진 최초의 교회인 만덕리교회[73]가 성립되어 이곳을 토대로 서산리, 도원리, 남포, 작천, 영파리에 교회가 설립되어 있었기 때문이다.

강진읍교회는 조명선 조사가 시무를 하였고, 유서백 선교사가 교회를 치리하였으며, 청년층의 식자층이 신자의 상당수를 구성하였다. 그 중에는 동경유학생 출신의 김환, 김안식, 차내진, 김학수, 이기성, 김현봉, 김후식 등이 있었다. 1918년 조명선 조사 후임으로 최복삼 조사가 시무하면서 여수, 돌산, 보성, 장흥, 강진, 해남, 완도, 영암 등지를 순회하며 열심히 전도하였다.

또한 1919년 3·1 독립만세운동 때에는 강진읍교회에서 태극기를 제작하여 독립운동을 주도하였다. 1923년 김정관 조사가 부임하고 최덕언, 김명수, 김현숙 등을 중심으로 주일학교가 시작되면서 교회는 성장하기 시작했다. 이어서 김세열 전도사가 부임하여 복음의 사회참여를 위한 일환으로 강진유치원을 개설하고, 1930년 3월 30일 조하파 선교사의 발의로 김세열 목사를 당회장으로 장운환 장로를 장립하여 당회를 구성하였다. 특히 유치원은 강진읍교회 발전에 큰 영향을 주었다.

1935년 이남규 전도사가 부임하여 활동하다가 교회를 사임하고,

---

72) 김경식, 「강진읍교회 70년사」(1983).
73) 차재명 편, 앞의 책, p. 144.

1938년 11월 김윤식 목사가 후임으로 부임하였다. 1940년 9월 강진읍 교회에서 사경회를 개최하였다. 강사로 참여했던 김윤식, 김형모, 이우석 목사는 체포되어 구금되었다. 그 후 배영석 목사가 부임하여 도암 향촌교회도 함께 시무하였다. 해방 후에 배영석 목사는 '독립촉성회'를 조직하여 애국활동을 하다가 6·25전쟁 때 공산당에 의해 순교당했으며, 그의 거룩한 순교정신을 기리기 위해 강진읍교회당에 순교비가 건립되었다.

배영석 목사의 순교로 강진읍교회는 큰 슬픔을 겪게 되었고, 그 후임으로 장성철 목사가 부임하였다. 1953년 강진읍교회는 교계분열에 휩싸이게 되면서 1955년 분열되어 강진읍교회는 기장 측으로, 중앙교회는 예장 측으로 분리되었다. 그 후 강진읍교회는 박한진, 김원섭, 차수성, 양변환, 장대웅, 남정철, 배성산, 서도섭, 김의용, 김영길, 정성욱, 전주완, 김현석, 박동일 목사가 시무하였다.

### 3) 다도해의 진도·완도·신안 교회들

1909년 맹현리 선교사는 해남 우수영에서 남해 100마일, 서해 150마일의 범위까지 선교활동의 범위를 확대하고자 하는 계획을 수립하였다.[74] 목포 선교부가 소유한 범선을 이용하여 적극적으로 해안 및 도서지역을 전도한 결과 9개 도서지역에 예배처가 마련되었다. 1910년에 맹현리 선교사는 약 230개의 유인도 중 90개 도서지역의 약 500개 마을을 순회하며 전도책자 30,000권, 성경과 요리문답서 5,000권 이상을 배포하였다. 도서 순회전도에는 포사이드(W. H. Forsythe)[75]와 동

---

74) 목포노회, 앞의 책, 1997, pp. 56-57.
75) 1904년 남장로교 의료 선교사로 대니얼, 놀란 등과 함께 한국에 입국하였다. 그는 전주에 배속되어 전주병원에서 의료활동을 전개하였고, 전주 양반가의 교회출석 계기를 마련하는 데 큰 역할을 하였다. 한국에 입국하기 전에 쿠바에서 다녀간 의료 선교사로 활동한 경력을 지닌 선교사였다. 1907년 목포로 이전하여 진료활동을 하였으며, 1909년 나병 1명으로 광주 봉선동에서 진료를 시작하여 1912년 영국 나병협회의 지원으로 광주 나병원을 설립하는데 크게

행하였는데, 그는 뱃사람들을 상대로 포구에서 전도지 및 성경을 배포하며 복음을 전하였다. 이런 노력으로 1910년에 조도, 거금도, 압해도, 흑산도 등지로 장로교회가 확산되었고, 25곳에 예배처가 마련되었다.[76]

이와 같이 목포와는 달리 도서지역에서 장로교 확산이 빠르게 진행될 수 있었던 이유는 두 가지로 요약할 수 있다. 하나는 주민들의 심성이었고, 또 하나는 섬사람들의 인간적 유대관계였다.[77] 서해 도서 및 해안지역의 주민들은 예외 없이 정중하며 친절했으며, 삶의 질이 생각보다 높았는데, 거의 모든 섬 마을에는 서당이 있을 정도로 교육열이 높았고 한문서당과의 거리가 상당히 먼 마을에서도 문맹자는 적었다.[78] 따라서 낮은 문맹율과 높은 교육열은 인쇄물을 통한 장로교 확산을 가능케 한 요인이었다. 또한 종교심이 강한 섬 주민들의 심성도 장로교 수용을 강화시키는 요인이 되었던 것이다. 도서지역 사람들은 단순하고 강인했으며, 신에 대한 의지력이 절대적이었다. 이러한 심성은 교회와 성경에 대한 사랑과 연결되면서 성경연구를 확산시키자 도서지방에 빠르게 확산되었다.

진도는 우수영에서 군내면(1905년)으로 장로교가 전래되어 군내면 분토리에 첫 교회가 설립되었다.[79] 선교사들이 129가구가 있는 분토를 방문했을 때 마을사람들은 선교사와의 접촉을 회피했지만, 양반 출신의 젊은 유배자가 입교하여 서재가 예배처로 마련되면서 교회가 설립되었다.[80] 분토리[81]는 평양, 황해도 송천 등과 같이 선교전략상 중요한

---

　　공헌하여 한국인과 선교사들 사이에 선한 사마리아인으로 불렸고, 1912년 귀국하여 1918년 소천하였다. *Missionary Review* vol. 30, 1907, pp. 199-210.
76) 목포노회, 앞의 책, pp. 69-70.
77) *The Missionary*(1909), pp. 497-498.
78) 목포노회, 1997, pp. 56-57.
79) 진도 분토리에 교회가 성립하다. 초에 정경숙, 김경원, 김경오 외 7인이 정도 의의 전도로 김교하고 동리서재를 임대하여 예배하다가 약 1년이 못되어 신도가 70여 명에 달하매(「조선예수교장로회사기」, p. 145.).
80) *The Korea Mission Field*(1905), p. 104.

지점으로 선교사들은 평가하였는데, 그곳은 서해와 남해 도서의 길목이었으며, 반경 60마일 거리에 서해 및 남해도서들이 있었기 때문이었다.

완도는 남해지방의 도서 중 가장 먼저 교회가 설립된 곳으로 약산면(1904년)이며, 이곳에서 강진 도암면(1905년), 장흥 대덕(1905년), 고흥의 거금도(1908년) 등지로 장로교가 확산되었다. 이들 지역은 해로를 따라 연계되는 지역들이며, 상업 활동이 활발했던 지역들이었다. 도서지역의 순회전도로 거금도(1908년), 여수 남면(1908년) 등지에 교회가 설립되었다.

신안은 1907년 목포에서 활동한 맹현리(Henry D. McCallie) 선교사가 범선을 이용해 6주 동안 도서지역 순회전도로[82] 에 전력하여 비금도(1908년) 등지에 교회를 설립하였다.[83] 비금도, 흑산도 등은 매서인의 활동으로 1915년에 예락교회가 설립된 곳이다.[84] 이 도서에는 권력 엘리트로 진출기회를 차단당한 진보적 지식인들이 많이 거주하였고,[85] 그의 자손들은 진보적 성향을 띠며 문자해독율이 높았다.

(1) 진도 분토리교회[86]

목포 선교부는 1902년 배유지 선교사가 뱃길을 따라 한반도의 땅끝

---

81) 분토리 주민들은 상당히 적극적으로 종교를 수용하여 60여 명의 신자가 확보되었기 때문에 교회설립이 시급히 요구되었다(목포노회, 1994, 전게서, pp. 44-48.).
82) *Annual Report*(1909), pp. 119-120.
83) 차재명 편, 「조선예수교장로회사기」, p. 265. 무안군 덕산리는 현재 신안군 비금도로 행정구역이 개편되었다.
84) *The Missionary*(1911), pp. 19-24, 117-119.
85) 보유론적 사고란 지배 이데올로기로 고착화된 유교주의를 계속 고수하기보다는 그것을 수정, 보완하거나 아니면 그것을 새로운 가치체계로 대체시키고자 하는 관점이다. 초기 가톨릭을 수용했던 학자들의 관점이다(노길명, "조선조 종교문화의 성격,"「가톨릭과 조선후기 사회변동」〈1990〉, pp. 43-85.).
86) 김수진, "도서지방 선교,"「한국기독공보」(1997. 8. 16.), p. 9.

해남 우수영에 교회를 설립하였으며, 오원 선교사도 뱃길을 이용하여 1904년 완도에 관산교회를 설립하였고, 진도 최초의 교회인 분토리교회를 설립하였다. 1905년 오원 선교사는 다니엘(T. H. Daniel) 의료선교사와 함께 진도를 순회하는 도중에 자신이 그리스도인임을 공언하는 두 명의 신자를 만났으며, 진보적인 사상 때문에 진도로 유배당한 한 사람의 신자는 중국어 성경과 찬송가를 가지고 있었고, 다른 이들에게 복음을 증거하고 있는 것을 알고 신선한 지극을 받았다고 했다.[87] 분토리의 60명의 신자는 예배당 건축이 시급하다며 이를 선교부에 요청하였고, 1905년 분토리교회가 설립되었다. 이 과정을 「조선예수교장로회사기」에는 다음과 같이 기록되어 있다.

> 진도 분토리에 교회가 성립하다. 초에 정경숙, 김경원, 김경오 외 7~8인이 도정의의 전도로 신교하고 동리서세를 삼시 빌려 예배하다가 불과 1년에 70여 인에 달하매 삼백여 원을 출금하야 예배당을 신축하얏고 후에 정경숙을 장로로 장립하야 당회가 조직되니라.[88]

이 분토리교회를 발판으로 진도읍교회(1920년), 고군교회(1946년) 등지에 교회가 설립되었다. 한편 분도리교회는 일제 말엽 폐쇄되었다가 1946년 재건되었다. 그동안 이재방, 김민수, 곽수영, 송효성 목사가 부임하였으며, 현재는 봉세환 목사가 시무하고 있다.

### (2) 신안 비금덕산교회[89]

선교지역이 확대되면서 선교부는 선교인력의 부족으로 선교활동에 어려움이 있었을 때 맹현리(H. D. McCallie) 선교사가 목포 선교부로 부임하게 되었다. 맹현리 선교사는 조사 마서규를 대동하고 선교선에

---

87) 목포노회, 「목포선교부 보고서」(1994), pp. 44-48.
88) 차재명 편, 「조선예수교장로회사기」(경성 : 신문내교회, 1928), p. 145.
89) 김수진, "맹현리선교사와 도서지방," 「한국기독공보」(1997. 8. 16.), p. 9.

쪽복음과 양식을 싣고 비금도를 방문하게 되었다.
 이미 비금도에는 목포를 오가며 활동하던 강낙언이라는 신자가 살고 있었고, 그가 맹현리, 마서규 등과 만나면서 비금도에 교회를 설립할 계획을 추진하였다. 비금도는 비교적 큰 섬에 속한 곳이면서 인구밀도가 높은 곳이었다. 강낙언은 목포를 떠나 배가 닿을 수 있는 비금 임리동 선창가에 첫 예배소를 마련한 것이 비금 덕산교회의 출발이었고 신안지방의 최초 교회였다. 이 교회의 성립과정을 「조선예수교장로회사기」에는 다음과 같이 기록하고 있다.

> 1908년 무안군(현재는 신안군) 덕산리교회가 성립하다. 선시에 본리인 강낙언이 믿고 전도하야 신자가 증진함으로 예배당을 신축하고 선교사 맹현리와 조사 마서규, 이행언, 김경원, 김태현 등이 차례로 시무하니라.[90]

 비금 임리동에 세워진 비금덕산교회는 강낙언이 거주하고 있었던 상암부락에서 얼마동안 예배를 드리다가 덕산리 망동마을로 옮기게 되었다. 망동마을에서는 성경반이 운영되었고, 12명의 예비신자가 등록하였다.[91] 망동마을은 강씨와 김씨의 동족촌으로 두 성씨가 경쟁적으로 예수를 믿어 예수촌이 되었다.
 비금덕산교회는 망동학당을 개설하여 최초로 근대화된 문화를 교육하는 곳이 되었는데, 대부분의 섬 아이들이 이미 문자를 해독하고 있었다는 사실에 선교사들은 놀라움을 금치 못했다. 왜냐하면 선교사의 눈에 학교는 보이지 않았기 때문이었다. 어떻게 문자해독이 되었는지를 알아보기 위해 선교사들이 아이들을 대상으로 상담을 하였더니 자신들의 부모로부터 문자해독을 배우고, 선교사들보다 먼저 섬으로 가 전도활동을 했던 조사들이 문자를 가르쳤다는 것이었다.

---

90) 차재명 편, 「조선예수교장로회사기」(경성 : 신문내교회, 1928), pp. 264-265.
91) 목포노회, 「보고서 2집 : 1895-1911」(1997), pp. 88-89.

한편 목포 선교부가 주관하는 '달성경학교'와 '사경회'도 새로운 지식을 전수하고, 서구문화를 전달하는 통로였다. 이로써 비금덕산교회는 해가 갈수록 신자가 증가되면서 이 교회를 토대로 흑산도 예리교회(1915년), 도초중앙교회(1922년), 비금 죽림리의 서부교회(1932년), 도고교회(1935년), 제일교회(1943년), 서산교회(1953년), 갈보리교회(1988) 등이 설립되었다. 이렇게 교회가 분립되어 설립되었던 것은 맹현리 선교사가 비금도뿐만 아니라 유인도 섬을 두루 다니며 전도활동을 했고, 각 섬의 신자들이 배를 타고 비금덕산교회로 출석하다가 각각 독립한 결과였다.

비금덕산교회는 안정된 교세를 유지하면서 해남 고당교회 정인배 장로가 전도사로 부임하였고, 이어서 김종인 목사, 김방호 목사가 차례로 시무하였다. 그 후 김종인 목사는 6·25전쟁 시 영광 법성포교회에서 순교하였다. 김방호 목사는 영광 염산교회로 부임한 후 6·25전쟁 때 77명의 교인들과 함께 순교하였다.[92] 이어서 도상욱, 김영욱, 주춘옥, 송이복, 윤희식, 조천기, 이길수, 김갑수, 이옥재, 김종운, 박정규, 차양수, 장경호, 주신웅 등의 목회자가 차례로 시무하였다. 현재는 강병고 목사가 시무하고 있다. 교회는 14명의 목사를 배출하여 한국교회 발전에 기여하고 있다.[93]

(3) 신안 흑산예리교회[94]

흑산예리교회는 1915년 흑산도 예리에 예배처가 마련되었다. 뱃길을 따라 도초와 비금이 연결되어 있으며, 비금과는 달리 섬 안에는 논이 없고 밭이 있어 보리, 유채, 마늘이 재배되고 있을 뿐 대부분이 어업에 종사하고 있다. 흑산 예리에서 비금 덕산교회로 배를 타고 교회 출석하던 예리 신자들이 예리에 예배처를 마련한 것을 시작으로 1930년

---

92) 김수진, 「6·25 전란의 순교자들」(서울 : 대한기독교출판사, 1981), pp. 11-42.
93) 김수진, 「목포지방 기독교100년사」, 목포노회(서울 : 쿰란출판사, 1997), p. 498.
94) 위의 책, p. 499.

예리 대목마을에 예배당을 건축하여 설립되었다. 박도삼, 유준상, 문재연, 김원한, 문명식, 박동표, 김연수, 정세교, 문영일, 박상수, 고월출, 최보라, 임동섭, 이종언, 갈성조, 한승국, 이성문 목사 등이 차례로 시무하였으며, 현재는 2008년 5월에 부임한 이송원 목사가 시무하고 있으며, 2011년 현재 80여 명이 출석하고 있다.

### (4) 신안 도초중앙교회[95]

도초중앙교회는 1922년 도초면 신교리에 비금덕산교회로 출석하던 도초 신자들에 의해 설립되었다. 도초에서 비금덕산교회까지는 배를 타고 출석해야 했는데, 서해안의 파도와 태풍은 신자들에게 큰 위협을 주는 요인이었다. 뿐만 아니라 선교사들이 타고 다녔던 선교선도 몰려오는 파도와 태풍에 타격을 받아 선교사들과 조사들은 이 어려움을 놓고 하나님의 인도하심을 구하는 기도를 하였다. 이러한 어려움을 해소하고 자유롭게 신앙생활을 하기 위해 덕산교회로부터 분립하여 교회를 설립하였다. 1935년 신자들이 증가하자 신자들이 밀집된 수항리로 이전하여 새롭게 목조예배당을 건축하였고, 1950년 다시 증축하였으며 1964년 오늘날의 석조예배당을 신축하였다. 이곳에서 시무했던 목회자들은 박노삼, 최냉실, 문녕식, 김택현, 나길훤, 정병일, 김홍례, 한영선, 성동철, 정해동, 유재기, 이안철, 윤진열, 황갑순, 신은수, 위경일, 유정성, 최현준, 김학수 목사 등이 시무하였으며, 현재는 2009년 4월에 부임한 강승호 목사가 시무하고 있으며, 매주 장년 70여 명이 모여 예배를 드리고 있다.

## 3. 광주와 영산강 유역 내륙지방의 교회들

### 1) 내륙중심지 광주

---

95) 위의 책, p. 501.

(1) 광주제일교회

광주제일교회는 1904년 12월 25일 성탄절 배유지 사랑채에서 첫 예배를 드린 것이 광주교회의 첫 시작이었다. 그 후 교세가 확장되자 1906년 북문 안으로 옮기면서 북문안교회라는 이름을 갖게 되었다. 그 후 남문밖교회(1919년) 또는 금정교회, 남부교회 등으로 불리다가 1952년 전남노회와 광주지방에서 가장 오래된 교회라 하여 '광주제일교회'로 부르게 되었다. 1910년 김윤구와 최흥종을 최초 장로로 장립하였고, 이들이 교회성장에 큰 힘이 되었다. 그리고 1916년 이기풍 목사가 2대 당회장으로 부임하고 이득수와 남궁혁이 장로로 장립되었다. 특히 이득수 장로의 헌신적인 교회봉사는 모든 교인들의 모범이 되었기 때문에, 이에 영향을 받은 신자들의 헌신으로 교회는 더욱 크게 부흥하여 1917년에는 북문밖교회(현 중앙교회)를 설립하였다. 그러나 이기풍 목사는 건강상실로 목회에 어려움을 겪게 되어 1918년 사임하고 질병치료에 힘을 쓰다가 1920년 건강이 회복되어 순천중앙교회로 부임하였다.

1919년 3월 교회는 배유지 목사의 두 번째 부인이 경기도 병점에서 자동차가 기차와 충돌하는 교통사고로 인해 부인과 동료 구보라 선교사가 사망하였고, 이로 인해 배유지 선교사는 재판을 받았다. 재판 후 배유지 선교사는 자녀들을 데리고 잠시 귀국하였고, 그의 후임으로 남궁혁 목사가 부임하게 되었다. 1922년 김창국 목사가 부임하였는데, 그는 전주 최초의 신자로서 목사가 된 인물이었고, 제주도에 선교사로 파송되어 활동하던 중에 청빙을 받게 되었다. 그는 유치원을 개설하였고, 1924년 전남노회의 허락으로 양림교회를 설립하였다.

김창국 목사의 후임으로 최흥종, 김응규, 이경필, 성갑식, 정기환, 김재석, 선재련, 천방욱, 한완석, 문성모 목사가 차례로 시무하였다. 2000년 8월 28일 광주 금동시절을 마감하고, 신개발지 치평동으로 이전하였다. 같은 해 12월 3일 백경홍 목사가 부임하여 예배당을 완공하고 2004년 1월부터 100주년기념사업을 계획하여 2004년 12월 25일

100주년기념 성탄축하음악예배로 막을 내렸다.

### (2) 광주 중흥교회[96]

광주 중흥교회는 1897년 광주군 서방면에 예배처가 마련되어 회집하다가 우산리에 예배당을 이전 신축하여 모이다가, 1907년 6월 우산리교회로 출석하던 이방언과 서천년, 조능주, 김맹동, 김오선, 하순윤 등이 중심이 되어 광산군 중흥리에 한옥초가를 예배당으로 매입하여 설립된 교회이다. 초기 선교사로 배유지, 오원, 조사 이태호, 서노득 등이 시무하였다. 1912년 예배당을 양철집으로 신축하였다. 일제의 교회 신사참배 강요를 반대했던 본 교회 장로 최병열이 순교했으며, 6·25전쟁 때에는 정태온 장로가 순교를 당했다. 1946년 나명수 목사가 부임하였고, 1959년 6월 15일에 예배당을 확장 및 신축하였다. 1963년 유인식 목사가 부임하였고, 1967년에는 은진중흥교회, 1968년에도 남평 영생교회, 1987년 광덕교회를 각각 개척하였다. 1999년에는 100주년을 기념하는 광일교회를 각기 개척하였으며, 1973년에는 예배당신축 헌당식이 있었고, 1987년 교회증축을 했으며, 1993년 새 예배당을 신축하였다. 1978년 박문제 목사가 부임하였고 1985년과 1996년 전남노회 노회장으로 두 번이나 선출되었다. 오늘의 광주 중흥교회로 상장시켰던 박문제 목사는 원로목사로 추대하였다. 2001년 김성원 목사가 부임하여 2007년 교회100주년기념 음악회 및 체육대회를 개최하며 오늘에 이르게 됐다.[97]

### (3) 광주중앙교회[98]

1917년 광주 북문밖교회로 출석하던 현재 금남로 주변의 신자들이

---

96) 차재명 편, 앞의 책, p. 255.
97) 중흥교회, 「교회연혁」, 광주군 서방면 중흥리 571번지.
98) 광주중앙교회, 「광주중앙교회 70년사」(전남 : 광주일보출판국, 1987) 참고.

중심이 되어 분립하여 최흥종[99] 목사를 초대목사로 시작된 교회이다. 초창기부터 교회는 유치원과 야간학교를 운영하여 유아교육과 문맹퇴치를 위한 교육활동을 전개하였다. 1922년 최흥종 목사가 시베리아 선교사로 떠나게 됨으로써 교회를 사임하고 제2대 최영택 목사가 부임하였다. 1923년 시베리아 선교사의 임무를 마치고 돌아온 최흥종 목사가 제3대 목사로 재 부임하였고, 이후 광주중앙교회는 크게 발전하기 시작하였다. 그러나 최흥종 목사가 건강문제로 교회를 사임하고 제4대 이수현 목사가 부임하였다. 이때까지 광주중앙교회는 북문밖교회로 불렸는데, 1925년 가을에 교회명을 개명하여 광주중앙교회로 부르기 시작하였다. 광주의 중앙부에 위치하고 있어 광주중앙교회로 개명한 것이다.

1926년 출석교인이었던 양우홍 학생이 학업 도중 사망하게 되면서 자신의 소유물을 교회에 기부해 달라는 유언을 남겼고, 그 유언에 교인들이 감명을 받아 예배당을 신축하게 되었다. 1927년 미국인 장로 서로득(M. L. Swinhart)선교사가 중앙교회에 출석하면서 숭명학원[100]을 설립하여 교회로 기증하였다. 이수현 목사가 교장으로 활동하면서 교회지도자 양성에 힘을 기울이게 되었다. 1935년 교회는 교인 수 증가로 교회가 협소하자 예배당을 신축하였고, 원거리에 출석하는 향사리 교인들을 위해 1936년 향사리 교회[101]를, 또 유문동교회를 분립하였다.

1937년 최병준 목사가 제7대 목사로 부임하였고, 1938년부터 1945년까지 교회는 고난을 당하게 되었다. 일제의 교회와 민족에 대한 핍박이 가해지고, 신사참배를 강요하면서 최병준 목사가 이를 거부 및 반

---

99) 최흥종(1880-1966) 목사는 광주 불로등 출생으로 평양신학교를 졸업하였고, 광주중앙교회 초대 및 제3대 목사가 되었다. 광주 YMCA 초대회장, 신간회 전남지도부장을 역임했으며, 삼애학원 설립, 호혜원(나환자 재활촌) 창설, 송등원(폐결핵환자요양소) 창설하였다.
100) 1937년 숭일고등보통학교가 폐교되었을 때 숭명학교를 숭일학교로 편입시키면서 양림학교로 부르게 되었다.
101) 향사리교회는 현재 서현교회이다.

대하였기 때문이었다. 교회에 일본형사가 배치되고, 목사가 체포되었다. 최병준 목사가 일제의 요주의 인물로 낙인을 받으면서 1943년 최병준 목사가 교회를 떠났다. 제8대는 정경옥 목사가 부임하였으며, 일제말 일본기독교조선교단 전남교구장을 맡아 친일에 앞장섰으나 해방과 함께 정경옥 목사가 복막염으로 세상을 떠났다. 정순모 목사가 후임으로 부임하였다. 1953년 박찬목 목사가 제11대 목사로 부임하면서 신학사조 때문에 교인들이 받은 상처를 치유하기 위해 힘을 기울였고, 교회는 안정을 찾으며 성장의 기반을 갖추기 시작하였다.

1955년 새로 부임한 정규오 목사는 광주 중앙교회답게 성장시켰으며, 1965년에는 제50회 예장합동 총회장으로 선출되었다. 광주중앙교회는 1980년 변한규 목사가 부임하였으며, 2003년 서구 화정동으로 이전하여 2007년 교회창립 90주년 행사를 거행하였다. 현재는 2004년 부임한 채규현 목사가 시무하고 있으며, 꾸준히 성장하여 지역중심 교회로 지역공동체에 기여하는 교회로 발전하고 있다.

### (4) 광주양림교회[102]

최초의 광주양림교회는 전남노회의 승인을 받아 1924년 10월 5일 금성교회로부터 분립하였다. 양림교회를 설립하는데 주동적 역할을 했던 김창국 목사는 금정교회에서 사역하다가 양림동에서 출석하는 금정교회 교인들의 요청을 받아 같은 해 10월 양림동에 있는 오원기념각에서 2년간 예배를 드렸으며, 교인들의 헌신과 선교부가 기증한 부지에 양림교회(기장 측)를 신축하였다.[103]

해방을 맞이하면서 양림교회를 담임했던 김창국 목사가 1946년 도양술 목사에게 목회를 맡기고 은퇴하였으며, 도양술 목사가 사역을 하다가 익산 고현교회의 청빙을 받아 교회를 사임하고, 나주읍교회에서

---

102) 김수진, 「광주초대교회사연구」, 호남교회사연구회 제1집(1992), pp. 111-119.
103) 양림교회 약사, 1926년 9월 26일.

사역하던 박석현 목사가 후임으로 부임하였다. 6·25 한국전쟁이 발발하자 박석현 목사는 양림교회 청년들에게 떠밀려 그의 장모인 나옥매 전도사가 목회하고 있는 영암 상월리교회에서 지내던 중 공산당의 교회습격으로 나옥매 전도사와 함께 가족이 모두 순교당했다.

 1953년 김재석 목사가 부임하였으나 뜻하지 않게 장로교회의 교단 분열로 양림교회는 수난을 만나게 되었다. 양림교회는 김재석 목사가 기장 측 신앙노선에 서자 이를 지지하는 문찬길, 문천식 장로는 기장 편에 서게 되었으며, 반대하는 김기열, 한종구, 장맹섭, 최준섭 장로는 박종삼 목사를 청빙하여 예장 양림교회는 오원기념각에서 예배를 드리다가 1955년 양림동 92-10번지의 땅을 광주 선교부로부터 기증을 받아 예장 양림교회를 신축하였다.

 1959년 예장 양림교회는 통합, 합동 분열로 다시 합동측 양림교회는 얼마동안 오원기념각에서 예배를 드리다가 같은 양림동에 합동측 양림교회가 양림동에 신축하게 되었다. 이렇게 해서 광주 양림동에서는 '양림교회'라는 똑같은 이름으로 3개의 교회를 갖게 되었다. 그런데 광주의 모 교회는 광주제일교회가 최초의 교회임을 사료에 의해 입증·판명되었지만 최근 기장·통합·합동 측 양림교회가 연합으로 「양림교회 100년사」를 발간하는데 있어 역사를 왜곡하고 있다. 양림교회의 설립은 1924년 10월 5일 금정교회(현 광주제일교회)로부터 분립하였으며, 당시 양림구역에 살던 금정교회 교인 300여 명이 김창국 목사와 함께 오원기념각에서 설립예배를 드렸다. 1925년 1월 7일 발행된 「기독신보」에는 당시 금정교회 교인들이 건축을 위해 2천여 원을 헌금하였다. 분립해 나간 김창국 목사는 오원기념각에서 예배를 드리다가 1925년 4월 선교부로부터 양림동 20번지를 기증받아 교회당을 신축하고, 1926년 9월 26일 헌당식을 거행하였다. 1935년 장로교 총회에서 발행한 「희년역사화보」에서 '양림교회'는 1924년 10월 15일 김창국 목사가 창립했다고 밝혀 주고 있다. 이러한 증거에 의해 광주양림교회는 1904년이 아니라 1924년에 교회가 창립된 것으로 정리해야 한다.

## 2) 영산강 상류의 영광·장성 교회들

영산강 유역의 상류지역은 장성, 담양, 영광 등 영산강 유역의 최북단에 자리하여 산지는 많으나 산은 높지 않다. 장성은 전북지방으로 통하는 고개인 '갈재', 즉 노령산맥이 끼고 있으며 노령산맥 이남의 첫 번째 도시로 지리적으로 중요한 지역이었다. 이곳에 인접한 담양은 장성보다 번화하며, 순창과는 120m 정도의 낮은 고개로 연결되어 있다. 영광은 영산강 유역에 속하지는 않지만 장성과 인접해 있고, 광주의 세력권에 들어 있기 때문에 영산강 상류지역에 포함하여 다루고자 한다.

영광의 첫 교회는 목포를 왕래하던 상인에 의해 백수읍 대전리(1903년)에 설립되었다. 이곳을 토대로 묘량면(1904년)[104], 영광읍(1905년)[105], 염산면(1908년)[106], 법성면(1919년) 등지로 교회가 확산되었다. 초기 신자들은 친일파로 알려진 일진회에 대항하기 위한 동기에서 장로교에 입교하였다.

장성은 광산군에서 장로교가 전파되어 첫 교회는 삼서면 보생리에 보생교회(1902년)에 설립되었다.[107] 그 다음은 율곡리(영신)교회(1903년), 소룡리교회(1905년)[108], 신호리교회(1907년)[109], 장성읍교회(1912년)[110],

---

104) 노응균, 강사홍 등 2명이 목포에서 개종한 후 고향으로 돌아와 전도하는 가운데 150여 명의 신자를 확보하여 1904년 묘량면 신천리 교회를 설립함으로써 남장로교의 거점이 되었다(「조선예수교장로회사기」, p. 121.).
105) 1905년 배유지 선교사와 김문삼 조사의 전도로 무영리의 최태운 등 동리 5~6명이 세례를 받았으며, 최태운 사가를 예배처로 영광읍 무영리교회가 설립되었다(「조선예수교장로회사기」, p. 169.).
106) 1908년 염산면 염산리교회는 야월교회를 말함(「조선예수교장로회사기」, p. 263.).
107) 1902년 선교사 배유지와 접촉하여 개종한 김문삼, 김권중 등 2명이 광주 우산리교회로 출석하면서 동리인 이성화, 김춘경 등이 신자가 되었고 사랑방을 예배처로 하여 신자들이 증가함에 따라 4칸 예배당을 신축해 설립되었다(「조선예수교장로회사기」, p. 99.).
108) 장성군 율곡리(영신)교회가 성립하다. 소룡리교회가 성립하다(「조선예수교장로회사기」, p. 108, 143.).
109) 장성군 신호리교회가 성립하다. 본지인 강응삼이 먼저 믿고…… 김효중 山후에 회집하였다가 예배당을 신축하고(「조선예수교장로회사기」, p. 257.).

북이면(1920년), 진원면(1922년), 남면(1927년) 등지에 교회가 설립되었다. 초기 교회가 설립된 삼서면과 서삼면은 동학농민군과 관군의 전투가 심했던 곳[111]으로, 농민들 가운데 현실에 대한 모순과 부조리를 종교를 통해 보상받고자 하는 동기[112]에서 입교가 이루어졌다.

### (1) 장성 보생교회[113]

보생교회는 전남 장성군에 소재한 교회로 전남 서북지방에서 최초로 설립된 교회이다. 이 교회는 배유지 선교사의 전도로 보생리의 김문삼, 김권중, 이성화, 김경춘이 신자가 되고, 50리 떨어진 광주 우산리교회(송정제일교회)로 출석하였다. 그러나 우산리교회로 출석하는 일은 보통 힘든 일은 아니었다. 1902년 이들을 중심해서 보생교회가 설립되어 처음 변창연 조사가 시무하였고, 교인들의 열심전도로 해가 갈수록 교회는 성장하였다. 본래 장성은 철저한 유교에 바탕을 둔 사람들이 많아 기독교에 대해서는 배타적이었다. 그러나 김문삼과 김권중 등 초기 입교인은 성경에서 가르쳐 준 윤리도덕을 철저하게 지켰으며 구원받은 사실에 기뻐하는 삶을 영위하였다. 이러한 생활에 영향을 받은 주민들이 기독교로 개종을 하면서 약 200명의 신자들이 모이게 되었다. 1903년 변요한 선교사의 개인 선교보고서에 의하면 하나말교회는 약 200명이 회집한다는 보고를 하고 있는데, 이 하나말교회[114]

---

110) 장성읍은 선교사 배유지, 조사 변창연과 김기찬 등이 전도하여 30~40명의 신자가 회집하자 1912년 읍교회를 설립하였다(「조선예수교장로회사기(하)」, p. 171.)
111) 배항섭, "제1차 농민전쟁시기 농민군의 진격로와 활동양상", 「동학연구」 제11집(2002), pp. 56-71.
112) 노길명, 「한국의 신흥종교」(서울 : 가톨릭신문사, 1988), pp. 67-90.
113) 김수진, "전남 서북지방에 최초로 세운 교회," 「한국기독공보」(1997. 10. 4.), p. 13.
114) 하나말은 장성군 삼서면 하라리를 하나말로 불렸으며, 그 후 행정구역의 조정으로 하라리는 보생리로 부르게 되었다. 원래 하라리는 영광군에 속해 있었지만 행정구역 조정으로 장성군에 편입되어 이후 장성군의 행정구역이 되

가 바로 보생교회인 것이다. 보생교회 외에 장성에는 영신교회, 장성교회, 배치교회, 한바들교회 등이 성장하고 있었다. 보생교회는 장영학교를 운영하여 아이들과 청소년들에게 희망과 꿈을 심어 주었고, 장성지방의 명문학교로 발전되었다.

### (2) 장성 소룡리교회(신광교회)[115]

소룡리교회는 장성군 삼서면 소룡리에 설립된 교회로 1906년 배유지 선교사와 김문삼, 이계수 조사의 전도로 성서옥, 정도명, 조세겸, 성재원, 조경선, 최한익 등이 신자가 되면서 시작되었다. 이들 신자들은 15리 떨어진 보생리교회로 출석하였고, 하나님의 은사로 부흥의 불길이 일면서 신자가 증가하여 1907년 24평의 초가예배당을 건축하였다.

초기 입교인들은 반기독교인들로부터 심한 핍박을 당했으나 부활의 신앙과 기도로 이것을 극복하였고, 소룡리교회는 어린아이들을 위한 신명의숙을 창설하였다. 특히 애국적인 신앙을 심어 주는 데 전력하였고, 3·1독립운동을 주도하는 구심체가 되었다. 1919년 3월 17일 소룡리교회는 교인 조병렬, 조병권, 조병철 등을 중심으로 3·1독립운동에 대한 계획을 세웠으나 일본 경찰에 발각되어 뜻을 이루지 못하였다. 그 후 또다시 광주 숭일학교 교사 정신유를 중심으로 독립운동을 준비하였으나 역시 실패하였다.

소룡리교회가 운영하던 신명의숙은 일제의 감시에도 불구하고 학생 수가 증가되었고 장성지역 민족운동의 근원지가 되었다. 그러나 1938년 일제의 학교에 대한 신사참배 반대로 폐교되었다가 해방되면서 신명의숙은 활기를 되찾게 되었다.

6·25 한국전쟁이 발생하면서 소룡리교회는 공산당에게 수난을 당하게 되었고, 교인을 포함한 소룡리 주민 120명이 공산당에 의해 무참

---

었다.
115) 김수진, "소룡리교회와 신명의숙," 「한국기독공보」(1997. 10. 4.), p. 13.

하게 살해되었다.

### (3) 영광 야월교회[116)]

야월교회는 1908년 전남 영광군 염산면 야월리라는 섬에 위치하고 있으며, 배유지 선교사에 의해 기독교가 전래되었다. 영광은 다른 지방과는 달리 유교가 강한 지역일 뿐만 아니라 요즘은 한국의 신흥종교인 원불교 성지가 있는 곳이기도 하다. 그래서 여타지역에 비해 원불교의 영향이 강한 지역으로, 원불교 본산이 있는 백수면은 원불교인들의 순례가 끊이지 않는 곳이다.

이러한 분위기 속에서 야월교회는 한말 일진회라는 친일세력들이 날뛸 때 민족운동을 일으켜 친일세력을 몰아내고자 하는 의지를 지닌 사람들에 의해 개신교가 수용되어 설립되었다. 이러한 요인으로 인해 야월교회는 일제의 통치에서 일본 경찰의 감시와 탄압으로 교회의 문을 닫기도 하였다. 그리고 한국전쟁 때에는 65명의 전 교인이 순교한 교회이기도 하다. 이러한 교회의 수난으로 야월교회는 오랫동안 폐쇄되었다가 1953년 재건되었다. 한국사의 흐름에서 보면 야월교회는 한국 근대사의 역사를 지닌 교회라는 의미가 있다.

야월교회 교인들의 열심 때문에 교회는 성장하였고, 배유지, 도대선, 남대리 선교사들이 매년 학습·세례문답을 실시하였으며, 박인원, 이경필, 최흥종, 이계수 조사들의 전도활동이 활발하였다. 특히 조사였던 최흥종과 이경필은 목사가 되어 호남지방의 장로교 발전에 크게 이바지하였다. 이들의 헌신적인 수고에도 불구하고 야월교회는 일제의 신사참배 반대로 인해 교회는 폐쇄되었다. 해방이 되면서 야월교회는 재건되어 조양현, 김숙현 영수가 교대로 교회를 지도했으며, 허상 장로의 아들 허숙일은 야월 청소년 교육에 전념하였다. 한국전쟁이 발생하면서 야월교회는 또다시 수난을 당하게 되었다. 당시 야월교회를

---

116) 김수진, "야월교회와 염산교회," 「한국기독공보」(1997. 6. 28.), p. 9.

담임하던 김영갑 전도사는 공산당으로부터 생명의 위협을 받아 피신을 했고, 교회는 공산당의 활동기지가 되었으며 교인들은 지하교회에서 신앙을 지켜야 했다. 9·28 수복이 되면서 영광에도 유엔군과 국군이 진주하게 되었다. 이러한 소식을 전해들은 야월교회 교인들은 너무 기뻐서 태극기를 들고 만세를 부른 일이 화근이 되어 후퇴하지 못한 공산당원이 야월교회에 65명의 교인들을 소집하게 한 후 야월교회 문에 열쇠를 달아 잠그고 석유를 뿌린 뒤 화형을 시켰다.[117] 참으로 많은 순교자를 발생시킨 사건으로 슬프고 아픈 사건이었다.

전 교인이 순교했던 야월교회는 1953년 안창권 전도사가 광주 선교부의 지원을 받아 야월리에 방을 임대하였고, 염산교회 장로였던 김형호의 지원을 받아 교회학교 아동부를 개설하면서 야월교회를 재건하기 시작했다. 영광지방의 치안이 안정되면서 교회는 활기를 되찾게 되었다. 많은 목회자들이 거쳐 갔지만 현재 시무하고 있는 배길량 목사는 순교자들의 피가 헛되지 않도록 하기 위해 광주노회가 개최될 때마다 이것을 강조하며 호소하였다. 결국 광주노회에 속한 교회 및 교인들이 헌금을 해 야월교회 교인들의 숭고한 순교정신을 기리기 위하여 1990년 10월 야월교회에 순교기념탑을 세우게 되었다. 그 후 배길량 목사는 총회 및 노회의 협력을 얻어 순교지로서 개발하였다. 많은 순례객들이 은혜를 받고 가는 장소로 변모를 가추는 등 힘을 써 오던 중 군 당국에서 적극적으로 지원하여 '순교자기념관'으로써 조금도 손색이 없을 정도로 건물 및 전시내용물 등이 잘 정돈되었다. 2007년 각종 회의실 식당, 숙소를 만들어 신앙체험의 장소로 꾸며 가고 있다.

(4) 영광 염산교회[118]

염산교회는 1939년 전남 영광군 군남면 군남교회 전도사 허상이 염

---

117) 김수진·한인수, 「한국기독교회사호남편」, p. 343.
118) 김수진, "야월교회와 염산교회," 「한국기독공보」(1997. 6. 28.), p. 9.

산면 봉남리로 교회를 이전하면서 개명되어 불리게 되었다. 원창권 목사가 시무하다가 1950년 3월 김방호 목사가 부임하였다. 김방호 목사는 손양원 목사를 청빙하여 부흥사경회를 개최한 후 약 한 달이 지날 무렵 한국전쟁이 발생하게 되었다. 염산교회는 공산당 사무실로, 목사관은 공산당 숙소로 바뀌었고, 김방호 목사는 가족을 이끌고 교인 집을 옮겨 다니며 신자들을 돌보고, 주일이면 공산당의 눈길을 피해 예배를 인도하였다. 이때 당회는 김방호 목사에게 아들이 있는 신안군 비금으로 피난을 가도록 권유했으나 교인들을 버리고 갈 수 없다며 사절하였다.

수복과 함께 유엔군이 진군한다는 소식을 듣고 기삼도, 노용길, 노옥기, 노원래 등 염산교회 교인들은 태극기를 들고 영광읍으로 나가 환영회에 참석하고 돌아왔다. 이 사실이 공산당원에게 알려졌고, 공산당은 교회로 찾아와 교인 77명을 교회 바로 아래에 있는 둑방의 수문으로 끌고 가 모두 수장시켰다. 이때 김방호 목사 일가족 8명도 순교를 당하였다.

그 후 유족의 한 사람이었던 안종열 전도사가 1951년 3월 창고를 임대해 예배를 드리다가 비금 덕산교회로 피난했던 김방호 목사의 둘째 아들 김익 전도사가 염산교회에 부임하여 교인과 가족을 살해한 공산당을 용서하며 사랑으로 목회하였다.[119] 영광지방에 사랑의 사도가 왔다는 소문이 퍼지기 시작했고, 그 사랑의 목회로 수많은 신도들이 모여들기 시작하여 교회는 부흥되기 시작하였다. 김익 전도사는 염산교회에서 목회를 마치리라 결심했으나 시력을 잃어 더 이상의 목회가 어렵게 되자 염산교회를 사임하게 되었다.

매일같이 공산당과 협력했던 사람들이 영광경찰서에는 차고 넘쳤다. 이때 광주에 있던 유화례 선교사는 전남경찰서와 영광경찰서를 드나들면서 생명을 구하는 데 크게 공헌하였다. 1963년 선교사로서의 임

---

119) 김수진, 「6·25 전란의 순교자들」(서울 : 대한기독교출판사, 1981), pp. 18-34.

기를 마쳤기 때문에, 고국으로 돌아가면 편안한 여생을 보낼 수 있었지만, 그는 돌아가지 않고 교도소와 병원을 오가며 약자와 병자들을 위한 구제활동에 전념하면서 복음전파를 위한 활동에 정성을 쏟았다는 점은 대단히 위대한 일이 아닐 수 없다.

염산교회를 거쳐 간 교역자들은 17명이었다. 그러나 순교자의 신앙을 눈으로 보고 체험할 수 있도록 오늘의 염산교회를 우뚝 설 수 있도록 만든 교역자는 1996년 8월 16일 제18대 목사로 부임한 김태균 목사의 공로를 그냥 지나갈 수 없다. 그는 순교신학을 연구했던 학도답게 염산교회 순교자기념사업회를 조직하고 그 1차 사업으로 염산 뚝방을 바라볼 수 있도록 순교자 기념탑을 건립하였으며, 교회 뜰 안에 순교자기념공원을 조정하였다. 다시 순교자 77인의 합장묘를 교회당 뜰 안에 마련하였다. 다시 순교자기념관을 계획하고 기도하던 중 전 교인들의 힘을 모아 2층 350평의 기념관을 완공하고 2009년 9월 헌당예배를 드렸다. 1층은 숙소와 식당, 사무실, 영상실을 마련하였으며, 2층은 예배실, 전시실, 체험실, 전망대가 마련되었다. 전시실에는 400여 점의 유물과 자료가 전시되어 있으며, 전망대에 올라가게 되면 염산 앞바다가 모이면서 순교자들이 순교했던 그 현장을 바라볼 수 있도록 되어 있나. 특별히 영상실에서는 순례 객들이 이곳에 앉아 있노라면 자신도 모르게 눈물을 흘리면서 새롭게 다짐하는 신앙의 결단이 일어나고 있다고 한다.

### (5) 영광읍교회[120]

영광읍교회는 배유지 선교사와 김문삼, 박인원 조사의 전도로 최봉륜, 최화준, 조현선, 최성백 등이 신자가 되어 1905년 최봉륜 사랑채에 예배처가 마련되어 무령교회로 출발하여 1906년 8칸 가옥을 개조하여 예배당으로 사용하다가 1920년 12칸의 와가교회를 신축하고 영

---

120) 배종열, 「영광읍교회사」(1987), 참고.

광읍교회로 불렸다. 1930년에 영광읍교회는 부인조력회를 조직하여 성미운동에 원동력이 되었다. 부인조력회의 일원이었던 이정희 집사는 이일성경학교에 입학하여 공부한 후에 영광읍교회 전도사로 시무하다가 1959년 권사로 취임하였다. 그녀는 교회재정이 어려웠기 때문에 자비로 생활하며 전도인의 일을 하였고, 그의 생활비로 마련된 택지와 주택은 이일성로원의 설립자금이 되었다.

해방이 되면서 영광읍교회는 노동악 집사를 교사로 하여 한글야학을 운영하였나. 이 야학을 통해 주일학교가 부흥되었으며 교회는 크게 성장하게 되었다. 한국전쟁이 발생하면서 영광지방의 피해는 유난히 컸는데, 염산면의 경우 10,000여 명의 면민 중에 5,000여 명이 사망할 정도였다. 이로 인해 영광지역은 고아들이 수백 명에 달했고, 교인들을 중심으로 고아들을 수용하기 위한 '백록고아원'이 설립되어 운영되었다. 1951년 10월 공산당에 의해 영광읍교회는 방화로 소실되었고, 이광연 집사가 순교하였다. 한국전쟁 중에 영광읍교회 신자 23명이 죽었으나 이들이 순교한 것인지는 규명되지 못했다.

1952년 박요한 목사, 1954년 김정기 목사가 부임하였으며, 1978년 김정중 목사가 부임하면서 영광읍교회는 도약하여 1985년 새 성전이 확장 및 신축되었다. 교회조직이 체계화되었고, 교회의 대외활동도 활발하게 전개되었다. 이 영광읍교회로부터 원흥교회(1972년), 덕호교회(1975년), 영남교회(1980년), 영송교회(1987년) 등이 분립 또는 개척되었으며, 9명의 목사를 배출하여 영광지역을 선도하는 교회가 되었다.

### 3) 영산강 중류의 광주 서부지역 광산·나주 교회들

나주는 영산강 중류의 곡창지대로 삼도리교회(1899년)가 최초 교회로 설립되었다. 삼도리교회는 남평면(1908년) 서문정에 예배당을 신축하였다. 이어서 금천면(1903년)[121], 봉황면(1904년)[122], 다도면(1905년)[123], 남

---

121) 1903년 나주군 광암리교회가 성립하다. 김윤환의 전도로 김정묵 외 4명이

평면(1906년)[124], 세지면(1908년), 나주읍(1908년), 반남면(1915년), 산포면(1922년) 등지에 교회가 설립되었다. 나주는 오원, 배유지, 남대리 선교사와 김윤환, 이윤삼, 배경수 등 조사들의 전도활동이 활발했으며, 이들에 의해 초기 교회가 설립되었다. 한편 광주 서부지역인 광산군 송정리에 송정리교회(현, 송정제일교회)도 설립되었다.

### (1) 삼도리교회

영산강 중류의 평야지대에 최초로 교회가 설립된 곳은 나주 삼도리(1899년)였다. 이 교회설립에 대한 「조선예수교장로회사기」의 기록은 다음과 같다.

> 1899년 羅州郡 三道里敎會가 成立하다. 初에 鄭元三, 李文五, 尹相三等이 밋고 光州 牛山敎會로 다니며 禮拜하더니 李文五는 酒業을 廢業하고 그 酒幕을 禮拜處所로 使用할새 宣敎師 裵裕祉의 地方에 屬하야 傳導人 馬瑞圭가 引導하였으며, 基後에 靈光郡 河羅里와 光州 兩處로 敎會가 分立되니라.[125]

삼도리는 나주성 남문에서 동남쪽으로 약 1Km 떨어진 영산강 수로의 통진포구에 위치하였으며, 이 마을은 광주행 육로의 도진촌(渡津

---

    믿고 김정묵 집에서 예배하다가 후에 교우들이 합심연보하여 6칸 예배당을 신축하고, 오원, 변요한 선교사 조사 김윤환, 오태도 등이 시무하니라(「조선예수교장로회사기」, p. 109.).

122) 1904년 나주군 덕림리교회가 성립하다. 초에 김영숙의 전도로 미국 서양인 외 10여 명이 신교하고 박문삼 집에서 예배함으로 교회가 설립되었다(「조선예수교장로회사기」, p. 121.).

123) 1905년 나주군 방산리교회가 성립하다. 초에 박창학이 신창리로 오고가며 전도하여 교우를 엇어(「조선예수교장로회사기」, p. 145.).

124) 1906년 나주군 상촌교회가 성립하다. 본리인 안덕화 외 3인이 방천일의 전도로 인해 안덕회 집에서 일년간 집회하고 신자 증가하여 이연화 집에서 회집하다가 예배당을 신축하였고(「조선예수교장로회사기」, p. 169.).

125) 차재명 편, 앞의 책, pp. 61-62.

村)이었다. 이러한 삼도리의 지리적 위치는 근접한 광주로 장로교를 전파시키는 통로였다. 삼도리교회(1899년)는 교인수가 증가하자 남평면(1903년), 봉황면(1904년), 다도면(1905년), 남평면(1906년), 세지면(1908년), 나주읍(1908년), 반남면(1915년), 산포면(1922년) 등지에 교회를 설립하였다. 이 교회 출신 중 김성진 목사와 변남주 목사는 교단 총회장을 역임한 인물이 배출되었으며, 그 외에 나희수, 장병남, 김방원, 신경만, 김철송, 김준원 목사 등이 배출되었다. 현재는 박대규 목사가 시무하고 있으며, 성석현 목사를 태국 선교사로 파송하여 지원하고 있다.

### (2) 송정제일교회[126)]

과거 전남 광산군의 첫 교회는 1901년 송정리교회[127)]였다. 그 설립과정에 대하여「조선예수교장로교장로회사기」는 "光州郡 松汀里敎會가 성립하다. 先是에 宣敎師 裵裕祉, 吳基元의 전도로 信者增加함에 金日西 房에 集會하다가 牛山里에 禮拜堂을 新築하고 會集하더니 그후에 松汀里에 移轉하니 助師인 趙尙學 外 數人이 視務하니라."[128)]고 기록하고 있다. 광산구의 기독교와의 접촉은 배유지·오원 선교사에 의해 장로교가 전파되면서 뿌리를 내리게 되었다.

1901년부터 선교사들이 당회장 직을 맡으면서 관리를 해 왔었다. 바로 그들이 오원, 배유지, 변요한, 타마자, 남대리 등이 차례로 관리를 하였다. 1919년 비로소 백용기 목사가 남대리 선교사와 동사목사로 사역을 하였다. 1926년부터는 노라복, 남대리 선교사가 관리를 하였으며, 1929년 제4대 정순모 목사가 한국인 당회장으로 수고를 하였다. 해방이 되자 송정읍 심촌리에 자리잡고 있는 일본인 절간으로 이사

---

126) 김수진,「광주초대교회사연구」, 호남교회사 1집, 1994. 김수진, "광주지방에 최초로 세워진 교회,"「한국기독공보」(1997. 9. 6.), p. 9.
127) 오늘날 송정제일교회를 가리킨다.
128) 차재명 편, 앞의 책, p. 91.

하여 그 자리에서 교회당 40평의 건물을 갖게 되었다. 그 후 조봉암, 여운원, 이익관, 이순영 목사 등이 시무를 하였다. 그러나 재정적으로 감당하기 힘든 관계로 전도사들이 사역을 하였다. 1970년 6월 30일 박관석 목사가 부임하자 매년 새로운 신자가 모여들어 오늘의 송정제일교회를 만들었다. 1982년에는 제2송정교회를, 1984년에는 송정제3교회를 설립하였다.

1986년 현재의 교회당을 신축하였으며, 1992년에는 선교관을 신축하였다. 계속 성장해 간 송정제일교회는 1997년 4부 예배를 실시하였다. 2000년에는 교회창립100주년을 맞이해서 첨단제일교회를 신축하였다. 오늘의 송정제일교회를 만들었던 박관석 목사는 2002년 은퇴하고 현재는 원로목사로 여생을 보내고 있다. 후임으로 유갑준 목사가 부임하여 박관석 목사의 목회를 그대로 계승하면서 계속 발전 부흥하고 있다.

### (3) 효기리교회(나주 덕림교회)[129]

「조선예수교장로회사기」에 의하면 효기리교회는 1905년 설립된 교회로, 당시는 광주지방에 속한 지역에 설립된 교회였으나 현재는 행정구역이 나주에 속해 있는 곳에 설립된 교회이다. 효기리교회는 김광수의 전도로 장창화가 믿고 광주 우산교회에 5년 동안 출석하다가 예배당을 신축하고 분립한 교회이다. 선교사 변요한, 남대리, 배유지와 조사 노응균, 조상학, 이규수, 이덕희 등이 시무하였다고 기록되어 있다.

### (4) 나주 광암교회[130]

광암교회는 나주시 금천면 광암리에 소재한 교회로써 1903년 김윤환 조사의 전도로 김치헌, 김영환, 최지삼, 김동섭, 이유장 등이 신자

---

129) 차재명 편, 앞의 책, p. 145.
130) 대한예수교장로회총회, 「교회명감(상)」(서울 : 한국장로교출판사, 1996), p. 810.

가 되어 김치헌의 사가를 예배처로 시작하여 교우들이 함께 힘을 모아 6칸 예배당을 신축하여 설립하였다. 특별히 광암교회는 여류작가 박화성 "한귀-旱鬼"의 단편 소설 현장이기도 하다. 광암교회 김재섭 집사는 광주 숭일학교와 평양 숭실전문학교 영문과를 졸업하고 잠시 모교인 숭일학교에서 영어교사를 하였다. 박화성의 언니인 박희경은 전주 기전여학교 교사였다. 김재섭과 박희경은 결혼을 하고 광암학당을 운영하여 청소년들에게 큰 꿈을 심어 주었다. 그런데 3년간 광암 들녘에 비가 오지 않자 주민들이 금성산에 기우제를 드리고 묘를 잘못 쓴 묘는 모조리 이장을 하였지만 여전히 비가 오지 않았다. 이때 마을 주민들은 서양귀신을 믿고 있는 광암교회 때문이라면서 교회당을 쳐부수자는 소식을 접했던 김재섭 집사는 교인들에게 이 소식을 알리자 교인들은 매일같이 특별 새벽기도회를 하던 중 마을에서 교회를 습격하는 그때 억수같은 비가 와서 주민들이 혼비백산하여 도망쳤다는 내용의 소설이 바로 광암교회를 중심해서 쓴 소설이었다.[131]

### (5) 나주교회(나주읍교회)[132]

나주교회는 나주시에 소재한 교회로 1908년 서문정교회로 출발하였다. 나주교회는 서문정교회(1908년), 나주북문교회(1945년) 등으로 명칭이 바뀌었는데, 이것은 교회가 신축되면서 예배당이 이전된 결과에서 비롯되었다. 나주교회는 배유지 선교사가 변창연 조사를 나주에 보내 전남지역의 선교거점으로 나주에 선교기지를 구축하고자 부지와 가옥을 매입하고, 읍내 서문정(西門町)에 예배당을 설립하였다. 초대 당회장으로는 오원 선교사가 활동했으며, 타마자, 남대리 선교사가 담당하였다. 그 후 박석현, 정순모, 강병철, 박상진, 엄두섭, 정영삼, 박병오 등이 차례로 시무하였다. 해방과 함께 교회는 급성장하여 1945년 나주 북

---

131) 김수진, 제4회 박화성 문학페스티벌, pp. 20-21.
132) 위의 책, p. 264.

문에 예배당을 신축하고 나주북문교회로 개명되었으며, 1969년 황성욱 목사가 부임하여 나주읍교회로 개칭되었다. 1975년 정남교 목사가 부임하며 1982년 현재 성북동으로 교회를 이전하였고, 나주교회로 개명되었다. 교인들의 증가로 연건평 350평의 빨간 벽돌로 신축하고, 1983년 봉헌식을 거행하였다. 1995년 오늘의 봉사관을 신축하였으며 정남교 목사는 정년으로 은퇴하였으며, 원로목사로 추대를 받았다. 그 후임으로 정영철 목사가 부임하여 2008년 교회창립100주년 기념식을 거행하였으며, 2009년 1월에 최태훈 목사가 부임하여 현재 사역하고 있다.

## 4. 순천과 섬진강 유역, 남해지방 교회들

### 1) 섬진강 유역의 곡성·구례·광양 교회들

섬진강은 호남지역의 동부산지를 곡류하며 상류에 곡성, 중류에 구례, 하류에 광양을 통해 남해로 유입되는 하천이다. 광양의 첫 교회는 진상면 신황리에 신황리교회(현재, 신황교회, 1905년)였다.[133] 신황리교회[134]는 배유지, 변요한 선교사와 조상학, 박응삼 조사의 전도로 형성되었으며 이곳에서 광양읍(1908년)[135], 옥룡면(1908년), 진월면(1909년)[136], 봉

---

133) 신황리는 백운산에 가까이 위치한 오지마을로 전도활동이 대단히 불리한 지역이었다.
134) 광양군 신황리교회가 성립되다. 본리인 한태원이 친구 조상학의 전도를 받아 광주 북문안교회에 함께 출석하여 오원 선교사와 접촉한 후에 본리로 돌아와 구황리 서제에 예배처를 마련하고 전도하여 박희원, 서내준, 허준규 등 9인이 신자가 되면서 이들의 전도로 600~700명 정도로 신자 수가 증가하자 8칸 예배당을 신축하였다(「조선예수교장로회사기」, pp. 257-258.).
135) 웅동교회는 신황리교회에 출석하든 본리인 서내준이 전도한 결과 19호(戶) 1촌(村)인 웅동촌락이 집단 개종하여 신황리교회에 출석하다가 1908년 분립하여 설립되었고, 대방리교회는 박희원이 본리인 서한을 전도하여 서씨가 형제가족, 정기영 가족이 개종하여 신황리교회로 출석하였고, 신자가 증가하자 가옥을 매입하여 예배당으로 사용하면서 분립되었다(「조선예수교장로회사기」, pp. 262-263.).
136) 진월면 섬거리교회는 본리인 장주환이 신황리교회에 출석하면서 전도하여

강면(1909년), 옥곡면(1948년) 등지로 확산되었다. 진상면 신황리에서 웅동(1908년)과 섬거리(1909년)로 장로교가 전파되어 교회가 설립되었다. 진월면 웅동은 조상학 조사의 전도로 19호(戶) 1촌(村)인 한 마을이 집단 개종하여 교회가 설립되었다. 그래서 개종은 가족 및 친구 등 사회적 연결망에 영향을 강하게 받는다는 것을 보여 주었다. 광양 일대의 교회설립에 크게 기여한 선교사는 고라복, 조사는 조의환과 조상학이었다.

(1) 곡성 옥과교회[137]

옥과는 이수정의 고향으로 그가 일본에서 선교사를 유치하기 위한 활동과 성경번역, 선교사들과의 만남 등을 통해 그의 고향에 복음을 전하고자 하는 관심이 컸을 것으로 생각한다. 그는 한국에 기독교가 정착되어 고향 옥과에도 복음이 전파되기를 계속 기도했을 것이다. 그의 기도는 응답되어 호남선교가 확산되면서 전남 동북부에 위치한 곡성 옥과에도 장로교가 전파되었다.

옥과교회는 1903년 김자윤이 인편을 통해 4복음서를 옥과의 본가에 보내면서 시작되었다. 김자윤은 서울과 평양을 왕래했던 상인으로 추정되며, 자신이 먼저 복음을 받아들인 후 복음서를 자신의 집으로 보낸 것으로 추정된다. 그가 보낸 복음서는 그의 부인 송씨가 읽었고, 방안에 모셨던 신주단을 불살라 버리며 첫 개종자가 되었다. 동리사람들은 "이 가정에는 하늘에서 내려온 책이 있다."며 탄압을 가하기 시작했다. 이때 배유지 선교사가 김종수 진사를 전도하여 김자윤 사가에서 첫 예배를 드리게 되었다. 1904년 광주 선교부가 신설되면서 옥과교

---

본리신자가 증가하자 6칸 예배당을 신축하였고, 고라복 선교사가 가옥을 매입하여 목사사관으로 기부하였으며, 지랑리교회는 신황리교회로 출석하던 본리인 강대오의 전도로 예배당을 신축하여 분립하였다(「조선예수교장로회사기」, p. 270.).

137) 김수진, "이수정의 고향에 세워진 옥과교회," 「한국기독공보」(1997. 11. 15.), p. 8.

회는 활기를 띠게 되었다. 옥과에 교회가 설립되자 많은 유생들의 반대에도 불구하고 20여 명의 신자들이 회집하였고, 이들이 한옥을 매입하고 수리하여 예배당이 마련되었다.

옥과교회는 배유지, 도대선, 타마자 선교사가 차례로 관리를 하였다. 타마자 선교사의 조사였던 강사홍, 이계수, 김정선 등이 차례로 시무하였으며, 1928년 김봉열은 초대 영수가 되었다. 한종구가 조사로 활동하면서 기독청년면려회가 조직되어 김봉열, 김일제, 선용곤, 김언수 등이 중심이 되어 면려회를 이끌어 갔으며, 옥과교회는 새롭게 부흥되었다. 특히 면려회는 야학운동과 문맹퇴치운동에 힘을 기울였으며, 이 일로 옥과교회는 지역사회로부터 인정을 받게 되면서 교회가 빠르게 성장하는 계기가 되었다. 1930년 박영로가 최초의 위임목사가 되면서 옥과교회는 요시찰 교회로 일제의 주목을 받게 되었다. 또 옥과교회를 후원하고 있던 타마자 선교사도 반일주의자로 지목되어 일제의 감시를 심하게 받았다. 1938년 신사참배 강요가 있자 박영로 목사가 사임하고 박문익 장로가 교회를 사수하였다. 옥과교회는 신사참배를 반대하여 일제에게 예배당을 박탈당하고, 교인은 해산당했으며, 예배당은 옥과초등학교 부속실로 사용하게 되었다.

해방이 되자 옥과교회는 인근이 7개 교회당을 재건하기 위해 김성옥, 조용택, 김재택 전도사 중심으로 옥과지방 연합전도회를 조직하였고, 한국전쟁 때 조용택, 김재택 전도사는 공산당에 의해 화학산 중턱에서 살해되었다.

옥과교회는 2004년 1월 15일 교회 창립 100주년 기념교회를 신축하고 헌당식을 거행하였다. 이 교회가 100년의 역사를 지키기 위해서 많은 교역자들이 지나갔었다. 1950년 장치만 전도사를 비롯해서 15명의 교역자들이 사역을 하였다. 그러나 1999년 최정원 목사가 부임하면서 부흥되어 갔으며, 교회 창립 100주년을 맞이해서 기념교회를 2층으로 연건평 500평을 신축하고 헌당식을 거행하였다. 그 후 2008년 3월에 새로 부임한 강은성 목사는 100주년을 맞이하는 교회답게 프로그램을 개발하여 사역을 하고 있다. 2010년을 맞이해서는 이 교회 출신이면서 이 교회에서 시무한 일이 있던 조용택 순교 60주년을 기념하여 2010년 9월 29일 옥과교회 교인들의 뜻을 모아 교회 뜰 안에 '고 조용택 전도사 순교추모비'를 건립하였다. 또한 이 지역 출신이 이수정을 기념하기 위해서 1층 한 칸에 이수정 기념관을 마련하려고 준비를 하고 있다. 이렇게 되면 일본에서 선교사유치운동을 이수정기념관을 관람하기 위해서 지나갈 수 있는 좋은 성지순례의 길이 되리라고 생각된다. 현재 이 교회의 출석인원 인원 2010년 12월 말 현재 재적수는 500명이며, 매주일 300여 명이 출석하고 있다.

### (2) 곡성 석곡교회[138]

석곡교회는 변요한 선교사와 백종세 조사의 순회전도로 1917년에 곡성군 석곡면 능파리에 설립된 교회이다. 곡성에 교회를 설립하고자 청룡리의 김성규, 송완용, 한태완, 김순관, 이윤명, 이경철 등이 신자가 되면서 공북교회로 명명되었고, 1928년 예배당을 석곡에 석조로 건축하면서 석곡교회로 개명되었다. 1936년 죽곡면 하죽리에 교회를 개척할 만큼 교세가 성장했으나 신사참배 강요에 대해 교회가 거부하자 교회를 폐쇄하였다.

이후 1940년부터 1945년까지 5년 동안 석곡교회는 폐쇄되었다가 해방 이후 다시 재건하여 연반교회(1963년), 염곡교회(1971년), 대곡교회(1982년), 당동교회(1988년) 등을 개척하고, 1971년 4월 예배당을 크게 신축하였다. 송기정 목사는 1986년 선교유아원을 개설하여 유아교육을 시작하였다. 1929년 양흥수 목사가 첫 목사로 부임하여 시무하였고, 김태호(1936년), 오원근(1957년), 고평근(1958년), 정병섭(1965년), 조연모(1970년), 신용호(1974년), 정순권(1978년), 송기정(1983년)

---

138) 순천노회역사위원회, "곡성시찰 편,"「순천노회사」(전남 : 순천문화인쇄사, 1992), p. 311.

목사 등이 차례로 시무하였으며 전도사로는 조종술, 김화일, 서순식, 박규진, 이순배, 김병철 등이 차례로 시무하였으며, 1995년 9월에 부임한 장순종 목사가 사역을 하고 있다.

### (3) 광양 신황교회[139]

신황교회는 섬진강 유역과 남해지방에서 최초 설립된 교회로 1905년 광양군 진상면 황죽리에 설립되었다. 「조선예수교장로회사기」[140]에는 광양군 신황리교회가 설립하다로 되어 있다.

> 선시에 한대원이 당지(當地)신자 조상학의 전도를 듣고 광주 양림리에 왕래하야 선교사 오원에게서 도리를 배우고 두 사람이 본리(本里)에 귀래(歸來)하야 구황리 서재에서 전도할새 박희원, 서병준, 허준규 등 9인이 신주(信主) 후 합심전도한 결과 신자가 일가월증(日加月增)하야 60~70명에 달하는지라 합심연보하야 예배당 8칸을 신건(新建)하니라.

여기서 말하는 선시(先是)란 1907년 설립했다는 말이 아니라 2년 전에 설립했다는 말을 1992년에 발간한 「순천노회사」 380쪽에 기록하였으며, 105쪽에는 1905년 신황교회를 설립했다고 말하고 있다.

조상학, 오원의 전도로 한태원, 박희준, 서병준, 이우권 등이 신자가 되어 사랑방을 예배처로 모이면서 시작되었다. 1908년 신황리에 남녀좌석을 휘장으로 구분한 'ㄱ'자 형의 예배당을 건축하여 신황교회로 부르게 되었다. 1910년 변요한 선교사가 200명의 신자들에게 세례를 주었고, 한태원, 박희원, 이우권 등이 첫 집사로 임명되었으며, 사숙학교를 설립하여 교육활동을 시작하였다. 1950년 한국전쟁으로

---

139) 광양 신황교회에서 웅동교회, 대방교회가 분립되었다. 순천노회, "동광양시찰," 「순천노회사」(전남 : 순천문화인쇄소, 1992), p. 380.
140) 차재명 편, 앞의 책, pp. 257-258.

예배당이 소실되어 천막교회에서 예배를 드리다가 1954년 예배당을 신축하였다. 1959년 장로교 분열에 휩쓸려 약 20명이 교회를 떠나 교단을 이적하여 교회가 수난을 당했다.

현재의 예배당은 1990년에 크게 신축한 것이다. 그동안 신황교회는 조의환, 조상학, 김순배, 안덕윤, 조보라, 황석권, 조순원, 김양수, 김형수, 현운철, 임종필, 최봉철, 주영석, 이경환, 이옥재, 주영지, 박태문, 문우열, 서재복, 허형구, 배형구, 나덕주 등이 차례로 목회자로 시무하였다. 현새는 재수남 목사가 시무하면서 2004년 100주년기념행사를 갖고 2007년 11월 3일에는 '신황민족문화전시관'을 개관하였다.

한편 신황교회에서 분립한 교회가 웅동교회와 대방리교회이다. 웅동교회는 조상학의 전도를 받았던 웅동사람 서명준이 신도가 되어 열심전도한 결과 웅동의 19가구 1개 촌락이 예수를 믿었고, 이들이 중심이 되어 웅동교회를 설립하였다. 역시 같은 해 1908년 대방리교회도 분립되었다. 서한봉, 한대봉, 박희원이 전도로 대방리 사람 정기영을 중심으로 대방리 신자들이 증가되자 가옥을 매입하여 예배당으로 사용하기 시작함으로써 대방리교회가 분립되었다. 또한 구례제일교회, 광동중앙교회, 섬거리교회 설립에 토대가 되었다.

### (4) 광양제일교회[141]

광양제일교회는 광양읍교회에서 1910년 분립하여 설립된 교회로, 보성에 최초의 교회설립에 중요한 역할을 했던 조상학 조사가 시무했던 교회이다. 조상학 목사를 시작으로 조의환(1912년), 안덕윤(1914년), 양용근(1915년), 강병담(1916년), 선재련(1936년), 손치호(1949년), 오석주(1953년), 손문준(1956년), 남기종(1962년), 황인창(1968년), 주명수(1971년), 양승억(1974년), 김상호(1981년), 서남석(2003년) 목사 등이 차례로 시무하였으며, 2008년 9월에 현재 시무하고 있는 김요한 목사가

---

141) 순천노회역사위원회, 「순천노회사」(전남 : 순천문화인쇄소, 1992), p. 325.

부임을 하였다. 현재 재적수는 1,500여 명이며 주일 출석 교인은 900여 명이 출석하고 있다.

1936년부터 1938년까지 일제의 신사참배를 반대와 신사참배 반대 운동을 전개했던 광양제일교회 목사였던 안덕윤, 양용근, 선재련, 강병담 목사와 강석운 장로 등은 일제에 의해 체포 투옥되어 3년간의 옥고를 치루며 신앙의 정조를 지켰다.

특히 광양제일교회에서 사역했던 양용근 목사는 일본의 신사참배를 끝까지 반대하다가 1943년 12월 5일 38세의 젊은 나이로 광주 형무소에서 순교하였다. 여기에 광양제일교회에서 시무한 일이 있던 조상학 목사는 1950년 9월 28일 73세의 나이로 공산당에 의해 순교당했다. 교회에서는 덕양 예배당 뜰에 조상학 목사의 순교를 기념하기 위한 순교기념비가 세워져 있다. 그의 순교비에는 다음과 같은 글이 새겨져 있다.

주여 할 수 있거든 이 쓴 잔을 내게서 멀리하소서 그러나 내 뜻대로 마옵시고 아버지의 뜻대로 이루어지이다. 말세에 주의 종이 나타났으니 대속의 진리를 선포하는 사자로다. 악당은 제할 것을 다 했음이 이 희생의 제물을 고요히 한 위를 떳도다. 무지한 자의 손에서 발하는 총소리에 나의 갈길 다가도록 신호로다. 평소의 경건한 신앙에 열매된 이어 주의 약속하신 말씀 신실토다. 순교자의 피를 보고 그 발바닥에 묻친 자 누구요, 오직 믿음의 전속뿐 살아 있어, 따르기 어려운 십자가의 길임이여 감격의 눈물어린 눈동자의 미소를 허락하소서![142]

### 2) 고흥반도의 고흥·보성 교회들

보성의 교회설립은 광주를 왕래하던 김일현이 복음을 접하고 고향인 보성 대곡리의 신자 조상학과 협력전도로 형성된 것을 효시로 본다. 보성 최초의 교회는 1905년 벌교읍 무만리[143]에 설립된 무만리 교

---

142) 「조상학 목사 순교기념비」

회이며, 이곳에서 노동면(1905년)[144], 벌교(1905년), 겸백면(1907년)[145], 웅치면(1909년)[146], 율어면(1910년)[147], 보성읍(1917년)[148], 상사면(1919년), 득량면(1920년), 조성면(1922년), 복내면(1935년)으로 확산되었다. 보성을 중심으로 순회전도를 했던 선교사는 오원, 타마자, 노라복, 안채륜 등이며, 조상학, 지원근, 박낙현, 배경수 조사가 함께 전도활동을 했다.

고흥반도의 장로교 전파는 두 개의 경로로 이루어졌는데, 하나는 벌교에서 육로를 따라 남하하며 전파되는 경로이고, 또 하나는 남해의 해로를 따라 거금도를 경유하여 도양으로 북상하는 경로였다. 고흥반도의 첫 교회는 육로를 따라 고흥읍 옥하리(1906년)에 설립되었

---

143) 보성군 무만리교회가 성립하다. 초에 김일현이 광주로 여행하였다가 복음을 듣고 신교한 후 대곡리 신자 조상학으로 협력 전도하여 김재시, 정태인과 그 가족이 믿고 김재시 집에서 예배하더니 후에 광주에 머물던 선교사 오원과 조사 지원근이 전도하여 김재찬, 김재호, 김재윤, 김재원, 김진현 등이 신교하여 교회가 점차 발전되고, 김재조가 예배당 11칸을 신축하니라(「조선예수교장로회사기」, p. 143.)

144) 신천리교회가 설립되었다. 오원과 배경수의 전도로 신자가 증가하여 예배당을 신축하였으나 교세성장이 지체되다가 타마자(Talmage, John Van Neste) 선교사와 조사 박낙현이 부임하면서 교회가 다시 발전하였다(「조선예수교장로회사기」, p. 144.). 타마자 선교사는 1884~1964년 미국출생, 1910년 남장로교 선교사로 내한하여 광주 선교부에 배속되었다. 담양, 화순, 옥과 지방을 중심으로 전도활동을 하였는데, 특히 미자립교회의 발전에 주력하였다. 담양읍에 담양성서학원을 설립하고 운영하여 이 지역 장로교 전파에 크게 기여하였다(김승태·박혜진, 「내한선교사총람」, p. 488.)

145) 보성군 겸백면 운림리교회가 1907년 설립되었다. 오원과 배경수의 전도로 신자가 증가하여 교회가 설립되었으나 성장이 미약하다가 고라복(Coit, R. T.)과 조사 박낙현의 노력으로 점차 부흥되었다(「조선예수교장로회사기」, p. 256.).

146) 1910년 웅치면 대산리교회는 벌교읍 무만리 신자 이정숙, 조규혁이 본리인 심성일을 전도하여 3년 동안 무만리교회로 출석하면서 7명의 동리인을 전도하여 온동에 예배당을 신축하여 무만리교회로부터 분립하였고 대산리로 이전하였다(「조선예수교장로회사기」, p. 274.).

147) 1908년 율어면 문양리교회는 어라복 선교사와 배경수 조사의 전도로 설립되었으나 교세는 미약했다(「조선예수교장로회사기」, p. 272.).

148) 조선예수교장로회 총회, 1995, 「교회명감」, 광주노회 참고.

고, 개종한 훈장의 서당이 예배처가 되면서 교회가 시작되었다.[149] 한편 해로에 의한 교회전파는 서울을 왕래하던 두 상인이 복음을 받아들이고, 매서인이 되어 성서 수백 권을 가지고 고향인 거금도(금산면) 대흥리로 돌아와 성경을 반포하면서 1909년에 신흥리에 첫 교회가 설립되었다.[150]

고흥에서는 남양면(1907년), 금산면(1908년)[151], 포두면(1915년)[152], 도화면(1918년), 동강면(1918년), 봉래면(1920년), 풍양면(1922년), 영남면(1922년), 조성면(1922년), 대서면(1922년), 도덕면(1925년) 등지로 확산되었다. 고흥반도는 해로 및 육로로 접근이 용이한 지리적 조건의 영향을 받아 장로교가 빠르게 확산되었다. 고흥을 중심으로 활동했던 선교사는 오원, 남대리, 안채륜, 구례인이었으며, 이들은 조사 백상래, 오석주, 매서인과 함께 순회전도를 하였다. 초기 보성교회의 특징은 초기 입교인의 상당수가 마을의 훈장을 포함한 지식층과 중개 상인층이 많았다는 점이다.

(1) 보성 무만동교회[153]

무만동교회는 순천지역 최초의 교회로, 1905년에 보성에 설립되었다. 무만동교회는 무만리에 살던 김일현이 광주를 왕래하던 중에 신자

---

149) 고흥군 옥하리교회가 성립하다. 선교사 오원, 조사 오태도의 전도로 신우영, 박용섭, 박무용, 이춘흥, 이정권 등이 믿고 사랑채 서당에서 집회예배하니라(「조선예수교장로회사기」, p. 170.).
150) 고흥군 신흥리교회가 성립하다. 한익수, 선영학이 경성에 여행하였을 때 복음을 듣고 믿고 성서 수백 권을 가지고 돌아와 금산전도에 전파함으로 신자가 많아 선영학 사랑에서 예배하더니 선영학이 배교한 고로 신흥리에 예배당을 신축하니라(조선예수교장로회사기」, p. 275.).
151) 고흥군 금산 신평리교회가 성립하다. 오석주, 박수홍 등이 주를 믿고 대흥리 선영학 집에서 예배하다가 후에 신흥리 교인의 협조로 본리에 교회를 설립하고 예배당을 신축하니 교회가 점점 발전하였고, 오천, 동정 두 곳에 교회를 분립하니라(「조선예수교장로회사기」, p. 261.).
152) 「대한예수교장로회사기(하)」, pp. 167-168.
153) 순천노회 역사위원회, 「순천노회사」(전남 : 순천문화인쇄소, 1992), pp. 61-62.

가 되었고, 동리의 친구인 정태인을 전도하고자 하였다. 그러나 정태인이 기독교에 대한 적대감뿐만 아니라 질책을 하자 김일현은 송광면 대곡리 출신의 조상학에게 도움을 요청하였다. 조상학과 김일현이 협력전도하여 정태인, 김재시 등이 신자가 되고, 그의 가족들과 일가친척인 김재호, 김재윤, 김재원, 김진현 등이 믿으며 신자가 증가하자 김일현과 정태인은 예배당의 필요성을 느끼게 되었다. 이때 김재시가 부지와 건축기금을 기부하여 11칸 예배당을 건축하였다. 그리고 보성에서 전도활동을 하던 지원근 조사를 찾아가 예배인도를 부탁하였고, 지원근 조사가 무만리교회를 이끌어 갔다. 이곳에서 장로교는 순천, 고흥 등지로 전파되었다.

(2) 보성읍교회

보성읍교회는 1915년 4월 5일 이두실과 정종귀 집사에 의해 읍내 부평동에서 출발하였다. 초대 교역자로는 이형숙, 정기신, 목치숙, 황보익 등이 차례로 시무하였다. 1931년 황보익 조사가 평양 장로회신학교를 졸업하고 목사를 안수받은 후 초대 담임목사가 됐다. 1935년에는 4년제 영심학교를 설립하여 인재를 양성하였다. 그 후 1941년에는 이우석 목사, 1945년 9월에는 황보익 목사가 재부임, 1948년 김동욱 목사가 부임하였다. 1949년 황보익 3차 부임을 하였으며, 논 3천 평을 기증하였다. 1953년에는 오석주 목사가 부임하였으며, 보성읍교회는 계속 성장하면서 전 교인이 힘을 모아 70평의 석조건물을 완공하고 헌당식을 거행하였다. 그 후 정희열 목사, 심정택 목사, 김정운 목사가 부임하였다.

그동안 보성읍교회는 지역 복음화를 책임지고 1936년 덕산교회, 1954년 웅치교회, 1982년 매봉교회, 1984년 육관을 봉헌하였으며, 1985년 본당 50평, 교육관 50평을 각기 증축하였다. 지역사회를 위해서 1995년 노인대학을 개설하였으며, 1998년에는 평생대학을 개설하고 제1기생 입학식을 거행하였다. 2002년에는 종합사회복지관 620평의 개관식을 거행하였으며, 2005년에는 서재필 박사 55주기 추모예배

및 기념세미나를 개최하였다. 1998년에는 취임했던 최용준 목사는 다양한 프로그램을 개발하여 보성읍을 복음화하는 데 일익을 담당하였을 뿐 아니라 지역사회를 위해서 종합사회복지관에서 다양한 프로그램으로 보성을 껴안고 목회를 하였다.

### (3) 고흥 길두교회[154]

길두교회는 고흥군 포두면 길두리에 1915년에 설립되었다. 길두리의 신자들이 증가하자 1917년에 7칸 초가예배당을 건축하였다. 유천석, 이은영 조사가 초기 교회를 이끌었으며, 이기풍, 김정복, 양용근, 오석주, 목영석, 박석순, 이길수, 김정수, 박승채, 김사남 목사가 차례로 시무하였다. 이중 김정복 목사는 '나환자의 아버지'로 나환자촌 소록도 중앙교회 목사로 유명한 분이다. 아마 소록도 중앙교회 뜰 안에 그를 기념하는 순교기념비가 있다. 김정복 목사는 1930년 순천노회장으로 피선되었고, 길두교회를 담임하게 되었다. 교육활동에 관심을 두었던 김정복 목사는 길두사숙을 창설하여 어린이와 청소년 교육활동을 시작하였고 오늘날 고성학교로 발전되었다. 김정복 목사는 1950년 9월 28일 애국청년 30명과 함께 공산당에 의해 순교를 당했으며, 그의 무덤은 고흥군 고흥읍 등촌리 뒷산에 있다.[155] 현재는 2003년 8월에 부임한 이성재 목사가 사역하고 있으며 재적수는 700명이며, 주일 장년예배 출석은 400여 명이 모이고 있다.

### 3) 여수반도의 순천·여수 교회들

순천의 첫 교회는 낙안읍 평촌교회(1906년)로, 이는 조사 지원근의 전도활동에 의한 결과였다.[156] 순천은 순천읍(1907년)교회인 순천중앙

---

154) 대한예수교장로회총회, 「교회명감(하)」(서울 : 한국장로교출판사, 1996), p. 1095.
155) 순천노회역사위원회, 「순천노회사」(전남 : 순천문화인쇄사,1992), p. 84.
156) 평촌교회는 조사 지원근의 전도로 박응삼, 이원백, 차경순, 김경선, 이도삼 등이 신자가 되면서 설립되었다(「조선예수교장로회사기」, p. 170.).

교회[157], 낙안면(1908년), 서면(1908년)[158], 낙안읍 중앙교회(1909년)[159], 송광면(1910년), 주암면(1914년)[160], 해룡면(1915년), 상사면(1919년), 별량면(1920년), 황전면(1926년), 월등면(1932년) 등지로 확산되어 외서면을 제외하고는 1930년대 큰 취락이 분포하는 곳에는 교회가 설립되었다. 순천은 1913년 순천 읍내교회에 선교기지가 구축되어 남해지역의 선교거점 역할을 담당하게 되었다. 순천교회의 특징은 가족 및 친지, 친구 등 사회적 연결망에 의한 포섭원리와 인접효과로 교회가 실립되었다는 점이고, 가족의 일가가 집단개종하는 사례가 많은 지역이라는 점이다.

여수반도에서 장로교회는 율촌면(1908년)과 남면에서 여수읍(1911년)[161],

---

157) 순천 읍내교회(현재 순천중앙교회)가 성립하다. 본리인 최임집은 대곡리 조상학의 전도로 인하여 믿고 최정의는 여수 조의환의 전도로 믿은 후 서문 내 강시역 사랑에서 회집하다가 양생제를 임시예배처로 사용하였고, 그 후에 사문 외에 부지 400여 평과 초가 10여 평을 매수하여 회집할쌔 선교회에서 순천을 선교중심지로 정하고 가옥을 건축하며 남여학교와 병원을 설립하니 교회가 점차 발전된지라 선교사와 합동하여 기와제로 40평을 신축하니라(「조선예수교장로회사기」, p. 270.).
158) 1908년에는 신평리 이미교회가 설립되었는데, 신평리는 광주를 왕래하며 활동하던 마지현, 허성오가 이눌서 선교사의 전도를 받은 후 교회가 생기고 조기식에 의해 크게 발전되었다. 이미교회는 무만리 정태인이 별량면 대곡리의 친척 정종희, 정종원을 전도하여 신자가 형성되었다(「조선예수교장로회사기」, p. 261.).
159) 낙안읍(낙안중앙교회)교회는 1908년 4월 15일 순천중앙교회에 출석하던 교인이 낙안읍 성안에 교회를 세우고, 역대 교역자로 지원근, 한익수, 이성준, 김동욱, 신인각, 서재화, 김영옥, 양승억, 윤영근 등이 시무하였으며, 교인들의 수고로 1954년 54평의 교회를 신축하였다. 1987년 예배당 112평, 1990년 교육관 50평을 건축하였다. 현재는 윤성근 목사가 시무하고 있다.
160) 주암면으로 장로교가 확산되어 구상리교회가 설립되었다. 구상리교회는 충청도 상인 정영선이 김중오 일가가 개종을 하고 김중오의 가옥을 예배처로 삼아 40~50명이 회집하면서 교회가 설립되었다(「조선예수교장로회사기」, p. 261.).
161) 1911년 사정교회는 전도부인 박바우의 전도로 곽채근의 어머니, 이옥지 부인 등이 신자가 되었고, 경성을 왕래하던 상인 곽봉심이 신자가 되어 고향으로 돌아와 전도하여 신자가 증가하자 예배처를 마련하고 장천교회 재직의 인도를 받아 교회가 설립되었다(「조선예수교장로회사기」, p. 276.).

화양면(1921년), 소라면(1924년), 돌산읍(1927년), 화정면(1947년)으로 확산되었다. 율촌면의 장천교회는 1910년 여흥학교를 설립하여 인재를 양성하며 순천, 여수, 해룡면(1922년)에 장로교를 전파하는 센터였다. 순천을 포함한 남해지방의 교회설립은 한국의 가족구조가 집단개종에 유리하며, 장로교 확산에 영향을 주고 있음을 시사한다.

### (1) 순천중앙교회[162]

현 순천중앙교회는 1907년에 순천시 매곡동에 최초 설립된 순천읍교회로 순천지역의 장로교 전파의 발원지였다. 조일환, 이기홍, 박경주 등의 전도로 순천에 거주하던 최정의가 신자가 되면서 복음이 전파되기 시작했다. 무만동교회의 이형수 조사와 매서인 박응삼이 전도하여 김억평, 윤병열, 최시중, 김창수 등이 신자가 되어 금곡동 향교 부근의 양사재(養士齋)를 예배처로 약 10명의 신자들이 회집하였다.

1908년 일본 수비대가 주둔하면서 군인들이 양사재를 강점하여 서문밖 성밑(현 남산병원 뒤편)에 'ㄱ'자 형의 초가 5칸의 예배당을 건축하였다. 유내춘 전도인이 교회를 지도하며 약 30명으로 신자들이 증가되었다.

1909년 순천 선교기지 개설이 논의되면서 1910년 변요한 선교사가 매산동에 선교기지를 구축할 부지를 매입하였고, 1913년 순천 선교기지가 구축되어 선교사들이 상주하게 되었다. 제주선교사로 첫 목회를 출발했던 이기풍 목사가 광주제일교회에서 시무하다가 1920년 순천중앙교회에 부임하였다. 1921년 9월 10일 제10회 총회가 평양 장대현교회에서 개최되었다. 제10대 총회장으로 이기풍 목사가 선출되었고 그의 영력있는 목회사역으로 복음전도활동이 전개되어 신자가 증가하였다. 이때 순천중앙교회는 'T'자형 목조예배당을 새로 확장 신축하였다. 교세가 성장하자 1923년 예배당을 'ㄱ'자형으로 개조하였고, 기독

---

162) 김수진·한인수, 「한국기독교회사(호남편)」, p. 187.

청년회가 조직되어 교회봉사는 물론 순천시내 청년단체와 상호유대관계를 갖고 지역사회의 계몽활동을 전개하였다. 또 유치원을 개원하여 불신자 자녀들을 돌보며 그의 부모를 전도하였고, 사경회를 개최하여 복음전도에 큰 역할을 하였다. 오늘날 200곳에 교회를 개척해 순천의 '어머니 교회'로 불리고 있다. 1935년 이수현 목사, 김정기, 김성일, 김성규, 정민기, 최정완 등을 중심으로 벽돌 단층예배당을 신축하였다. 1936년 시내에 승주교회(현 순천제일장로교회)를 분립하였고, 해방 후 순천동부, 승산, 남부, 엄동, 오리정, 성북, 성중, 천보, 덕월, 세광 등의 교회를 차례로 분립하였다.

순천중앙교회는 '원탁회 사건'을 주도한 교회로, 신사참배 반대운동을 전개하는 데 주도적인 역할을 했다. 당시 담임목사였던 박용희는 서울에서 독립운동가, 반일투쟁가로 활동하다가 일제의 감시를 받자 이를 피하기 위해 순천으로 내려왔던 인물이다.[163]

원탁회는 영국의 식민지인 인도에서 원탁회라는 단체의 이름으로 독립활동을 했던 저항단체로 당시에도 활동하고 있었고, 순천중앙교회의 황두연 장로는 교회청년을 대상으로 하는 성경연구회를 조직하여 매주 성경공부를 원탁의 책상에서 진행하고 있었다. 그래서 이 성경연구회를 '원탁회'라고 이름을 지었다. 이 단체가 일경의 주목을 받게 되었고, 신사참배가 우상숭배라며 반대운동을 전개하는 것을 알고 황두연 장로를 체포하면서 담임 목사인 박용희도 체포되었다. 일제는 예수재림과 말세론을 가리키고 설교한다 하여 보안법 위반이라는 제목으로 순천 중앙교회의 박용희, 황두연, 김정기, 김동섭, 정민기, 최정완, 오례택, 김원식 등 8명의 종교지도자들을 구속 투옥하였다.

1955년 김순배 목사가 중심이 되어 교육관을 건축하였고, 장로교

---

163) 김수진·주명준, 「일제의 종교탄압과 한국교회의 저항」(서울 : 쿰란, 1996), pp. 79, 84-92.

분열에 영향을 받아 통합 측 교회로 오늘에 이르렀다. 1966년에는 전도사업 7개년 계획을 수립하여 순천을 포함한 남해지방의 교회설립에 큰 영향을 주었다. 1986년 예배당을 새로 신축하였고, 1990년 교육관을 건립하였다.

이 교회는 변요한(1907-1916년) 선교사가 첫 당회장으로 교회를 관리하였고, 그 후 정태인(1917-1919년), 이기풍(1920-1924년), 곽우영(1924-1931년), 이수현(1931-1935년), 최병준(1936-1938년), 박용희(1938-1940년), 김상권(1946-1951년), 김두칠(1951-1954년), 김순배(1954-1970년), 조원곤(1969-1971년), 문홍지, 문전섭, 박성운, 이귀철 목사 등이 차례로 시무하였으며, 1999년에는 임화식 목사가 부임하여 시무하며, 교회창립 100주년 사업으로 교회 안팎을 리모델링하였다. 따라서 교회의 공간을 순천시민들에게 돌려주기 위해서 교회 담장을 헐고 누구나 드나들 수 있도록 오픈 카페도 운영하고 있다.

(2) 순천제일교회

순천중앙교회가 남문 밖에서 오는 교인들을 위해 기도소를 마련한 것이 순천제일교회의 시작이었다. 1934년에는 시내 저전동에 대지 200평을 매입하여 23평이 건물을 신축하고 김영진 장로의 인도로 예배를 드렸다. 그 후 중앙교회 당회원들이 돌아가면서 예배를 인도하다가 어느 정도 교회가 성장하자 나덕환 전도사를 청빙하였다. 1936년 기도소를 교회로 승격시키고, 노회로부터 승주교회로 명칭을 허락받았다. 1938년 순천시의 개발과 함께 교회가 성장하자 대지 385평을 매입하였으며, 그 대지 위에 45평의 석건물을 신축하였다.

1940년 9월 변요한 선교사가 일제로부터 철수 명령을 받자 순천지역 교역자들이 그를 전송키 위해서 순천역에서 송별식을 거행한 후 각기 시무지로 돌아갔었다. 결국 이것이 꼬투리가 되어 일제는 이를 빌미로 15명의 목사, 장로 및 전도사를 구속시켰다. 이 일을 스파이로 규정하고 탄압하게 되었으며, 이들 15명은 각기 형을 받고 광주형무소에서 옥살이를 하게 됐다. 흔히들 이 사건을 순천지방 15인 사건이라 부르고 있다. 이때 구속되었던 나덕환 목사는 3년 10개월 형을 받았다. 목회자가 없는 기간에 임시로 지한영 전도사, 김주 목사, 김상두 목사 등이 차례로 시무하였다. 이 무렵 김주 목사는 불경죄로 사임하고 3개월간 옥살이를 하였다.

해방을 만나자 나덕환 목사가 다시 부임하였으며, 1952년에 순천제일교회로 명칭을 바꾸었다. 1961년에는 제46회 총회 시 나덕환 목사가 총회장으로 선임을 받았다. 1971년 김정기 목사가 2대 당회장으로, 1977년에는 제3대 당회장으로 박정식 목사가 취임하였다. 교회의 성장과 외곽으로 이사하는 교인들이 많아지자 2000년 6월 순천시 해룡면 상삼리에 대지 5,624평을 매입하고, 그 위에 연건평 2,000평을 완공하고 입당예배를 드렸다. 같은 해 9월 25일 박정식 목사는 제85회 총회장으로 선임되어 한 교회에서 총회장이 두 분이나 배출되는 역사를 남기기도 하였으며, 현재는 2005년 8월에 부임한 홍성호 목사가 사역하고 있으며, 재적수는 3,400여 명이고 매주 출석교인은 1,700~1,800여 명이 모여 예배를 드리고 있다.

그동안 순천제일교회에서 개척 및 설립한 교회는 1945년 8월에 승산교회, 혜촌교회 등을 분립하였다. 그 후 천보교회, 덕월교회, 용전교회, 혜룡제일교회, 솔밭교회, 교량교회, 낙원교회, 대곡교회, 어치교회, 은혜교회, 옥산교회, 농아인교회, 신전교회, 풍덕제일교회, 러시아 뚤라교회, 복된교회 등이다.

### (3) 여수 장천교회[164]

장천교회는 여수 최초의 교회로 1905년에 율촌면 조화리에 설립된 교회이다. 조일환, 조의환, 박경주, 이기홍, 박중호 등이 신자가 되어

---

164) 대한예수교장로회총회 편, 「교회명감 (하)」(서울 : 한국장로교출판사, 1996), p. 1076.

조일환의 사랑방을 예배처로 회집하면서 시작되었다. 1908년 목조예배당이 건축되었고, 1910년에는 영흥학교를 설립하여 기독교인 인재양성을 위한 교육활동을 전개하였다. 1913년 와가예배당을 신축하고, 여수읍, 도롱, 평촌, 광암, 산수교회 등을 개척하여 여수의 어머니교회로 복음전파의 센터가 되었다. 1924년 석조 2층의 예배당을 신축하였고, 여수 14연대반란사건에 휩쓸려 지한영 전도사가 순교당했다. 1973년 석조예배당을 확장 신축하였고, 1979년 교육관을 건립하고 둑실, 장도 기도처를 설립하였다. 특별히 장천교회는 지방문화재 제115호로 지정되어 있으며, 그 이유는 옛 건물을 그대로 보존하면서 세 개의 건물이 나란히 자리를 잡고 있다.

  설립 당시 변요한 선교사가 교회를 시무했으며, 곽우영, 조의환, 조상학, 차남진, 김동옥, 원경선, 한영성, 박병식, 유은옥, 황상용 목사 등이 차례로 시무하였으며, 현재는 2001년 5월에 부임한 정종균 목사가 사역을 하고 있으며, 순천을 포함한 여수반도의 복음전파를 위해 활동하고 있다.

## 3장.
# 교육선교와
# 의료선교

## 1. 교육선교

### 1) 중·고등학교

#### (1) 목포 정명여자 중·고등학교[1]

정명여학교(현 목포정명여자 중·고등학교)는 목포 최초의 근대여성 교육기관으로 스트래퍼(F. E. Straeffer) 선교사에 의해 시작되었다. 스트래퍼는 1899년 한국에 입국하여 목포 선교기지에 부임하였다. 배유지 선교사 부인과 함께 목포거리를 다니며 전도하다가 만난 어린아이들을 자신의 집으로 초청하였다. 찾아온 어린아이들을 대상으로 매주 목요일에 한글과 자연을 공부시키고, 토요일에는 지리를 공부시켰

---

1) 김수진, "정명여학교와 스트래퍼 선교사,"「한국기독공보」(1997. 4. 19.), p. 9.

다. 아이들은 선교사의 집에 꾸며진 장식품을 보고 신기함을 감추지 않았다. 호기심이 많은 어린아이들에게 한글과 자연을 가르치는 일이 목포학교의 시작이 되었다.

아이들의 수가 증가하자 1903년부터는 남녀 어린이들을 구분하여 남자 어린이는 배유지 선교사의 사랑채에서, 여자 어린이들은 스트래퍼의 사랑채에서 공부를 하게 되었다. 배유지 사랑채에서 시작된 남자 어린이반은 이후 목포 영흥학교로 발전되었고, 스트래퍼의 사랑채에서 시작된 여자 어린이반은 이후 목포정명여학교로 발전되었다.

변창연 조사와 함께 스트래퍼 선교사는 약 25명의 학생들을 교육하면서 목포여학교는 확장되기 시작하였다. 해가 거듭될수록 입학생이 증가되었고, 목포의 대표적인 여류작가 박화성도 입학해 서양문화를 접하였다. 스트래퍼 선교사를 이어서 1906년에는 변요한 선교사의 부인이 정명여학교를 맡았고, 그 후임으로 하위렴(W. B. Harrison) 선교사 부인이 맡아 활동하다가 목포에서 활동하던 마율리(J. A. Martin) 선교사가 1908년부터 목포여학교를 맡아 관리하게 되었다. 마율리 선교사는 더 많은 학생들을 수용할 수 있는 새 교사를 건축하였다. 1911년 8,000원의 건축비를 마련하고 105평의 2층 석조건물을 지어 전남 최초의 여학교 건물이 들어서게 되자 독립학교의 틀을 갖추게 되었고, 개교 8년만인 1911년 정규과정을 마친 4명의 졸업생을 배출하게 되었다.

마율리 선교사의 뒤를 이어 유서백 선교사의 부인 유애나(Nisbet, A. Lee Major)가 정식교사자격증을 가지고 교장이 되면서 정규학교로 개편되었고, 고등과를 설치하고 새 교사를 건축하고 교과과정을 제정하는 등 학교체계를 갖추었다. 그리고 1914년 고등과 첫 졸업생이 배출되었다. 그리고 학교명도 '정명여학교'로 개정하여 설립허가를 받았고, 학제도 보통과 4년, 고등과 4년 등으로 개편되었다. 1936년 11월 미국 남장로회 선교부는 선교지의 미션스쿨을 폐교하기로 결정하였다. 이에 따라 동창회와 학부모회, 교직원회 등은 학교의 존속 가능성을 타진하고 대책을 마련하려고 노력했으나 결국 학교는 폐교되었다.

일제는 정명여학교 석조건물을 그냥 놓아 둘 수 없어 목포여자상업학교를 개설하여 일인들과 한국인들을 교육시켰다. 해방이 되면서 미국 남장로회 선교사들이 재입국하게 되었고, 당시 목포 초대시장으로 부임했던 최섭은 미군정과 협의하여 목포역 창고를 학교로 사용할 수 있도록 개조한 후 목포여자상업학교를 이전시키고, 1947년 정명여학교를 복교시켰다. 1950년 3월 정부의 정식인가를 받아 정명여학교는 '목포정명여자중학교'가 되었다. 동시에 입학생들이 무안, 함평, 영암 및 도서지역에서 들어오자 이들을 위한 대형 기숙사를 1950년에 선교회의 지원과 노회의 지원을 받아 건립하여 학교경영의 발판을 마련하였다. 동시에 미션스쿨의 설립목적에 충실하기 위해 교회인재육성 장학제도를 운영하여 목포지방에서 명문학교로 자리를 잡았다.

### (2) 목포 영흥중·고등학교[2]

목포선교부는 1903년 남녀학생의 공부반을 분리하여 남학생은 배유지 선교사의 사랑채에서 하게 되었는데, 이것이 영흥학교(현 목포영흥중·고등학교)의 시작이 되었다. 영흥학교가 설립되었던 곳은 목포의 공동묘지였다. 소망 없던 땅이 소망의 땅으로 변화된 것이다. 배유지 선교사의 후임교장이 된 변요한 선교사는 목포교회 초대지도자였던 임성옥과 유래춘과 합력해서 교육시설을 마련하였다. 이로써 영흥학교는 전남서남부지방의 남학생 교육요람이 되었다. 학교운영은 교인들에 의해 50% 지원되었으며 학생들은 대개 신자들의 자녀들이었다. 기독교지도자를 양성할 목적으로 설립되었기 때문에 성경과목의 학습이 철저했으며, 학생들의 신앙성장에 따라 매년 세례문답을 실시하였다.

1906년 제1회 보통과 졸업생을 배출하였고, 상급학교를 지원하는

---

2) 김수진, 「목포지방 기독교 100년사」, 목포노회(1997), 김수진, "영흥학교와 변요한 선교사," 「한국기독공보」(1997. 5. 3.), p. 10.

학생들이 많아짐에 따라 1908년 고등과 4년제를 신설하였다. 고등과 신설과 함께 학생 수가 증가되자 교사가 필요하게 되었다. 목포교회에 남궁혁이라는 젊은 세관원이 등록하였고, 남궁혁은 공무원직을 사임하고 영흥학교 영어교사가 되었다. 변요한 목사는 시대에 부응하는 민족과 교회의 일꾼을 양성하기 위해 미국교회의 지원을 요청하였고, 미국교회의 도움으로 영흥학교는 2층 석조건물의 교사와 시설을 갖추게 되었다. 미국 스텐리버그 제일교회의 후원을 받아 교사를 신축하였으므로 교회 담임목사의 이름을 따서 왓킨스 중학교라고 이름을 붙였다. 이후 영흥중학교는 지역사회의 인재양성뿐만 아니라 교회지도자를 양성시키는 교육기관으로 발전하였다. 그러나 1937년 호남지역의 10개 미션스쿨이 신사참배를 거부하면서 폐교되었고, 그중의 하나였던 영흥중학교 역시 폐교되었다.

이에 따라 일제는 영흥학교의 시설을 징수하여 신안의 갑부 문재철에게 넘겨 1941년 문태중학교로 개명하고 신입생을 받았다. 1952년 목포노회 이남규 목사의 주선으로 문태중학교가 사용한 건물을 인수하여 5월 8일 영흥학교는 복교되었다. 이어서 1953년 장로교 분열로 영흥중학교는 장로교 기장 교단의 소유가 되었고, 1956년 이성학 교장이 취임하면서 영신고등학교로 설립인가를 받고 학교명이 바뀌게 되었다. 그 후 1963년 학교명을 다시 영흥고등학교로 바꾸면서 발전되기 시작하여 1980년에는 새로운 교사를 신축하면서 재정적 어려움에 봉착하였고 학교운영능력이 없자 홍순기 장로가 재단을 인수하여 유집학원으로 학교법인이 변경되었다. 거듭 발전되어 현재는 목포지방 명문 남자 중·고등학교로 명맥을 유지하고 있다.

(3) 광주숭일중·고등학교[3]

광주숭일학교(현 광주숭일중·고등학교)는 하나님을 유일하신 분으

---

3) 김수진, 「숭일의 뿌리」, 숭일학원.

로 섬긴다는 의미를 담고 있다. 그 이름은 평양숭실대학을 졸업하고 초대 교사로 부임했던 최득의가 작명하였다. 1908년 숭일고등소학교로 인가를 받아 1909년 광주 양림동에 2층의 학교건물을 건축하여 1910년 여름에 완공되었다. 배유지 선교사의 사랑채에서 교육을 받던 학생들은 새 학교로 옮겨 성경, 영어, 산술, 법제, 역사 등의 교과과정을 이수하였다.

숭일학교의 학제는 보통과 4년제, 고등과 3년제로 운영되다가 총회 종교교육부의 요청에 의해 보통과 6년제, 고등과는 4년제로 변경되었다. 보통과 6년제를 마치면 고등과 4년제로 입학할 수 있었다. 이 학교는 광주지역에서 가장 근대화된 교통의 요람지로 중등과정을 맡게 된 것이다. 기독교 진리를 교육이념으로 한 숭일학교는 각 지방교회가 운영했던 간이 보통학교를 마친 학생들이 모여들면서 1912년 12칸의 온돌방을 둔 기숙사 시설이 마련되었고, 학생들은 철저한 신앙훈련도 함께 교육받았다.

초대 교장 변요한 목사는 학교시설을 확장하는 데 주력하였고, 타마자(J. V. N. Talmage)가 2대 교장으로 부임하면서 청소년의 체력증진에 중점을 두고 축구, 야구, 농구, 정구 등 운동부를 신설하여 가르쳤다. 이로써 야구가 광주를 비롯해 전국적으로 알려지게 되었다. 또한 타마자는 학생들에게 구약성경을 읽도록 하였는데, 그것은 구약성서를 통해서 고난받는 민족에게 해방이 올 것임을 암시적으로 깨우치고자 한 것이였다.[4] 특히 다니엘서를 매일 아침 예배시간에 읽도록 하여 한국의 청소년들에게 소망과 용기를 주고자 노력하였다. 이어서 노라복(R. Knox) 선교사가 후임으로 취임하여 전인교육에 힘을 기울이며 학제를 조정하고 유능한 지도자 양성에 주력하였다. 특히 1914년에는 2년제 특별과를 설치하여 전문대학과정으로 교과과정을 운영하였으나 2회 졸업생만이 배출되고 폐지되었다.

---

4) 김수진, "광주 남녀미션학교의 출발,"「한국기독공보」(1998. 2. 7.), p. 5.

숭일학교는 선교부의 교육정책과 조선총독부의 통제때문에 더 이상 고등과를 지탱하지 못하고 1926년 폐지하였으며, 목수과, 기계과, 인쇄과, 농업과 등 실업과를 창설하여 실업교육을 실시하였으나 일제의 지정학교 문제로 1927년 폐지되었다. 그리고 광주수피아여학교와 1932년에 통합되었다.

1932년 평양에서 있었던 '만주출정위령제'가 거행될 때 평양의 미션스쿨이 참배를 거부하면서 문제가 야기되었다. 1935년에 이르면서 사태는 훨씬 심각해져 신사참배를 반대 또는 거부하는 선교사는 면직과 함께 강제 출국을 당하게 되었고, 학교는 폐교조치되기 시작했다. 그리고 그 여파는 미국 남장로회 미션스쿨에까지 영향을 미치게 되었다. 남장로회 선교사들은 신사참배를 거부하는 것으로 결의하고 학교를 1937년에 폐교하였다. 일제 말엽에 숭일학교는 일본군인의 무기고로 사용하였다.

일본군이 철수하자 숭일학교 동문들이 복교를 준비하며 모여 들자 그해 11월 21일 오원기념각에서 감격의 복교 감사예배를 드렸다. 복교 후 제14대 교장으로 김용수, 교감은 김현승이 각기 부임하였다. 때마침 철수했던 선교사가 내한하면서 학교는 빠른 속도로 자리를 잡아 가고 있었으며, 제15대 교장으로 김아각 선교사가 취임을 하였다. 1947년 5월 31일 미군정 학무국으로부터 6년제 숭일중학교 인가를 받았다.

불행하게도 6·25전쟁으로 무기 휴교를 단행해야 하는 비극을 만나게 됐다. 광주에 진입한 인민군들은 학교를 접수하고 교명을 광주제2중학교로 바꾸고 피난 가지 못했던 학생들을 김일성 장군의 노래 등을 가르쳤으며, 종래는 의용군으로 강제 동원하여 일부 학생을 끌고 가기도 하였다. 9·28수복으로 국군과 미군이 진주하면서 원상으로 회복되었다.

1951년 7월 교육법에 의해 중고로 분립하면서 숭일중학교, 숭일고등학교로 개편되었다. 매년 졸업 시기 되면 중·고등학교 졸업생을 배출하였다. 1954년 이봉환 장로가 18대 교장으로 부임하였으며, 그 후

김준곤 목사, 김재석 목사, 강봉우 장로가 차례로 교장을 맡았다. 1969년부터 정부의 정책에 의해 중학교가 평준화되었다. 그동안 고등학교 교장이 중학교 교장직을 자동적으로 승계하였다.

1971년 유서 깊은 양림동 시절을 정리하고 시내 운암동으로 이전을 하였다. 1973년에는 숭일여자중고등학교의 문을 열어 여성들에게도 신앙의 교육을 시킬 수 있는 기회가 되었다. 우수한 학생들이 많이 모여들자 이들을 충족시킬 수 있는 좋은 환경과 좋은 시설이 요청되었다. 이사회의 결의에 의해 신축 교사를 완공하고 1993년 5월 8일 시내 일곡동으로 이전하여 현재 그 자리에서 2008년 10월 10일 중고등학교 개교 100주년 기념행사를 갖기도 하였다.

### (4) 광주 수피아여자중·고등학교[5]

광주 최초의 여학교인 수피아여학교(현 광주 수피아여자중·고등학교)는 변요한 선교사의 사랑채에서 시작되어 처음에는 광주여학교로 명명되다가 1911년 스턴스(M. L. Sterns) 부인이 그녀의 여동생 스피어(Jennie Speer)를 기념하기 위해 기부금을 주었다. 이 기금으로 양림동에 2층의 회색벽돌 건물이 신축되어 1층은 기숙사로 2층은 교사로 사용되었다. 2층에는 3개의 교실이 있었고, 한 교실에는 약 40명을 수용할 수 있었다. 이로써 광주여학교는 수피어를 기념하는 수피아기념여학교로 부르게 되었다. 이 명칭은 1937년 학교가 폐교될 때까지 사용되었다. 해방 후 학교는 재건되었고 1951년 교육법 재정에 의해 수피아여자중학교와 수피아여자고등학교로 분리되어 오늘에 이르고 있다.

한일합병 후에 변요한 선교사의 후임으로 구애라(Anna McQueen) 선교사가 부임하여 광주여학교 교장이 되었다. 이때 일제는 각 교회가 운영하는 간이 사립학교를 정비하도록 조치하고 이를 대신할 수 있는

---

[5] 김홍규, 「수피아 90년사」(광주수피아여자 중·고등학교, 1998).

보통학교를 설립하였다. 구애라 선교사는 미국으로 돌아가 지역교회를 돌며 학교설립기금을 마련하고자 모금활동을 전개하였다. 그녀의 노력으로 스턴스가 기부금을 주어 수피아여학교가 설립되었다.[6] 수피아여학교의 설립은 밭에서 농사를 지으며 사는 여성들에게 교육의 불을 지피게 해 주었다. 음악실, 가사실, 과학실, 교무실 등이 갖추어지고 새로운 신식 건물과 장비를 갖춘 근대교육의 터전이 되었다.

1945년 12월 졸업생과 목사들이 중심이 되어 학교를 재건하고, 1947년 미국 남장로회 소속 선교사들이 한국으로 돌아오기 시작했다. 그리고 대대적인 학교 보수가 이루어지고 예배실도 짓게 되었다. 1950년 한국전쟁으로 수피아여학교는 약 2개월 동안 공산군에 의해 점령되어 일시적으로 폐교되었다가 전쟁 후에 다시 개교하였다.

당시 교장이었던 유화례 선교사는 학교를 지켜야 한다면서 피신을 하지 않았다. 이때 그와 함께 일했던 조영택 전도사의 권유로 동광원으로 잠시 피했다가 광주에 인민군이 점령하자 광주를 탈출해서 회순 화학산으로 피신을 하였다. 그곳에서 기도생활로 일관했던 유화례 선교사는 국군이 광주에 진주했다는 말을 듣고 광주에 가서 다시 교장으로 어수선했던 학교 분위기를 정상적으로 돌려놓았다.

### (5) 순천매산중·고등학교[7]

1913년 순천 선교기지가 구축되자 구레인(John C. Crane) 선교사와 두애란(Lavalette Dupuy) 선교사는 교육선교사로 활동하였다. 고라복(Robert T. Coit) 선교사는 1910년부터 금곡동의 자신의 주택에서 청소년들을 모아 성경을 가르치다가 1911년 매곡동에 기독교 교육기관 교사를 신축하여 매산고등학교가 설립되었다. 매산여자고등학교는 남자고등학교에 비해 10년 늦은 1921년에 설립되어 백미다(Meta L.

---

6) 김수진, "광주 수피아여학교," 「한국기독공보」(1998. 2. 7.), p. 5.
7) 순천노회역사위원회, 「순천노회사」(1992), pp. 42-50.

Biggar) 선교사를 초대교장으로 하였다. 선교사들은 학생들이 학비를 마련할 수 있도록 기술교육을 실시하여 매산학교에는 재재소뿐만 아니라 놋쇠제조, 토끼 사육법 등을 지도하고 학생들이 생산한 제품들은 미국에 팔 수 있도록 판로를 개척하며 학교를 운영하였다.

 1915년 '사립학교령' 개정이 이루어지면서 매산학교는 일제의 통제를 받기 시작하여 1916년에는 종교교육과목의 교육을 하지 말 것을 요구하는 경고를 받고, 선교회가 이를 수용하지 않자 매산학교의 교육행위를 금시하는 명령을 내렸다. 이에 따라 매산학교는 폐교당하였다. 그 후 1921년 일제의 문화정치가 표방되면서 매산학교는 다시 개교하게 되었다. 그러나 1927년 일제가 교회와 미션스쿨에 대해 신사참배를 강요하자 이를 거부하는 결의를 하고 다시 학교를 폐쇄하였다. 그리고 해방 후 1946년 9월 다시 개교하여 매산중·고등학교와 매산여자고등학교로 분리되었으며, 남해지방 기독교교육기관으로 중요한 역할을 하고 있다.

## 2) 성서신학원

### (1) 광주이일성경학교

 광주이일성경학교는 서서평(Elizabeth Johanna Shepping) 선교사가 1922년부터 광주 양림동의 자신의 자택에서 버려진 여자들을 모아 가르치면서 시작되었다. 이 학교는 초기에 한글과 성경을 중심으로 약 10명의 여학생들을 인근의 숭일학교와 수피아여학교 교사들의 도움을 받아 수업이 진행되었다.

 서서평 선교사는 어린아이들뿐만 아니라 촌락을 돌며 전도활동을 하다가 만나는 어려운 여성들도 학교로 불러들였다. 이에 따라 많은 여성들이 학교로 모이게 되었고, 이로 인해 '과부학교'라고 불리기도 하였다. 서서평 선교사는 여성들에게 기술교육을 하며 특히 여전도사로 사역할 수 있도록 성경과목을 지도하는 데 중점을 두었다. 학교를 찾은 여성 가운데 상당수는 자녀를 임신하지 못해 쫓겨난 사람들이었다. 이러한 여성들에게 교회와 학교는 생활의 터전을 마련해 주는 곳이 되었다. 교육을 마친 여성들은 일부는 전도사로, 일부는 양잠기술 지도자로 나가 농촌계몽운동에도 이바지하였다.[8]

서서평 선교사는 교회는 성장하고 있으나 필요한 여성지도자가 양성되지 못하는 데 대한 안타까움이 있었다. 게다가 교회 안의 나이가 많은 여성, 버림받은 여성, 젊은 부인들, 처녀들에게 성경에 대한 이해, 주일학교의 교수법, 여전도회에 대한 지식 등을 제공할 필요성을 느꼈다. 이러한 필요성이 미국 남장로회 선교본부에 전달되자 미국교회의 한 여성이 기부금을 전달해 왔다. 이 기부금을 보낸 여성은 로이스 니일(Lois Neel)이었다. 자신의 부모의 은덕을 기념하기 위해서 기부를 했고, 이 기금으로 1926년 3층의 붉은 벽돌건물을 완성하고, 니일의 이름을 붙여 이일성경학교라 부르게 되었다.

교육시설은 4칸의 교실과 1개의 사무실로 구성되어 있었으나 교실 2칸을 합쳐 1칸의 강당으로 사용할 수 있는 구조로 마련되었고, 이일성경학교는 복음을 확산시키는 중요한 매개체로 발전되었다. 입학자격은 16~40세의 여성세례교인으로 목사 또는 선교사의 추천을 받아야 했다. 첫 입학생의 평균 나이는 약 30세였다. 이들은 전도부인으로 양성되도록 교육 프로그램이 진행되었다.[9] 교육과정은 초기 3개월 수업으로 진행되다가 6개월로 늘어났으며, 2년 정규과정으로 자리 잡게 되었다. 학교를 마친 졸업생들이 농촌으로 돌아가 전도활동을 하여 신앙공동체를 조직하였고, 이들을 담당할 조사 및 교역자들이 파송되고, 촌락에 신자 수가 증가되면 교회설립으로 연결되는 고리의 역할을 했기 때문이었다. 이일성경학교가 배출한 전도사들로 인해 전남지역, 제주도, 추자도까지 복음이 전파되어 교회가 설립되었다. 일제의 미션스

---

8) 김수진, "광주이일성경학교와 서서평,"「한국기독공보」(1998. 4. 25.), p. 5.
9) 이순례,「한일신학대학 70년사」(전주한일신학대학, 1997), pp. 106-107.

쿨에 대한 신사참배가 강요되면서 이일성경학교는 1940년 폐교되었다. 1922년부터 1935년까지 이일성경학교가 배출한 학생 수는 265명이었다.

〈표 6〉 이일성경학교 졸업생 현황(1922-1935년)

| 1922 | 1923 | 1924 | 1925 | 1926 | 1927 | 1928 | 1929 | 1930 | 1931 | 1932 | 1933 | 1934 | 1935 |
|------|------|------|------|------|------|------|------|------|------|------|------|------|------|
| 33 | 31 | 24 | 26 | 17 | 20 | 13 | 15 | 13 | 16 | 16 | 17 | 14 | 10 |

그러나 입학생 수와 졸업생 수 간에는 그 차이가 크게 나타나고 있다. 이것은 여성에 대한 교육이 현실적인 문제들에 매여 있어 여성들의 학업진행이 어려웠다는 반증일 것이다. 이일성경학교는 초급성경학교과정으로 진행되었지만 자립부서를 두어 운영되었다는 특징이 있었다. 즉, 어려운 학생들이 학교생활을 영위할 수 있도록 경제적 자립을 돕는 과정을 두었다는 것이다. 양잠, 직조, 봉제, 뜨개질 등의 기술을 전수하여 학생들이 물품을 생산하도록 하고, 선교사는 판로를 개척하거나 중개상을 연결해 제품을 미국에 팔도록 해 주었다. 그리고 수입은 학생들에게 전달되었고 자비로 공부할 수 있도록 도왔다. 서서평 선교사의 학교교육을 통한 복음전파의 헌신은 그가 죽은 후에 광주시민장으로 장례식을 치를 만큼 헌신적인 것이었다. 그녀의 이일성경학교와 함께 한 복음적 삶은 그의 친구가 그를 추모하기 위해 쓴 글 속에 잘 나타나 있다.

서서평은 정식 간호원으로 잠시 병원에서 일을 했다. 그 후에 전도사로 활발하게 활동하면서 광주에서 여성들을 위한 성경학교 일을 시작했고, 이어서 이일성경학교의 책임자가 되었다. 이 학교는 미국 남장로회 해외선교부에서 오는 비용으로 운영하기에는 예산이 많이 부족했다. 그래서 서서평은 자신의 월급을 학교를 위해 다 썼고, 중병에 걸려 있을 때에도 약 35명의 과부의 생활비를 거의 부담하고 있었다. 그가 세상을 떠났을 때 집에는 양식이나 생활에 쓸 어떤 물

건도 없었다. 그녀가 덮고 있던 담요 반 조각 외에는……. 한국인들은 무리를 지어 장례에 참여했고 장례비용을 부담했다. 서서평은 그들의 깊은 애도를 받는 것이 당연했다.[10]

이러한 선교사의 헌신으로 학교는 발전되었다. 이 무렵 일제는 미션스쿨에 대해 신사참배를 강요하였고, 이로 인해 이일성경학교는 1940년 폐교되었다. 폐교와 함께 일제는 선교회의 재산을 일본보호령으로 압수하고 남아 있던 선교사들을 모두 강제 출국시켰다. 광복 후 선교사들이 돌아오고 교회의 재건운동이 대대적으로 전개되면서 이일성경학교는 1948년 다시 개교되었다. 그러나 한국전쟁이 발발하면서 다시 학업이 중단되고 학교는 폐교되었다가 1951년 다시 개교하였다. 1960년 10월 선교위원회는 여러 가지 사정을 고려하여 여성지도자를 양성하기 위해 설립된 이일성경학교와 전주 한예정성서신학원을 병합하여 전주한일신학대학을 설립하게 되었으며,[11] 그 후 종합대학교로 승격하여 현재는 한일장신대학교 정장복 박사가 총장으로 취임하여 큰 발전을 하고 있다.

### (2) 목포성서신학원[12]

선교사들이 선교활동을 전개하면서 가장 먼저 해결해야 하는 문제가 교회지도자의 양성이었다. 선교사들이 대면 접촉을 통해 선교활동을 하고 신자들을 돌보는 일은 아주 어려운 일이었기 때문에, 이들을 대신할 종교지도자를 양성하여 이들을 통해 신자와 교회를 관리하는 것이 효율적이라는 판단을 하게 되었다. 이러한 필요에서 '달성경학교', '사경회', '연례성경공부' 등을 실시하게 되었고, 이것은 교회성장에 토대가 되었다. 사경회를 좀더 체계적이고 효율적으로 운영하기 위

---

10) 이순례, 앞의 책, p. 111.
11) 이순례, 앞의 책, p. 129.
12) 김수진, 「목포지방 기독교 100년사」(서울 : 쿰란, 1997).

해 선교사들은 달성경학교를 운영하게 되었다. 농한기인 주로 겨울에 선교기지의 예배당으로 청장년의 신자들을 모아 성경공부와 전도강연을 중심으로 집중적인 교육을 하였다. 농어촌의 청장년을 모아 전도자 양성을 목적으로 1년 중에 3개월은 성경공부를 하고, 9개월은 지역촌락으로 돌아가 교회활동을 돕도록 하였다.

광주에서 성경학교를 운영하던 타마자 선교사가 광주에서 성경학교 운영이 어렵게 되자 목포의 이귀동 목사가 광주성경학교를 유치하여 목포지방으로 이관하면서 1947년 목포고등성경학교가 설립되었다. 조하파 선교사를 명예교장으로, 이근택 목사는 초대교장으로 임명되어 목포고등성경학교가 출발하여 1949년 6월 3일에 제1회 졸업생 21명이 배출되었다. 이 졸업생 중에는 목사가 6명, 장로가 2명, 신학박사 1명 등이 배출되어 초기부터 교회성장에 공을 세웠다. 첫 졸업생을 배출한 목포성서신학원은 신입생 수가 계속 증가되었고, 제2회 졸업생 중에는 11명의 여자 졸업생이 배출되어 여자 교역자들의 활동에 기반이 되었다.

목포고등성경학교는 교육의 기회를 놓친 농어촌 학생들을 특별히 배려하였고, 남장로회는 학생들의 기숙사비, 건물 운영비를 지원하였다. 이러한 지원에 힘입어 목포고등성경학교는 발전되어 1952년에 이르러서는 재학생 107명, 졸업생 122명 등 전문적인 신학 교육기관으로 성장했다.

그러나 1953년 신학적 논쟁으로 인한 교파분열의 영향으로 목포성서신학원도 분열되어 1958년까지 학교성장에 장애가 되는 동시에 발전이 지체되기 시작했다. 1966년 목포노회가 목포고등성경학교를 인수하여 운영하기 시작하였고, 1973년 총회의 결의에 의해 목포성서신학원으로 개명하고 이귀동 목사가 신학원장으로 취임하여 활동했다. 이후 총회의 산하에 있던 성서신학교를 신학교로 전환하지 못한 지역에서는 평신도훈련원이나 교육원으로 전환하여 지역교회의 평신도 양성에 주력하게 되었다. 이러한 흐름으로 목포 성서신학원은 1986년 목포노회교육원으로 개명되었다. 다시 목포성서신학원으로 환원하였으며, 원장에 윤여권 목사가 재직하였으며, 2007년 창립60주년과 목포성서신학원 60년사[13] 출판기념행사를 하였다.

(3) 순천성서신학원

한편 순천성서신학원도 전남에서는 유일하게 운영되고 있다. 이 학교는 1925년 현 순천진료소 건물에서 순천보통성경학교로 출발하면서 남녀 전도사를 양성하였다. 일제 말엽에 일시 폐쇄되었다가 1946년 순천고등성경학교로 개교하고 초대 교장에 김형모 목사가 취임하였으며, 본과, 예과를 두고 운영을 하였다. 예과는 초등학교 졸업생을 받아 2년간 수료를 한 후 다시 3년제 본과를 진학하였다. 본과는 당시 중학교 3년 이상 학력을 소지했던 분들이 입학을 하였다. 1973년 총회 결의에 의해 순천고등성경학교를 순천성서신학원으로 개명하고 수업을 계속 실시해 왔었다. 이 학교 출신들이 호남신학교에 많이 진학하였으며, 다시 서울에 있는 장로회신학대학교에 진학하여 목사 안수를 받고, 국내외적으로 많은 교역자들이 활동을 하고 있다. 특별히 이 학교 출신 이흥래 장로는 남선교회전국연합회의 선교사로 파송을 받고, 1994년 러시아 모스크바에 장로회신학대학교의 인가를 얻어 신학교를 운영하면서 러이사인 출신들에게 목사 안수를 하고, 그들이 교회를 개척하게 한 후 현 110여 개의 교회를 설립하여 성공적인 선교사역을 하고 있다.[14]

3) 광신대학교와 호남신학대학교

(1) 광신대학교

---

13) 김수진, 「목포성서신학원 60년사」(서울 : 쿰란, 2007), pp. 193-194.
14) 문성모, 「러시아선교이야기」(서울 : 쿰란, 2007), pp. 74-75.

1948년 9월 1일 광주선교부에서 농촌 교역자를 양성하기 위해서 도 마리아(Miss M. Dodson)선교사는 수피아여자중학교 교실 한 칸을 빌려서 개원을 하면서 〈광주 성서학관〉이라는 명칭으로 개교하였다. 여기에 재학 했던 학생들은 모두 97명으로 소년과 장년들이었다. 학관장은 노라복 선교사가 맡았으며, 학감은 박영로 목사, 교사로는 심경생 목사를 비롯해서 김지석, 오동옥, 양치관 목사였으며, 여기에 박동환 장로가 참여를 하였다. 이 학관은 연령관계로 초등과와 고등과로 분리운영하였으며, 모든 과정을 이수했던 졸업생은 23명(남자 9명, 여자 14명)이었다.[15]

제2회 졸업생까지 배출했던 '광주 성서학관'은 문을 닫았다. 그 대신 1954년 9월에 벧엘교회 구내에 '광주 고등성경학교'라는 명칭으로 전남노회에서 운영을 하였다. 노회의 결의에 따라 9월 1일 '광주 고등성경학교'는 노회 직영으로 새로운 발족을 보게 된바 이날 박찬목 목사의 사회하에 내빈 다수 참석하고 이사장 박종삼 목사의 설교로 개교식을 광주 벧엘교회에서 거행하였다. 수업연한은 3년으로 본·별과로 분반한 바 과거 재적생이 56명이였으며, 개학 당일 신입생 20여명이었다. 학생이 모여들자 야간에서도 공부할 수 있는 길을 열어야 한다는 전남노회의 결의에 따라 1954년 11월 15일 임시노회에서 '광주야간신학교'를 운영하였다. 결국 이 학교는 광주 중앙교회에서 시무하고 있던 박찬목 목사가 이사장으로 취임하면서 광주 중앙교회에서 신학교육이 진행되었다.

1954년 10월에 광주시 대의동 57번지에 대지를 확보를 하였으며, 1955년 박찬목 목사가 광주중앙교회를 사임하고 상경을 하자 그 교회는 정규오 목사가 취임을 하여 자연히 광주신학교는 정규오 목사가 맡아 학교를 운영해 가게 되었다. 1956년 10월 16일 예장 제40회에 총회에서 지방 신학교로 인준을 받고 1959년 9월 총회 분열로 합동 측 총

---

15) 차종순, 「호남신학대학교45년사」, pp. 63-64.

회에 소속이 되었다. 이후 광주신학교는 계속해서 광주중앙교회 교육관에서 교육을 실시하였으며, 1992년 2월 정부로부터 학교법인 광신학원 설립인가를 받았다. 법인허가를 받았던 그해 12월 23일 장로회 광주신학교 설립인가를 받았다.

1993년 10월에는 정부로부터 4년제 대학 학력인정 지정학교로 발전하였으며, 1996년 9월 제81회 개혁 측 노회에서 준목고시 응시 자격을 허락받았다. 1996년 1월에는 정부로부터 광신대학교 설립인가를 받고 초대 학장인 정규오 목사는 2대 학장인 정규남 박사에게 그 자리를 내주고 이사장으로 수고를 하였다. 이로써 개혁 총회에서는 이 학교를 졸업하게 되면 목사고시에 응시할 수 있는 자격을 갖게 되면서 호남지방에서는 개혁 측의 유일한 학교가 되었으며, 역시 서울에서도 개혁신연구원(현 개신대학원 대학교)에서 배출한 졸업생과 똑같은 자격을 부여하였다.

2005년 7월에는 일반대학원 승인을 받았다. 그러나 그해 9월에 모이는 제90회 총회에서 개혁 측을 탈퇴하고 합동 측으로 통합하면서 합동 측 교역자를 양성하는 학교가 되었다. 이에 따라 개혁 측은 서울에서 개신대학원대학교를 운영하면서 목회자를 양성하고 있다.

### (2) 호남신학대학교

그런데 1950년 6·25전쟁으로 미국 남장로교 선교사들이 일본에 머물렀다가 다시 광주에 모여들자 1954년 5월 14일 미국 남장로교 한국 선교월례회에서 '광주성서학관'을 폐지하고 그 대신 '중앙성경학교'를 설립하고 초대 교장에 김아열(B. A. Cumming) 선교사가 취임하였다. 이미 광주신학교를 운영을 하였지만 교단 분열로 그 학교는 합동 측 전남노회가 운영을 했던 관계로 1960년 6월 '중앙성경학교'를 '호남성경학교'로 명칭을 바꾸고 장차 지역신학교를 설립할 목적을 갖고 있었다. 교단 분열 후인 1960년 9월 통합 측 45회 총회에서 '호남신학원' 설립인가를 받았다. 1961년 1월에는 '순천 매신신학교'가 '호남신학원'으로 통합하자 제1대 원장으로 선교사인 부명광(G. T. Brown) 목사가 취임을 하였다. 새학기를 맞이하여 각 학년에 배정될 60명이 편입 및 입학을 하였으며, 학교를 조직을 다음과 같이 발표를 하였다.

조직 : 이사장 / 주형옥 목사     원장 : 부명광 목사
교수 : 유진세  이순영  이영성  이소영  황성욱[16]

1961년 12월에 3학년으로 편입했던 학생 9명이 호남신학원 제1회 졸업생으로 배출하였다. 1962년 12월에는 12명이 졸업을 하였다. 1967년 6월에 김형모 박사가 2대 교장으로 취임을 하였으며, 1971년 3월 정부로부터 각종 학교로 인가를 받았다. 당시 이 호남신학원을 졸업하면 서울에 있는 장로회신학대학교에서 1년 내지 2년간 청강을 하고 총회가 실시하는 목사고시에 응시할 수 있도록 자격을 부여하였다.

1989년 10월 27일 4년제 '호남신학대학'으로 개편 승인을 받았으며, 1992년 4월 1일 종합대학교인 '호남신학대학교'로 승인을 받고 황승룡 목사가 초대 총장으로 부임을 하였다. 2000년 3월에는 신학박사(Th. D) 과정이 신설되는 등 발전을 하였으며, 이제는 호남신학대학교 신학대학원(3년과정)을 졸업하면 통합 측 총회에서 목사고시에 응시할 수 있는 자격이 부여되었다.[17]

## 2. 의료선교

### 1) 목포 프렌취 기념병원[18]

목포에서의 의료선교는 1898년 오원(C. C. Owen) 선교사의 목포 부임에 의해 시작되었으며, 오원은 전남 최초의 의료 선교사였다. 그는

---

16) 차종순, 앞의 책, p. 34.
17) 차종순, 앞의 책, pp. 216-217.
18) 김수진, 「목포지방 기독교100년사」(서울 : 쿰란, 1997), pp. 78-84.

목포에서 배유지 선교사의 주택에 임시 진료소를 마련하고 진료활동을 시작하였다. 부임 초기의 진료사항을 그는 다음과 같이 기록하였다.

> 비록 규모가 작기는 하지만, 최근 이곳에 문을 연 진료소는 한국의 고통받는 자들을 섬기는 수단이 되고 있다. 그리고 우리는 많은 생명들을 하나님께 인도하는 축복의 도구가 되리라는 확신을 하고 있다. 진찰을 기다리는 환자들이 볼 수 있도록 성경문구를 붙여 놓고, 문구를 적은 쪽지를 사람들이 볼 수 있도록 해 준다. 종종 글을 아는 사람이 큰소리로 읽으면, 그 내용은 많은 사람들이 들을 것이다. 진료의 번호를 적은 나무로 만든 표에는 '하나님은 사랑이시다'라는 글귀를 적어 놓아 환자들이 이 글귀를 읽게 될 것이다.

목포 진료소는 환자들을 통해 알려지면서 진료를 시작한 지 얼마 지나지 않았음에도 불구하고 진료자 수는 한 달 동안 약 400명에 달할 정도였다. 오원은 진료소를 찾는 환자들만을 진료하는 데 그치지 않고, 인근 촌락을 순회하며 진료활동을 전개하였다.

〈표 8〉 목포 프렌치 병원장으로 활동했던 미국 남장로회 선교사[19]

| 순위 | 이름 | 활동연도 |
|---|---|---|
| 제1대 | 오원(Clement Carrington Owen) | 1899~1904년 |
| 제2대 | 놀란(Joseph Wayne Nolan) | 1904~1905년 |
| 제3대 | 버드만(Ferdinand Henry Birdman) | 1907~1908년 |
| 제4대 | 보의사(Wille Hamilton Forsythe) | 1908~1910년 |
| 제5대 | 하진(Maynard C. Harding) | 1911~1912년 |
| 제6대 | 한삼열(Roy Samuel Leadingham) | 1913~1920년 |
| 제7대 | 길마(William Painter Gilmer) | 1924~1926년 |
| 제8대 | 하리시(William Hollister) | 1928~1931년 |
| 제9대 | 고허번(Herbert Augustus Codington) | 1949~1950년 |

---

19) *Minutes* ; annual mission meetings : AD-Interim Comm, 1895-1950.

1904년 배유지·오원 선교사가 광주 선교기지로 이주하자 목포 진료소는 놀란(J. W. Nolan) 의료 선교사가 후임으로 맡게 되었다. 놀란 선교사는 주간에는 한국어를 공부하고 오후에는 진료를 하였다. 약 6개월 동안 1,685명의 환자들이 치료되었으며, 160번의 방문 진료를 하고, 수술도 29건이나 실시하였다.[20] 그는 환자들에게 소책자를 전해주고 복음을 전파했다. 그는 전도의 방법으로 의료사역의 가치는 대단히 크다는 것을 입증하는 사례로 출석교인들 상당수는 진료를 통해 교회로 들어왔으며 그 외의 사람들도 교회에 호감을 보였고, 의료사역은 상류층의 사람들에게도 복음을 전할 수 있는 기회를 제공했다고 했다. 1905년 놀란 선교사가 광주제중원으로 옮겨 가면서 목포진료소는 잠시 의료선교활동이 중단되었다.

1907년 버드만(F. L. Birdman) 의료 선교사가 부임하면서 목포 의료활동이 재개되었다. 버드만 선교사는 증가되는 진료자 수를 보면서 환자를 위한 병원설립을 소망하였다. 그러나 1908년 버드만 선교사는 전주예수병원으로 옮겨 가고, 보의사(W. H. Forsythe)가 부임하여 약 3개월 동안 3,785명의 환자들을 진료하였다. 1911년 하진(M. S. Harding) 선교사가 부임하여 의료활동을 하던 중 중병으로 귀국하게 되었다. 1899년부터 1912년까지 목포의 의료선교는 활발하지 못한 채 명맥만을 유지하고 있었다.

1912년 한삼열(R. S. Leadingham) 의료 선교사가 부임하면서 목포의 의료활동은 새로운 전기를 맞이하게 되었다. 조수의 부주의로 진료소에 화재가 발생하여 진료소가 전소되는 불운을 겪게 되었다. 이 소식이 미국 남장로회 선교부로 전해지자 미주리 주의 성요셉교회 신자들이 1만 원의 기금을 모아 보내왔다. 이 기금으로 한삼열 선교사는 2층 석조건물의 병원을 신축하고 프렌치 기념병원으로 명명하였다. 이로써

---

20) J. W. Nolan, "An afternoon in the clinic," *The Korea Mission field*, Vol. 2, No. 7, 1906, p. 121.

목포에 첫 병원인 프렌치기념 병원이 설립되어 목포지방 최초의 근대적인 병원시설을 갖추고 목포지방 주민들의 건강을 지키는 파수꾼 역할을 하게 되었다. 이어서 길마(W. P. Gilme), 하리시(W. Hollister) 선교사가 일제의 교회와 미션스쿨에 대한 탄압이 있었던 가장 어려운 시기에 목포 프렌치 병원을 이끌어 갔다. 그러나 1940년 일제가 선교사들을 강제추방과 미국 선교부의 본국 귀국 요청으로 프렌치 병원의 의료 선교사들도 이한하였다. 해방이 되면서 고허번(H. A. Codington) 선교사가 프렌치 병원을 복구하고 의료활동을 재개하였으나 한국전쟁이 발발하면서 다시 의료활동은 중단되었고, 병원이 재건되지 못함에 따라 의료선교활동은 중단되었다.

### 2) 광주기독병원

의료 선교사로 최초로 광주에 부임한 선교사는 서미혜(Margaret Stoney) 간호사로서 1899년에 내한하였지만 의료활동을 하지는 못했다. 1904년 오원 선교사가 광주 선교기기 개설과 함께 목포에서 광주로 옮겨 양림동에 제중원을 개설한 것을 광주 기독병원의 효시로 보고 있다. 그러나 오원 선교사는 복음활동에 전념하였기 때문에, 광주에서의 진료활동은 1905년 놀란(J. W. Nolan) 선교사가 진주에서 광주로 오면서 본격적으로 시작되었다. 그러나 놀란 선교사는 한국 북부지방에 진출한 미국 금광회사의 요청을 수락해 선교사직을 사임하고 광주를 떠남에 따라 광주의 의료활동은 1907년 3월 윌슨(R. M. Wilson) 선교사가 부임해 올 때까지 중단되었다. 우월손 선교사가 광주에 부임해 오면서 의료활동이 활발하게 전개되기 시작했다. 그러나 열악한 의료시설과 적당한 병원건물이 없어 진료활동에 많은 어려움이 따랐다.

광주병원의 열악한 시설이 알려지면서 미국인 그래함 장로가 죽은 딸을 기념하기 위해 병원 건축기금을 보내왔고, 1911년 이 기금으로 3층 회색벽돌의 병원이 신축되었고, 그래함 장로의 딸을 기념하며 Ellen Lavine Graham 병원이라 불렀다. 이로써 광주제중원은 약 50명의 환자들을 수용할 수 있는 근대적 병원이 되었다.[21] 한편 1912년 중국에서 한 지방장관이 자신의 관할지역 내의 한센병환자들을 연회에 초대한 후에 모두 학살한 사건이 발생하였다. 이 소식이 영국의 나병협회 선교회장인 베일리(W. C. Bailey)에게 즉시 통지되었고, 사건의 진상을 확인하기 위해 베일리가 중국에 왔다가 돌아가는 중에 한국에 잠시 들르게 되었다. 광주에서 1909년부터 시작된 나환자 진료시설을 돌아본 베일리는 우월손 선교사의 나환자에 대한 사랑과 열정에 감동을 받아 광주 나병원 설립을 약속하였다.

〈표 9〉 광주기독병원장으로 활동했던 미국 남장로회 선교사[22]

| 순 위 | 이 름 | 활동연도 |
| --- | --- | --- |
| 1대 | 놀란( Joseph Wayne Nolan) | 1906~1907년 |
| 2대 | 우월손(Robert Manton Wilson) | 1907~1929년 |
| 3대 | 부란도(Louis Christian Brand) | 1930~1937년 |
| 4대 | 프레스톤(James Fairman Preston) | 1938~1940년 |
| 5대 | 고허번(Herbert Augustus Codington) | 1951~1965년 |
| 6대 | 심부선(Wilfred Lawrence Simpson) | 1966~1967년 |
| 7대 | 이철원(Ronald Burton Dietrick) | 1967~1976년 |

이에 따라 우월손 선교사는 영국 에딘버러 나병협회의 지원을 받아 1912년 'ㅌ'자형 건물을 지었고, 광주 나병원이 설립되어 한센병 환자를 위한 본격적인 진료도 시작하였다. 양쪽의 건물에는 한센병 환자를 위한 병실이 있었고, 중앙에는 예배당과 진료소를 두고 있는 구조로 약 100명의 환자를 수용할 수 있었다. 1924년 여계남(J. K. Levie) 선교사가 광주제중원에 부임하여 호남지방 최초의 치과의료가 시작되었다. 여계남 선교사는 치과기구를 가지고 순회전도에도 참여하여 구강

---

21) 김수진·한인수, 「한국기독교회사-호남 편」, p. 161.
22) 광주기독병원, 「연보」 제35호, 2004, p. 17 재인용.

치료와 함께 각 촌락의 전도활동에도 적극적으로 참여하였다.

　1926년 광주 나병원이 여수 율촌으로 이전되어 광주제중원에서는 더 이상 한센병 환자를 위한 진료가 이루어지지 않았다. 1930년 부란도(L. C. Brand) 선교사가 광주제중원의 책임을 맡게 되면서 결핵환자의 치료로 중점을 두기 시작했다. 당시 결핵은 한국인들에게는 무서운 질병이었다. 부란도 선교사는 결핵요양원을 확보하려고 노력했으나 그의 꿈은 그가 세상을 떠나고 해방 후에야 실현되었다. 1933년 광주제중원은 어려움을 만나게 되었다. 10월 26일에 병원에 화재가 발생한 것이었다. 의사와 간호사, 직원들이 환자들을 대피시키고, 의약품, 수술도구, 시설물 등을 옮기는 데 성공했지만 병원 본관은 전소되었다. 이 소식이 광주 교회들에게 전해지면서 교회와 신자들이 병원 설립을 위한 모금활동을 전개하였다. 이와 함께 미국 선교부가 기금을 하여 1934년 화재로 소실된 건물터 위에 중앙난방시설을 갖춘 2층 건물이 신축되었다. 1939년 프레스톤 선교사가 광주제중원에 부임하였고, 1940년 병원책임을 맡게 되었으나 11월 일제의 선교사 강제추방과 미국 선교부의 본국 귀환요청으로 광주제중원은 폐쇄되었다.

　해방 후 한국교회의 복구를 위해 선교사들이 재입국하기 시작했고, 광주제중원도 복구되었다. 목포에서 활동하던 고허번(H. A. Codington) 선교사가 광주로 옮겨 광주기독병원을 다시 개원하였다. 한국전쟁으로 미국 군대가 광주에 주둔하면서 선교부 재산의 일부 건물을 사용하였고, 그에 대한 대가로 주한 미군 및 육군의 지원을 받아 결핵요양원이 신축되었다. 이에 따라 광주기독병원이 결핵병원으로 널리 인식되었고, 결핵치료에 크게 기여하였다.

　1961년 이철원(R. B. Dietrick) 선교사가 부임하여 외과진료를 시작하였다. 이철원 선교사는 병원의 완벽한 업무처리, 병원 차원을 넘어선 지역사회의 자선봉사, 병원을 통한 기독교교육 등의 일들을 추진하였다.[23] 1963년에는 유수만(D. Nieusma) 선교사가 치과진료를 다시 재개하였고, 1965년부터는 의사수련병원으로 정부의 승인을 받아 종합병원으로 발전하기 시작했다. 1966년 심부선(L. Simpson), 이철원 (1967), 우병규(A. J. Wolbrink) 선교사가 차례로 병원책임을 맡아 활동하였다.

1970년 광주제중원은 미국 남장로회 한국선교회 유지재단에서 분리하여 '재단법인 광주기독병원'으로 보사부 허가를 받고 광주제중원을 광주기독병원으로 부르게 되었다. 그리고 1976년 병원은 한국인에게 양도되어 한국인 최초의 병원장으로 허진득 박사가 취임을 하였다. 이후 광주기독병원은 계속 발전을 거듭하여 1988년에는 독일의 E. Z. E.의 도움을 받아 모자보건종합센터를 건립하였고, 1991년에는 응급센터와 종합검진센터를 신축하였으며, 2000년에는 통합의료정보시스템을 구축하여 현대식 의료서비스를 제공하게 되었다. 또 2003년에는 호스피스 병동을 개설하여 암환자 치유를 위한 의료활동을 시작하여 광주의 중심병원으로 오늘에 이르고 있다.

### 3) 여수 애양원[24]

1909년 오원 선교사가 쓰러지자 목포에서 활동하던 포사이드 의사가 광주로 오던 도중에 나주 길가에서 구원을 요청하는 한센병 환자를 만났다. 포사이드 의사는 한센병 환자를 광주 선교기지로 데려와 벽돌 굽던 가마에 거처를 마련하고 한센병 환자를 돌보았다. 포사이드 의사가 광주에 도착했을 때 오원 선교사는 이미 세상을 떠난 상태였다. 포사이드 의사는 한센병 환자를 지극 정성으로 돌보았으나 얼마 후에 세상을 떠나고 말았다. 포사이드 의사와 우월손 선교사는 한센병 환자를 돌볼 방안을 계획하였고, 이 가마터는 광주 나병원의 출발이 되었다. 1909년 우월손 선교사는 5~6명을 수용할 수 있는 한센병 환자 집을

---

23) 이철원, 「현대의학과 선교명령」, 광주기독병원(1999) 참고.
24) 여수 애양원은 광주 나병원의 전신으로 1926년 광주에서 여수 율촌면으로 이전하였다.

효천면 봉선리에 마련하여 한센병 환자를 치료하기 시작하면서 광주 나병원은 시작되었다. 1911년 우월손 선교사는 조선총독부의 나병원 인가를 받았고, 1912년 영국 나환자협회의 도움을 받아 100개의 병상을 갖춘 나병원을 건립하였다. 이때의 상황을 우월손 선교사는 다음과 같이 기록하였다.

> 11월 15일은 광주의 불쌍한 한센병 환자들에게 정말로 행복한 날이었다. 우리가 하나님께 훌륭한 새집을 봉헌하고, 슬픈 환자 중 21명에게 새집의 따뜻한 방을 줄 수 있었기 때문이다.[25]

이 광주 나병원은 한센병 환자 병동, 가운데는 진료소와 예배당을 두었다. 양쪽의 병동은 남여 한센병 환자를 구분하였고, 인근 마을로부터 1마일 정도 떨어진 남쪽 언덕 위에 초가로 건축되었다. 1913년 나병협회 선교 회장이었던 베일리가 광주에 들려 나병원의 사정을 살펴본 후 병원 확장과 지원을 약속하여 1914년 여자 나병원은 양림리에, 남자 나병원은 봉선리에 각각 신축되었다. 이 광주 나병원은 현대식 의료방법으로 한센병 환자를 치료하는 최초의 병원이 되었다. 동시에 우월손 선교사는 한센병 환자들에게 기술교육을 시켜 생계수단을 마련해 주었다. 가죽신을 만드는 방법, 바느질, 농사짓는 법 등을 전수하여 한센병 환자들에게 삶의 희망을 주고자 노력했다.

1915~1916년 우월손 선교사가 안식년으로 잠시 미국으로 돌아감에 따라 광주 나병원은 타마자(J. V. N. Talmage) 목사가 임시 맡아 관리하였다. 타마자 선교사는 한센병 환자들을 대상으로 성경공부를 전개하였고, '가장 뛰어난 성경공부 학생'으로 한센병 환자들을 보았다. 한센병 환자들이 가장 훌륭한 성경공부 학생이 될 수 있었던 것은 세상에서 버림받아 이기심에서 해방되었기 때문에 예수를 영접할 수 있는

---

25) 채진홍,「나는 너희를 치료하는 여호와임이라」(대전 : 한남대출판부, 2002), p. 33.

그릇이 준비되었기 때문이라고 보았다. 동시에 한센병 환자를 위한 주일학교뿐만 아니라 초급과정의 학교를 설립하였다.

   1915년 광주 나병원의 통계를 보면, 환자치료 12,000명, 수술 400명이었다. 1917년 광주 나병원에는 232명의 환자가 수용되어 있었고, 환자들은 병원을 천국이라 했고 대부분이 기독교인이 되었다.[26]

 1921년 일제는 사립병원령에 위배된다는 이유로 광주 나병원을 폐쇄하였다. 그러나 우월손 선교사는 포기하지 않고 병원을 재정비하여 1923년 12월 2일 조선총독부 인가를 받아 냈다. 일제의 탄압 속에서도 광주 나병원을 복구시키고자 구호요청을 하는 운동을 전국적으로 확대하는 데 큰 역할을 했던 선교사는 원가리(James Kelly Unger) 목사였다.
 한편 우월손 선교사는 1925년 한센병 환자들을 돌볼 종교지도자를 양성하기 위한 신학교를 개원하였다. 이 신학원에 대한 신자들의 호응과 긍정적 반응은 대단했고, 30명의 신입생이 입학하여 훈련을 받게 되었다. 또한 환자들은 위생교육, 나쁜 생활습관 바로잡기 등의 교육을 받았고, 문맹퇴치를 위한 교육활동과 환자의 적성에 맞는 목수, 석수, 길쌈, 양돈, 양계 등 실업교육도 실시하였다. 목수일, 석수일, 벽돌 굽는 일, 램프 및 대야 제조일 등이 주로 전수되면서 환자들의 삶의 태도가 크게 변화되었다.
 그래서 한센병 환자들이 모여들기 시작하였고 이 일은 지역 주민들과의 갈등 및 마찰을 불러일으키고 항의로 이어지게 되었다. 지역주민들이 한센병의 전염을 두려워했기 때문이다. 그 결과 1925년 일제는 광주 나병원 이전을 요구하였다. 이에 따라 1926년 11월 9일 광주 나병원은 여수 율촌면 신풍리의 새로운 터전으로 이사하게 되었으며, 이후 '사랑으로 보살피는 동산'이라는 의미의 '애양원'으로 불리게 되었다.

---

26) 채진홍, 앞의 책, p. 49.

여수 율촌면 신풍리는 순천만을 끼고 있어 조수 때에는 많은 물고기들이 몰려들었고, 조개가 많아 환자들의 중요한 단백질 공급원을 제공할 수 있는 지형적 조건을 갖추고 있었다. 1927년부터 환자들이 여수 애양원으로 이주를 시작하여 1928년에 이주가 끝났다. 애양원은 33개의 주택, 본부 건물, 축사 1동, 쌀 창고 2동, 교회, 병원 등으로 건물이 구성되었다. 교회는 목사 1명, 장로 3명, 집사 10명, 세례교인 106명 등 약 800명의 교인이 있었다. 60명의 성경교사가 있어 주일학교, 지역선교활동을 전개하였고, 1928년 약 600명의 새로운 환자가 수용되었다. 한센병 환자에 대한 헌신과 사랑, 봉사에 탄복한 일본황실은 우월손 선교사의 공로를 인정하여 기부금을 전달하고 훈장을 주었다.

〈표 10〉 애양원 병원장으로 활동했던 미국 남장로회 선교사

| 순위 | 이름 | 활동연도 |
|---|---|---|
| 1대 | 우월손(Robert Manton Wilson) | 1926~1939년 |
| 2대 | 노재수(James Mclean Rogers) | 1926~1947년 |
| 3대 | 구바울(Paul Shields Crane) | 1946~1947년 |
| 4대 | 여계남(James Kellum Levie) | 1947~1959년 |
| 5대 | 도성내(Stanley Craig Topple) | 1959~1961년 |
| 6대 | 안미량(Amundsen Ann Marie) | 1962~1981년 |
| 7대 | 하대신(Robert Hottentot) | 1968~1969년 |
| 8대 | 모허윤(Ralph Erskine Moore) | 1969~1971년 |
| 9대 | 프리스트(John Chester Frist) | 1974~1975년 |

출처 : 한남대학교 인돈학술원 소장자료

1932년에 원가리 목사를 중심으로 김형배, 김응규 등이 한센병 환자를 위한 모금운동을 전개하였고, '조선나병협회'가 창립되었고. 1934년 애양원 통계에 의하면 남자 402명, 여자 275명, 어린이 53명 등 총 730명의 한센병 환자들이 있었고, 1935년에는 남자 352명, 여자 299명, 어린이 64명 총 715명의 환자들이 있었다. 부부주택, 목욕

탕, 기름과 소금창고, 점방, 극장, 이발소, 학교, 화장터 등의 건물이 추가 설비되었다.

1939년 우월손 선교사가 떠나고 1941년 순천을 중심으로 활동하던 대부분의 선교사가 일제의 강제추방으로 미국으로 귀국함에 따라 잠시 공백 기간을 두었다가 1942년 총독부 법령에 따라 애양원은 일본의 관리에 들어갔다. 해방과 함께 1946년 선교사들이 재입국하면서 구바울 선교사가 의료활동을 관리하게 되었고, 타마자 선교사가 복음활동을 맡았고, 낫슨과 루트 선교사가 그를 도왔다. 그리고 1948년 손양원 목사가 애양원교회를 담임하면서 예수정신을 구현하여 한센병 환자뿐만 아니라 주변 기독교인의 귀감이 되었고, 그의 삶과 태도는 여수를 비롯한 남해지방의 기독교 전파에 중요한 역할을 하게 되었다. 1950년 9월 22일 손양원 목사는 애양원 교회를 지키다가 공산당의 총살로 순교했지만, 손양원 목사의 예수와 함께하는 삶의 실천을 본 한센병 환자들이 예수 공동체로 애양원을 복구하도록 하는 토대가 되었다. 이후 애양원은 보이열 선교사를 중심으로 남원의 보성농원, 여천농원을 세웠으며, 1955년 한성 신학교를 설립하여 치유자들에게 목회자의 길을 열어 주었다. 그리고 한성신학교 졸업자들에게는 호남신학대학과 한남대학교에 진학할 수 있는 기회와 미국의 프린스톤 신학교에 편입할 수 있는 기회도 제공하였다.

1956년 애양원은 재단법인 애양원으로 인가를 받고 1958년 R. M. Wilson Leprosy Colony란 이름을 갖게 되었다. 1959년 도성내 (Topple, Stanley Craig) 선교사가 내한하여 예수정신에 기초하는 애양원을 이끌어 갔다. 도성내 선교사는 애양원의 일과를 다음과 같이 적고 있다.

> 진리를 고백하고 따르는 교인인 1,200명의 환자들이 있다. 매일 아침 해가 뜨기 전에 예배당은 기도 모임으로 꽉 차고, 낮 12시에 교회종이 울리면 사람들은 기도시간을 갖기 위해 하던 것을 멈춘다. 매일 20~30분의 예배시간이 있어 말씀을 보고 기도를 한다. 환자들은

매일의 부딪치는 일들과 나와 우리 가족을 주님이 보호해 주시기를 계속 기도하였다.[27]

도성내 선교사는 1962년 안미량(A. M. A. Topple) 선교사와 결혼하면서 의사 부부 선교사로 한센병 환자들의 치료범위를 확대하였고, 전기, 수도시설, 중앙난방시설, 특수채광장치와 수술대 등을 미군으로부터 지원받아 시설을 크게 확충하였다. 또 1967년에는 여수애양재활병원을 준공하여 한센병 환자들에게 적합한 재활시설을 갖추어 놓았다. 한센병 환자의 재활활동을 돕기 위해 1968년 하대신(R. C. G. Hottentot) 선교사가 부임하여 활동하다가 귀국하면서 후임으로 모허운(R. E. Moore) 선교사가 부임하여 재활치료를 적극적으로 전개하였다.

1970년부터는 이동진료를 실시하여 분담 의료활동을 전개하였고 유애진(R. J. S. Nieusma), 도성내, 안미량, 모허운 선교사가 주도했다. 1974년 프리스트(J. C. Frist) 선교사가 부임하여 의료활동에 힘을 실어 주다가 1976년 한국인 김인권 박사에게 애양원 책임이 양도되었다. 김인권 박사의 헌신과 열정으로 애양원은 거듭 발전하여 1980년대에는 새로운 병동신축, 양노원 신축, 성서암송관, 수양관, 요양소 등을 개축하고 농어촌 의료선교를 적극적으로 전개하였다. 이러한 공로를 인정받아 김인권 박사는 한남대학교 인돈 문화상을 수상하였다.

---

27) S. C., Topple, "Lesson from a Korean experience in rehabilitation mission work," 전주예수병원 행정처.

·4장·
# 독립운동과
## 친일파 출현

## 1. 독립운동

### 1) 2·8독립선언과 3·1운동

 3·1운동은 2·8독립선언으로부터 시작되었다. 일본 데라우치 총독의 무단통치는 한국인의 모든 자유를 박탈해 갔으며, 이 일로 한국인은 크나큰 고통 속에 살아가야 하는 환경에 놓이게 되었다. 더욱이 전국 각 지역에 국민(초등)학교를 설립한 총독부는 동화정책과 우민화란 이름하에 철저하게 일본식 교육을 시켰다. 교사들은 모두 군복을 입고, 옆구리는 일본도란 샤벨을 차고 다녔다. 이것은 일제가 얼마나 무서운 교육을 시켰는가를 단적으로 말해 주는 것이다.
 1918년 제1차 세계대전이 종결되면서 미국 대통령 윌슨은 '민족자결주의'를 외치고 나섰다. 같은 해 4월 파리에서 모인 국제평화회담에 한국의 독립을 청원하는 대표단이 파송되었다. 이러한 소식을 접한 일본 동경유학생들은 1918년 12월 29일 유학생 망년회, 30일 유학생 웅변대회 등에서 조선독립운동의 의제를 갖고 토론을 전개하였다. 그 다음해인 1919년 1월 6일에도 웅변대회를 개최하고 그 자리에서 최팔용, 백관수, 윤창석 등 10여 명이 모여 실행위원을 선출하고 독립운동 실천 계획을 세웠다. 독립선언서와 결의문을 작성한 유학생 약 400여 명은 그해 2월 8일에 동경 조선 YMCA에 모여 기도하고, 작성한 독립선언과 결의문을 낭독한 후 일본 정부, 국회, 각 국가 공관에 전달하였다. 이날 참석했던 유학생은 거의가 기독교 신자들이었던 까닭에 기도로 이 운동이 시작되었다. 이 운동이 곧 본국에까지 파급되어 3·1운동을 일으키는 데 결정적인 역할을 하였다.

동경에서 일어났던 2·8독립선언은 곧 국내로 파급되었으며, 먼저 소식을 접한 천도교를 중심으로 추진되었다. 여기에 기독교에서도 합세하여 선우혁, 이승훈, 양전백 등을 중심으로 독립운동에 대한 협의가 이루어졌다. 이때 서북지역(평양·선천·정주)의 기독교인을 중심으로 독립운동을 전개하는 것이 좋겠다는 의견을 교환하고 조직에 임하였다.

천도교 측의 연락을 받은 이승훈은 곧 상경하여 서울에서 손병희를 만나 기독교와 함께 독립운동을 전개하기로 하였고, 서울 YMCA 간사 박희도, 세브란스 병원의 제약주임 이갑성, 연희전문학교 학생대표 김원백 등과도 만나 협의하였다. 독립운동은 종교계가 연합으로 전개해야 된다는 여론에 따라 불교계의 한용운, 백용성 등도 이 운동에 참여하였다.

이처럼 종교계가 중심이 되어 구체적인 독립운동을 준비하는 가운데 자금은 천도교가 맡고, 인원 동원은 기독교가 맡았다. 거사일은 1919년 3월 1일로 정하였고, 최남선이 '독립선언서'를 작성하였다. 모든 준비가 완성되었을 때에 독립선언서에 서명했던 민족대표 33인(기독교 16인, 천도교 15인, 불교 2인)은 이날 종로에 있는 태화관에 모여 독립선언서를 낭독하고 일제에 통보하기에 이르렀다. 이때 서명했던 민족대표들은 곧 경찰에 연행되었지만 종로 탑골공원에 모여 황해도 해주시 남본정교회 정재용 전도사가 독립선언문을 낭독하였으며 이날 모였던 학생 시민들은 평화적인 방법으로 시위에 임하였다.[1]

여기에 상당수의 기독교 신자들이 독립만세운동에 참여하였고, 그 중에도 미션학교 학생들이 절대 다수를 차지하였다. 이와 같이 3·1운동은 주로 기독교 지도자들과 천도교 지도자들을 중심으로 일어났지만 그 참여의 범위가 전국적이었으며, 전 민족적인 비폭력 무저항의 기사였다는 짐에서 큰 의의를 가진다. 비록 일제의 무력적인 탄압으로 인해 당장 독립을 얻지는 못하였지만, 대외적으로 우리 민족의 독립의지를 전 세계에 알리고 타 국가의 독립운동에도 영향을 끼쳤고, 대내적으로는 모든 독립운동의 선구가 된 일대의 사건이었다.

국내외에서 3·1운동을 주도한 지도자들 중 기독교인이 다수였다는 점 외에도 한국교회의 피해 역시 상당한 것이었다. 1919년 10월 장로교 총회의 기록을 살펴보면, 체포된 교인 수 3,804명 중 장로와 목사 134명, 사살된 자 41명, 수감자 1,642명 등이었다. 따라서 초교파적으로 합산하면 그 수는 대단히 많을 것이다.[2]

3·1운동을 통해 교회는 백성들과 함께 고난을 나누며 '조국에 대한 충성심'을 보여 주었고, 선교사들은 교회의 동역자라는 인상을 주었다. 당시 기독교 지도자들이 국제정세에 밝은 안목을 가진 진보적 지식층이었다는 점과 교회가 전국적인 조직망을 가지고 있었다는 점 등은 주요한 민족운동의 통로가 될 수 있었다.

### 2) 광주지방 3·1운동

광주의 3·1운동은 다른 지방과 마찬가지로 기독교가 큰 역할을 하였

---

1) 정재용은 1886년생으로 서울 경신학당을 졸업하고 해주시 남본정교회 전도사 겸 해주의창학교 교사로 시무하면서 독립선언서를 낭독하였다. 독립운동에 가담했다는 죄목으로 2년 6개월 복역을 하였다.
2) 「한국기독교의역사 Ⅱ」, p. 37.

다. 광주지방도 다른 지방과 마찬가지로 민족운동이 강한 지역이었으며, 애국운동을 앞장서 전개하였던 최흥종 장로(당시 평양장로회신학교 졸업반)는 광주 출신의 최순원, 정광호 등 일본 유학생들에게 2·8독립선언의 소식을 들었다. 한편 1919년 2월 말에 김필수 목사는 독립운동 준비회의 밀명을 받고, 광주로 와서 최흥종 장로와 김철을 밀회하고 3월 1일 국장(國葬)을 계기로 3·1운동이 전개될 것을 말하고 광주의 독립운동을 부탁하였다.

최흥종, 김철은 3월 1일에 서울로 올라와 국장이 진행되는 동안 국기열의 주선으로 청량리 근처의 산 기슭에서 정광호, 김범수, 최정두 등의 청년들과 회합하여 3·1운동 광주 행사를 협의하고, 최흥종 장로와 김철이 책임을 맡기로 하였다. 그러나 최흥종 장로는 서울에서 가두시위에 참가하여 만세를 부르다가 체포되고 김철만이 혼자 3월 5일 광주로 내려왔다. 원래 광주 3·1 운동의 거사는 최흥종과 김철이 책임지고 이 일을 준비하고 만세를 부르도록 되어 있었지만, 최흥종 장로가 서울 만세운동에 참가하여 일경에 체포되자 김철은 광주 거사준비로 바쁜 나날을 보내게 되었다.[3]

광주제일교회 장로인 남궁혁의 집에서는 숭일학교 교사인 김철을 비롯해 김강, 최병준, 황상호, 강석봉, 한길상, 최영균, 기용규, 최정두, 서정희, 김태열, 홍승애 등 교인과 비밀독서회 회원들이 모여 광주 거사의 책임을 제각기 분담하였다. 서정희가 시민을, 김강희가 교인을, 홍순애가 수피아여자고등보통학교, 최병준은 숭일고등보통학교, 김태열·최영균·김용규가 각급 학교 학생을 맡았고, 독립선언서와 태극기 인쇄는 최한영이 맡았다. 자금은 이기철이 담당했고, 거사일은 3월 8일 광주 큰 장날로 정하였다. 각기 분담한 책임은 치밀하게 계획을 세워 진행해 나갔다. 독립선언서를 등사하고, 태극기 제작이 이루

---

3) 「光州侍史」, p. 54.

어졌다. 이 일은 밤낮을 가리지 않고 진행되어 약 6가마니 분량이 만들어졌다. 그러나 준비 부족과 예상치 않은 일들이 일어나 거사 예정일은 이틀 뒤인 3월 10일에 이루어졌다. 북문 안 장터에 오후 3시가 지나면서 북문안 교인, 수피아여학교, 숭일학교 학생들, 농민 등 약 1천여 명이 집결되었다.

학생, 교인, 시민 등이 함께 한 3·1독립만세운동은 총과 칼을 든 일본 헌병대를 압도하였으며, 시위 군중들은 서문통을 지나 우체국을 통과해 광주 경찰시 앞으로 시가행진을 난행하였다. 이때 일본 기마 헌병들은 무차별 총을 쏘았고, 시위 군중들을 연행하여 체포된 수만도 1백 명이 넘었다.[4]

3·1운동에 가담한 상당수의 사람들이 교인이었으며, 특히 광주 만세운동의 주모자인 김철, 김강, 최병준, 이윤호, 황상호, 김철주, 주형옥, 송광춘, 정두범, 최영균, 박애순, 홍승애 등 모두 열렬한 북문안교회의 신자였던 사실이 주목된다. 그 중에서도 김강, 최병준 씨는 당시 숭일학교 교사로서 철저한 신앙인이요, 민족주의자로서 존경을 한 몸에 받았던 분들인데 3·1운동 후 옥중에 있을 때 장로로 피택되었다고 한다.[5]

이때 체포된 교인들은 6개월에서 3년에 이르는 징역을 받았는데, 송광준은 징역 10월의 형을 받았으나 나라를 찾기 위해 만세를 불렀는데 무슨 형벌이냐고 대구복심원에 제소하였다. 그는 대구 형무소로 이송되어 그곳에서 감옥생활을 하던 중 사망하고 말았다. 이에 대해 「전남일보」(1979. 1. 9.)는 그 당시의 상황을 다음과 같이 기록하였다.

송광준의 옥사소식을 들은 숭일 학생들은 물론 광주교회 교인들, 그리고 시민들은 술렁거리기 시작했으며, 갖고 온 유해를 받아 상여

---

4) 김수진, 한인수, 앞의 책, p. 238.
5) 김수진, 「광주제일교회100년사」, p. 273.

에 안치한 채 30리 길 광주까지 운구하는데 연도에 늘어선 많은 주민들은 송광준의 상여에 고개 숙여 애도를 표했다. 광주 송정리 인근에서 송광준의 운구와 더불어 민심이 다시 술렁이기 시작하자 일본 경찰은 숭일학교 지하실에 안치해 둔 유해를 압수해 버렸다.[6]

이 일로 숭일학교가 폐쇄되었고, 많은 교인들이 기도로 고난을 극복해 나갔다. 최병준[7]은 그 후 평양에 가서 신학수업을 받고 목사가 되었으며, 최흥종은 3년형을 받고 서대문형무소에서 대구형무소로 이감되어 옥중생활을 하다가 감형되어 1년형을 마치고, 평양장로회신학교에서 수업을 받고 목사가 되어 북문안교회 초대 목회자가 되었다.

최병준 교사는 숭일학교 학생들에게 "그리스도는 자기 몸을 희생하여 계급제도를 타파하고 자유를 위해 애쓰셨다. 기독교인은 어떤 장애라도 배제하고 그 목적을 이루기 위해 노력해야 한다."고 역설하였으며, 박애순[8] 교사는 수피아여학교 학생들에게 「매일신보」의 기사를 읽어 주고, 만국강학회의에서 조선도 독립을 승인받았기 때문에, 우리도 독립운동에 참여해야 한다고 했다. 박애순 교사는 2년형을 받고 감옥생활을 하였다. 그녀가 얼마나 열심히 애국운동을 하였는가를 보여주는 재판기록도 남아 있다.[9] 이성은 교사는 "열세집"[10]이란 가극을 만

---

6) 「전남일보」(1979. 1. 9.).
7) 최병준(1895-1945)은 충남 태생으로 김인전 장로가 운영하는 한영서원 중등과를 졸업하고 광주로 옮겨 와 광주 숭일학교 교사로 재직하였다. 학생 동원에 책임을 맡은 그는 밤에 숭일학교 지하실에서 기숙사에 있는 학생들을 비밀리에 동원하여 민족의식을 고취하는 한편 독립운동에 참여하여 자유롭게 한반도에서 조선말과 조선 역사를 배우고, 조선 땅에 들어온 일본인을 몰아내고 이 땅을 지켜야 한다고 역설하였다. 그는 광주중앙교회를 거쳐 순천 중앙교회에서 목회하던 중 세상을 떠났다. 김수진, 「호남선교 100년과 그 사역자들」(서울 : 고려글방, 1994), p. 309.
8) 박애순은 평남 선천에서 태어났으며, 평북 선천 보성여학교 고등과를 졸업하고 수피아여학교의 청빙을 받고 교사로 봉직하였다.
9) 광주수피아여자중·고등학교, 「수피아 90년사」(1998), pp. 249-259.
10) 열세집이란 말은 당시 조선이 13도였기에 붙인 명칭이었다. "우리의 웃음은 따뜻한 봄바람처럼 훈풍을 만난 무궁화동산, 잘 살아라 삼천리 무궁화동산,

들어서 학생들에게 민족의식을 심어 주었다. 김필례[11] 교사는 YWCA 총무로 활동하면서 여성운동과 소망을 심어 주고자 노력하였다.

3·1독립만세운동을 주도했던 광주지역 지도자, 최흥종, 남궁혁, 최병준, 황상호 등은 호남지방의 교세성장에 큰 공헌을 하였다. 만세운동으로 전남노회가 당한 교회의 피해는 컸다. 북문안교회가 대표적인 사례로 교인들이 만세운동에 대거 관련되었다는 이유로 일제는 배유지 목사가 고종 황제로부터 하사받았던 땅을 몰수당하였고, 교인들을 괴롭혔다. 이로 인해 교회예배낭이 남문 밖으로 옮겨지고 이름을 남문 밖(현 금정)교회로 바꾸어 부르게 되었다.

### 3) 목포지방 3·1운동

목포지방의 3·1운동도 광주지방과 마찬가지로 미션학교와 교회를 중심으로 전개되었다. 광주보다도 늦은 1919년 4월 8일에 목포에서 3·1독립만세운동이 전개되었다. 목포에서 만세운동의 중심이 된 곳은 양동교회와 정명여학교, 영흥학교였다. 양동교회의 이경필 목사, 서기현, 양경팔 장로, 서화일, 양병진, 양인식, 양일석 집사, 최자혜, 이금전, 김진엽, 김보현 교인이 거사를 준비하였다. 교인 동원은 이경필 목사가, 정명여학교 학생은 김진엽, 최자혜, 영흥학교 학생은 양일석 등이 분담하였다.

광주지역에서 독립운동에 대한 목포지방의 관심을 환기시키기 위해

---

잘 살아라 이 천만의 고려족, 북편에 백두산과 두만강으로, 남편에는 제주도 한라산, 동편에는 강원도와 울릉도, 서편에는 조선의 아름다움을 맹호로 표시하니 심삼도라."
11) 김필례는 황해도 소래교회 출신으로 서울 정신여학교를 거쳐 일본 동경여자대학에서 유학을 하였다. 일본에서 공부할 때 그리스도의 삶을 실천할 수 있는 학문적 토대를 갖게 되었다. 돌아와 수피아여학교에 부임하여 교사로 활동하는 동시에 YWCA 활동가로 농어촌을 순회하며 국민의식 개혁에 힘을 쏟았다. 부흥회를 열어 신앙적 향상을 도모하였을 뿐만 아니라 각종 학술, 시국 강연회, 토론회 등을 개최하여 지적 개발에 힘쓰고 음악회를 통해 고상한 정서 함양을 하였다.

독립선언서 사본, 2·8독립선언서 사본, 비밀 지하신문, 격문, 독립가 등의 인쇄물이 미션학교와 양동교회, 당시 정명여학교 교장이었던 유애나(Mrs. J. S. Nisbet) 선교사에게 이 봉투가 전달되었다. 이것은 외국인 선교사들도 우리 민족의 독립의지에 뜻을 같이하였다는 것을 보여 주는 것이기도 하다. 선교사에게 전달되었던 이 봉투는 64년 후인 1983년 2월 24일 정명여자중학교 교실 천정보수 작업 중에 발견되어 천안 독립기념관에 보관되었다.

만세운동에 가장 필요했던 태극기는 정명여학교 교사였던 곽우영, 강석봉이 그려 준 원본을 본떠서 목판에 태극과 4괘를 칼로 새겨 한지를 대고 솜방망이로 목판을 두들겨 박아 낸 다음 물감을 칠한 후 복사를 했다. 이 작업은 학교 지하실과 기숙사에서 진행되었다. 당시 중학교 교장이었던 유애나 선교사는 학생들을 보호하기 위해 태극기를 만들고 있는 학생들에게 조심을 당부하였다. 많은 어려움을 겪으며 제작된 태극기는 학생들에 의해 운반되었고 4월 8일 오전 10시경에 프렌치 병원 앞을 통과해 영흥학교 학생들과 정명여학교 학생들, 양동교회 교인들이 시내로 집결하였다. 정명여학교에서는 최자혜, 이금전, 김보현, 이은득, 강지성, 김영순, 이복점 등이 지휘하였고, 영흥학교에서는 양일석, 김옥남, 김상원, 안병선, 윤두황 등이 지휘하였다.[12]

양동교회에서는 이경필 목사와 서기현 장로, 교인들이 합세하여 프렌치 병원(현 양동제일교회) 앞을 지나 동화고무공장을 거치면서 길 가는 시민들이 합류하였다. 이어 재판소를 지나 산수정(현재 유달동)까지 시가행진을 하면서 태극기를 흔들고 만세를 불렀다. 목포에 순식간에 만세함성이 울렸고, 이에 일본 경찰들이 재빠르게 학생과 시민들을 저지하기 시작하였다. 이때 체포된 교인과 학생수는 약 200명에 달하였고, 이중 100명은 훈방 조치되었다. 이로 인해 정명여학교는 휴교령이 내려져 1920년부터 1922년까지 졸업생을 배출하지 못했다.

---

12) 「教育世界」, 1967. 5. 28.

이날 구속된 이경필, 서기현, 양경팔, 서화일, 양병진, 양인식, 김상원, 김옥남, 윤두황, 양일석, 최자혜, 아금전, 김보현, 김마르다, 김정애, 천귀례, 박겸숙, 김정현, 김옥실, 곽희주, 이남순, 김영애, 문복금, 박복술, 김연순, 주윤애 등 교인들이 목포 형무소에 수감되었다. 이를 안타깝게 여겼던 양동교회 교인들은 매일 밤 산정동 공동묘지 옆에 있는 형무소를 향해 찬송을 불렀다. 이경필 목사는 형무소에 수감되어 있는 동안 사례비 중 절반은 자녀와 가족을 위해 사용토록 하고, 절반은 서기현 징모, 서화일 집사 가정이 사용하도록 해 주었다.

  목포에서의 3·1운동은 한 번으로 끝나지 않고 4월 7~9일까지 정명여학교 학생들을 중심으로 독립선언서와 독립신문이 배포되어 또 다시 만세시위운동이 있었다. 그리고 같은 해 10월 4일에도 30여 명의 학생들이 태극기를 들고 독립만세운동을 부르다가 김봉원, 이겸량 등이 구속되었다.[13]

### 4) 순천지방 3·1운동

순천지방은 광주나 목포와 같은 3·1운동에 대한 강열한 움직임은 찾아볼 수 없으나 간헐적으로 만세운동이 전개된 기록은 있다. 3월 16일 오후 2시경에 순천읍내 교인들이 독립만세운동을 계획하였으나 사전에 일본 헌병대에 발각되어 그 계획이 좌절되었다. 그럼에도 불구하고 4월 7일 순천읍 장날 오후 1시에 교인을 포함한 시민들이 집결하여 감격적인 대한독립만세 소리가 울리어 퍼졌다.[14]

### 5) 기타지방 3·1운동

담양지방은 3월 14일, 장흥지방은 3월 15일, 무안지방은 3월 19일, 화순지방은 3월 20일 만세를 불렀다. 화순지방은 동북읍교회를 중심

---

13) 李炳憲, 「三·一運動史」, p. 912.
14) 「전남일보」, "만세 60년"(1979. 1. 24).

해서 3월 20일 만세를 불렀으며, 이 사건으로 3년간 큰 핍박을 받기도 하였다. 순천 옆에 있는 광양지방은 3월 26일, 해남지방은 4월 6일 영암지방은 4월 10일, 고흥지방에서는 기독교 신자인 오석주(후에 목사가 됨) 등이 서울에서 3·1운동에 참가했다가 고흥에 돌아와 고흥읍교회 장로 육지숙과 신도 손재곤, 최세진, 조병학, 이석환 등은 "조선도 곧 독립될 것인즉 그 독립운동을 하는 일이 애국하는 일이라고 강조하면서 4월 14일 고흥읍 장날을 기해서 시장터에서 만세를 부르기로 약속을 하고 시장터에서 만세를 부르자고 약속을 하였다. 오석주는 한익수 장로에게 독립선언서를 준비하라고 하였지만 거사날인 하루를 앞둔 4월 13일 일본 헌병들에게 그만 구속되고 말았다. 이 일로 육지숙 장로 등 7명이 구속되고 말았다.[15]

진도군에도 일찍이 기독교가 전파되어 목포를 오고가는 기독교인들에 의해 3·1운동이 육지에서 일어나고 있음을 알고 준비를 하던 중 암암리에 목포 정명여학교와 영흥학교 학생들을 통하여 독립선언서를 입수하였다. 만만의 준비를 했던 진도에서는 4월 16일 각 지역에서 기독교 교인들이 중심이 되어 만세를 부르기로 하였다. 이 일로 진도 내에 있는 의신, 지상, 고금면 등에서 만세를 불렀다.[16]

만세를 불렀던 기독교 교인들이 진도경찰서에 잠시 구속되었다. 목포 형무소로 이감을 가고 그곳에서 함께 만세를 불렀던, 정경옥과 박석현은 목포형무소에서 전도를 받고 신자가 되었으며, 출옥 후 정경옥은 감리교협성신학교에 진학을 하였으며, 박석현은 평양 장로회신학교에 진학하여 정경옥은 감리교 목사, 박석현은 장로교 목사로서 사역을 하였다.

장성지방은 광주와의 거리가 가까운 관계로 장성군 삼서면 소룡리교회에서 운영하는 소룡리학원의 교사로 재직하고 있던 송주일이 주

---

15)「조선예수교장로회총회 제8회 회의록」, p. 114.
16)「全南日報」, 1979. 2. 27.

동이 되어 소룡리 교회와 소룡리학원 학생 등 70여 명이 모여 만세를 불렀다. 송주일은 자신의 은사인 광주숭일학교 교감 송흥진 선생이 보낸 '만세운동' 권유 편지를 받고 뜻있는 신앙인과 동지를 규합하여 광주에서 거사 일자를 잡았던 3월 10일 오전을 기해 학원으로 모이게 하고 그 자리에서 송주일 교사는 편지를 읽었다. "여러분, 우리도 대한독립만세를 부릅시다. 이제 우리도 나라를 찾을 수 있게 되었습니다."라고 울부짖었다.[17] 이때 교인들은 소룡리교회당에 모여서 준비한 태극기를 들고 목청이 터지고 "대한독립만세"를 부르짖으면서 거리로 나갔다. 다시 일주일 후인 3월 17일에는 조직적으로 만세를 부르기로 하고 소룡리교회 청년 조병열과 그의 동생 조병권, 조병철이가 한자리에서 의론을 하였으나, 사전에 일본헌병대에 발각이 되어 그 뜻을 이루지 못하고 송주일만 체포되어, 광주경찰서에 구속되었다. 4월 21일 광주지방 법원 다가키(高木安太郞) 판사로부터 보안법에 적용시켜 징역 1년을 선고받고 대구형무소에 수감되고 말았다.

영광군에서는 영광읍교회 교인이며, 초등학교 교사로 재직하고 있는 위계후(魏啓厚)는 역사의식이 강했던 관계로 교회에서 모임만 있으면 배일사상(排日思想)을 고취시키며 학교에서도 일본 제국주의를 비난 하는 등 이야기를 가끔하자 교회 청년들이 그를 따르기 시작하였다. 이러한 관계로 3월 14일과 15일 양일간을 택하여 영광읍내에서 3·1 독립만세를 불렀다.[18]

나주지방에서도 3월 15일 최정기라는 청년이 선두에 서서 3·1만세운동을 불렀다. 최정기는 광주숭일학교에 재학 중인 김성민으로 광주에서 일어났던 3·1만세운동에 대해서 자세하게 듣고 함께 준비를 하였지만 김성민은 광주에서 3·1독립운동 사건으로 체포되고 말았다.[19]

---

17) 위의 신문, 1979. 1. 1.
18) 위의 신문, 1979. 1. 18.
19) 위의 신문, 1979. 1. 1.

제주도 3·1운동만세 사건은 제주도는 전북 출신인 김창국 목사가 전북노회 파송으로 제주도에서 사역을 하고 있었다. 특별히 제주도에서는 이미 육지에서는 일어난 3·1독립운동에 관심을 갖고 제주도에서 만세운동을 전개하려고 계획을 세웠다. 이 일을 위해서는 자금이 필요함으로 김창국 목사는 신자인 조봉호, 이도종 등이 모금운동을 전개하였다. 그러나 7월에 그만 일본 경찰에 탄로가 나고 말았다. 사전에 심각성을 인식했던 조봉호는 이 운동에 연류가 되게 되면 많은 피해가 올 것 같아 스스로 모든 일은 자신 소행으로 말하자 당국에서는 그의 말을 신임하고 그를 대구복심원에서 1년 형을 확정받고 수감생활을 하던 중 1920년 출옥 10일을 남기고 옥사하고 말았다.[20]

이상의 만세사건으로 인해 광주. 전남 지역에 있는 많은 교회들과 교인들이 적지 않는 피해를 입었다. 이때 당시의 피해 상황에 대해서 제8회 총회 보고서에 다음과 같은 기록이 남아 있다.

독립만세 사건에 관한 보고서

1. 장로 5인 내에 남궁혁 씨는 무죄 방면, 이문옥 씨는 2년 집행유예, 최흥종 씨는 경성에서 수금 중이요, 목치숙 씨는 대구에서 상고 중이오며, 곽우영 씨는 목포에서 처역 중이오며,
2. 목사 2인 내에 김창국 씨는 2년 반 집행유예, 윤식명 씨도 집행유예이오며,
3. 조사 3인 내에 김강 씨는 대구에서 3년 처역, 오석주 씨는 대구에서 상고 중이요, 한익수 씨는 4년 집행유예이오며,
4. 남교사(男敎師) 4인 내에 2인은 3년 선교, 1인은 10개월, 1인은 6개월이오며
5. 여교사(女敎師) 2인 중 박애순 씨는 1년 반 처역, 진신애 씨는 10개월 처역이오며
6. 남학생 20인 처역, 여학생 17명 처역
7. 소경 1인 1년 처역

---

20) 위의 신문, 1979. 1. 1.

8. 집행유예 받은 이가 23인, 처역한 이가 20인, 태형 받은 이가 13인, 취태 받은 이는 무수합니다.[21]

## 2. 순천지방 수난사건

### 1) 원탁회 사건

1938년 신사참배를 결의 시행하기는 했지만 순천노회 지도자들은 신사참배를 거부하고자 하는 운동이 일기 시작했다. 특히 순천노회에서 여수 나병원에서 독자적인 반대운동을 하고 있던 손양원 목사 이외에도 3·1독립운동의 제2선에서 재정책임자로 후에는 신간회 간부로 활약한 박용희 목사가 있었던 터였다. 그러던 중 예비검속이 시작되면서 박용희 목사가 시무하고 있던 순천 중앙교회의 황두연 장로가 새벽에 체포되었다. 황두연 장로가 체포된 것은 원탁회 사건의 책임자였기 때문이다. 원탁회는 신사참배 반대를 위해 그가 조직한 비밀결사단체였다. 이 모임은 일주일에 한 번 회원들의 집을 순회하며 주님의 고난에 동참한다는 뜻에서 금요일에 모임을 갖고 성경공부와 친교를 나누었다. 이 모임의 리더였던 황두연 장로는 신사참배가 분명한 죄악임으로 철저히 반대해야 한다는 주장을 하였다. 그러던 어느날 원탁회 회원 강창원의 일기[22]가 문제가 되어 그 포부도 실현하지 못한 채 덜미를 잡히고 말았다.

원탁회 사건으로 황두연 장로를 잡아 가둔 일경은 그가 순천 중앙교회 장로라는 점으로 미루어 원탁회가 박용희 목사와 연관이 있는 정치

---

21) 「조선예수교장로회총회 제8회 회록」(1919. 10.), p. 114.
22) 강창원의 일기 속에는 "신사참배는 우상숭배"라는 문구가 있었다. 그는 선교사들이 경영하고 있었던 순천병원의 서무과장으로 봉직하기 때문에, 그에 대한 감시가 있었고, 그가 원탁회와 관련이 있다는 것 때문에 원탁회가 문제시된 것이다. 김수진·한인수, 「한국기독교회사-호남 편」(서울 : 범론사, 1979), p. 306.

적 비밀조직체가 아닌가 하여 조사범위를 박용희 목사까지 확대시켰다. 실제로 박용희 목사는 원탁회 고문으로 추대되어 조언을 하고 있었다. 박용희 목사의 과거 항일투쟁 경력을 알고 있었던 일경은 박용희 목사의 집을 수색하여 일기를 찾아 수색하던 중 "이명동일신"(異名同一神)이라는 설교원고를 보게 되었다. 이를 빌미로 일경은 박용희 목사를 심문하게 되었고, 이때 박용희 목사는 일본에서 천조대신을 섬기는 것은 참하나님을 몰라서 섬기고 있는 데 불과한 것이며, 천황도 하나님의 심판을 면할 수 없다고 답변하였다. 이로 인해 박용희 목사는 체포 구금되었다. 일경은 그에게 스파이 혐의와 신사참배 거부로 인한 불경죄, 예수재림과 말세론으로 민중을 선동한 치안유지법 위반 등을 적용하였다. 이를 계기로 일경은 순천노회 소속 교회지도자들을 1941년 11월에 체포하여 구금하였다.

### 2) 순천지방 15인 사건

순천지방에서 사역하던 선교사들이 일제의 탄압으로 더 이상 버틸 수 없었던 싱항이 순천지방에서 일어나고 있었다. 마지막으로 축출을 당하게 된 변요한(프레스톤) 선교사가 순천역에서 전송을 나왔던 목사, 장로, 전도사들이 그를 보내자 일제는 이 사실을 알고 선교사와 내통하고 모종의 비밀이 있었다는 근거도 없는 사실을 만들어 1940년 9월 20일에 검거를 하였지만 일단 석방을 하였다. 그러나 일제는 이들의 신상을 파악한 후 그해 11월 15일쯤 다시 구속을 하였다. 이때 구속되었던 인사는 박용희 목사를 비롯해서 선재련, 김상두, 라덕환, 오석주, 김정복, 김순배, 양용근, 김형재, 강병담, 안덕윤 등 12명의 목사와 전춘근, 박창규, 임원석 등 3명의 전도사를 구속하였다. 이들 15명을 미국의 앞잡이라는 죄목으로 구속을 시키고 일제의 법에 맡는 조항들을 적용하여 구속을 시켰다. 이들의 신상을 살피면 다음과 같다.

구속된 목회자의 신상[23]

| 성 명 | 연령 | 직 분 | 담임교회 | 학 력 | 경 력 |
|---|---|---|---|---|---|
| 박용희 | 59 | 목사 | 순천중앙교회 | 일본 성서학원<br>평양신학교 중퇴 | 3·1운동 참여<br>신간회안성지부장<br>경기. 순천노회장역임 |
| 선재련 | 45 | 목사 | 광양교회 | 평양신학교 졸 | 개량서당 교사 |
| 김형모 | 37 | 목사 | 벌교읍교회 | 숭실전문 졸<br>평양신학교 졸 | 순천노회 서기 |
| 라덕환 | 39 | 목사 | 나로도교회 | 경성중앙중학교 중퇴<br>평양신학교 졸 | |
| 오석주 | 55 | 목사 | 관리중앙교회 | 순천성경학교 졸<br>평양신학교 졸 | 3·1운동 6개월 복역<br>순천노회장 |
| 김정복 | 61 | 목사 | 고흥읍교회 | 평양신학교 졸 | 구한말 진위대원<br>하와이 노동자<br>순천노회장 |
| 선춘근 | 50 | 전도사<br>(장로) | 당오리교회 | 순천성경학교 | 소록도 자혜의원 간호인<br>금산면 서기 |
| 박창규 | 63 | 전도사<br>(장로) | 조성리교회 | 순천성경학교 | 도양면 서가 |
| 김순배 | 44 | 목사 | 여수읍교회 | 숭실전문 졸<br>평양신학교 졸 | 3·1운동복역(4개월) |
| 임원석 | 31 | 전도사<br>(장로) | 명천교회 | 고흥공보 졸 | 산림조합기사보<br>개량서당 교사 |
| 양용근 | 38 | 목사 | 구례읍교회 | 일본대학 졸<br>평양신학교 졸 | 동경시청 직원<br>오사학원설립 |
| 김형재 | 59 | 목사 | 두고리교회 | 숭실전문 졸<br>미 리치몬드유니온신학졸 | 숭실전문 조교수 |
| 강병담 | 64 | 목사 | 상삼리교회 | 숭실전문 졸<br>평양신학교 졸 | 제주도 전도사<br>순천노회서기 |
| 안덕윤 | 43 | 목사 | 광동중앙교회 | 숭일학교 고등과 졸<br>평양신학교 졸 | 장로교 사숙교사 |

 당시 순천노회에서는 신사참배 거부로 노회를 탈퇴한 미국 남장로교 선교사들을 제외한 14명의 목사가 등록되었다. 당시 여수 앞바다에

---

23) 김수진·주명수,「일제의 탄압과 한국교회의 저항」, pp. 79-80.

있는 우학리교회 이기풍 목사는 1940년 11월 15일 신사참배 불응으로 여수경찰서에 구속되었으나 순천지방 목사 17명과 함께 광주형무소에서 수감생활을 하였다. 1942년 4월 병보석으로 출감을 하였고 이기풍 목사는 집에서 요양을 하였지만 결국 고문 후유증으로 1942년 6월 20일 우학리교회에서 사망을 하였다.

이무렵 애양원교회에서 목회하던 손양원 전도사는 신사참배 반대로 여수 경찰서에 수감되었다가 5년 형을 받고 청주 형무소에 수감이 되었다. 해방이 되자 자유의 몸으로 다시 애양원교회에서 시무를 하였다. 그러나 유독히 순천지방에서 목회하던 목사나 전도사들은 모두가 설교 내용이 문제가 되었으며 이미 구속되었던 15명의 혐의 내용을 살펴보면 다음과 같다.

15명에 대한 혐의내용[24]

| 성 명 | 일 시 | 장 소 | 대 상 | 인용성구 및 제목 | 설교내용 |
|---|---|---|---|---|---|
| 박용희 | 1939. 5.<br>1940. 9. | 순천중앙교회 | 교인<br>교인 300명 | 지상국가멸망 | 재림천년왕국 |
| 선재련 | 1939. 4.<br>1940. 5. | 광양교회<br>광양교회 | 교인 50명<br>교인다수 | | 그리스도의재림 위와 동일 |
| 김형모 | 1940. 4. | 벌교읍교회 | 교인 약80명 | | 대환란 |
| 김상두 | 1939. 4.<br>1939. 8.<br>1940. | 내진교회<br>구례읍교회<br>신금리교회 | 교인 15명<br>교인 70명<br>교인 18명 | | 천국 및 말세<br>천국<br>말세 학 |
| 라덕환 | 1940. 8. | 승주교회 | 교인 50명 | | 재림. 심판 |
| 오석주 | 1940. 7.<br>1940. 4-10. | 녹동교회<br>관리중앙교회 | 교인 10명<br>교인 40명 | | 재림. 천국<br>천년왕국. 재림 |
| 김정복 | 1940. 9. | 고흥읍교회 | 교인 60명 | | 재림. 말세현상 |
| 선춘근 | 1937. 9.<br>1940. 8. | 축두리교회<br>축두리교회 | 교인 20명<br>교인 50명 | 벧후 10 : 3-5 | 재림. 지상천국<br>재림. 지상천국 |
| 박창규 | 1940. 4.<br>1940. 6. | 조성리교회<br>조성리교회 | 교인 30명<br>교인 30명 | 주재림사모하라 우리들의 준비 | 말세 |

---

24) 김수진 · 주명수, 앞의 책, pp. 81-82.

| 김순배 | 1939. 3. | 여수읍교회 | 교인 100명 | | 재림말세 |
|---|---|---|---|---|---|
| 임원석 | 1940. 12. 25. | 명천교회 | 교인 50명 | 고전 15 : 50-58 | 재림심판 |
| 양용근 | 1939. 가을<br>1940. 정월 | 길두교회<br>고흥연합사경회 | 교인 50명<br>다수 교인 | 사 30 : 5-12 | 천년왕국<br>천년왕국 |
| 김형재 | 1939. 1.<br>1940. 7. | 두고리교회<br>월곡리교회 | 교인 6명<br>교인 10명 | | 그리스도 통치<br>재림대망 |
| 강병담 | 1940. 5. | 상삼리교회 | 교인 10명 | | 천국백성준비 |
| 안덕윤 | 1940. 7. | 동광중앙교회 | 교인 20명 | | 재림대망 |

이상의 목회지들은 1년 내지 3년 형을 받고 광주 형무소에서 수감생활을 하였다. 형기를 마치고도 계속 목회할 수 있는 길을 차단했기 때문에 이들은 각기 낙향하여 평신도들처럼 고향교회나 집 근처 교회에서 은둔의 생활을 하였지만 하나님의 은혜로 해방을 맞아 각기 시무했던 목회지를 찾아 그곳에서 사역을 하였다.

그러나 같이 광주 형무소에서 수감생활을 하던 양용근 목사는 심한 고문의 후유증으로 결국 형무소 내에서 옥사(獄死)를 하고 말았다. 해방을 맞아 목회를 하던 중 6·25전쟁을 만나게 된 김정복 목사는 소록도에서 순교를 하였으며, 안덕윤 목사는 전북 김제 대창교회에서 순교를 하였다. 여기에 포함은 안 되었지만 조양교회에서 사역하던 조상학 목사는 역시 불경죄목으로 순천경찰서에 구속되어 심문을 받았지만 연세도 많았고 일부러 헛소리를 자주하는 가운데 심한 고문을 가할 때는 "천황폐하만세"를 몇 차례 부르고 나면 고문을 중단했던 일이 반복되자 결국 석방되었다. 그후 6·25 한국전쟁 시 인민군에게 체포되어 애양원 교회 손양원 목사와 함께 여수 미평 돌짝밭에서 순교를 당하였다.

## 3. 친일파 출현

### 1) 신사참배 결의 반대운동

일제는 3·1운동이 지난 후에 무단정책에서 문화정책으로 전환을 하면서 어느 정도 언론의 자유와 비판의 자유를 주었다. 그러나 1931년 만주사변과 1937년 중일전쟁을 일으키면서 한국교회를 일본적 기독교로 이끌고 가기 위해서 단행했던 것이 신사참배 강요였다. 중일전쟁을 일으켰던 일제는 한국에서 저항 세력이 강한 장로교 총회에 압력을 가하기 시작하였다.

감리교회는 양주삼 감독이 신사참배는 일본의 국민의식이기 때문에 모든 교회가 신사참배를 하도록 권유를 내렸다. 여기에 한국 천주교도 신사참배를 실시하였다. 그러나 장로교회는 만만치 않았다. 그래서 일본기독교대회 대회장 도미다(富田滿) 목사가 서울과 평양을 왕래하면서 신사참배는 종교와 무관하며 일본의 국민의식에 지나지 않는다고 역설하였다.

1938년 9월 제27회 평양 서문교회에서 모이는 총회에 목사 86명, 선교사 22명, 장로 85명, 계 193명이 모인 가운데서 이문주 총회장의 "신앙생활의 3대 요소"라는 제목으로 설교를 하였다. 이어 총회 임원 투표가 실시되자 총회장에 홍택기 목사, 부회장 김길창 목사 등이 당선됐다. 이날 총회는 개회 첫날부터 분위기가 이상하였다.

둘째 날 오전에는 홍택기 총회장의 사회로 개회됐다. 일본인 평남도 지사 이시다(石田)가 축사를 하였으며, 이어서 일본기독교회를 대표해서 아끼쯔기(秋月), 미야다(宮田) 목사 등이 축사를 하였다. 새로 선출된 홍택기 총회장은 평양, 평서, 안주노회에서 상정한 신사참배결의 및 성명서 발표의 제안한 안건을 채용하기로 가결하였다. 조선예수교 장로회 제27회 총회회록(1938, 9쪽)은 다음과 같이 기록하고 있다.

> 아등(我等)은 신사는 종교가 아니오. 기독교의 교리에 위반하지 않는 본의를 이해하고 신사참배가 애국적 국가의식임을 자가하며 또 이에 신사참배를 솔선 려행(勵行)하여 추이 국민정신총동원에 참가하여 비상시국 하에서 총후(銃後) 황국신민으로써 적성(赤誠)을 다 하기로 기함.[25]

이러한 성명서를 채택할 때 선교사들은 강한 어조로 "아니오."라고 반대의사를 표시했지만 옆자리에 앉아 있는 고등계 형사들이 "가만히 계십시오."라며 강한 제지로 인해 그 뜻은 무산됐다. 이때 선교사들은 전원 퇴장하였으며, 부회장 김길창 목사의 인솔로 각 임원과 노회장(전남지역에서는 전남노회, 순천노회, 제주노회)들이 평양신사에 가서 "신사를 향하여 경배"라는 구호에 맞추어 신사참배를 하고 다시 회무가 진행됐다.

## 2) 전남교구 출현

어떤 기준과 근거로 '친일적 기독교인' 여부를 논하기에는 어려움이 있지만, 적어도 대표적 장로교 친일단체의 책임자였던 인물들은 대개 친일적 기독교인으로 봐야 할 것이다. 그것이 비록 개인의 책임만은 아니더라도 당시 교구 및 교회를 지도했던 지도자들은 이에 검토의 대상이 될 것이다. 본 고에서는 이러한 점을 고려하였음을 미리 밝혀 두고자 한다.

1941년 전남노회는 제30회 총회에서 결의한 '국민총력조선야소교장로회총회연맹'의 결성에 협력하는 한편 교회를 일본화시키는 데 필요한 여러 가지 사업들을 전개하였다. 제30회 총회에 보고된 전남노회 보고서는 다음과 같은 내용을 담고 있다.

> 특별사항 : 노회적으로 신도대회와 여신도대회를 개최하야 시국행사를 철저케 하엿사오며 순회시국 강연을 하야 교인으로 시국 인식을 철저케 하였으며 신도의 적성 헌금 2,263원의 경비로 중(重)기관총 1대를 헌납한 일이오며.
> 장래경영 : 일반 교회 지도자들에게 시국 인식을 철저케 하야 전도보국의 정신을 갖게 하며 특별히 총회의 전시 체제 실천 성명서에 준하야 노력코자 하오며.[26]

―――――――――

25) 「조선예수교장로회 제27회 총회 회록」(1938. 9.), p. 9.

전남노회의 이러한 결정은 개교회로 전달되면서 신사참배는 물론이고 궁성요배를 비롯한 각종 국민의식이 개교회에서 거리낌 없이 행해졌다. 막판에는 일본이 전쟁에서 이겨야 한다면서 황국 지원병에 나갈 수 있도록 교회가 독려하고 각 교회마다 감사예배를 드리는 일이 전남노회권의 교회들에서도 행해지고 있었다.[27]

1942년 10월 16일 평양 서문밖교회에서 열린 제31회 총회회록을 완전히 일본어로 기록해야 했으며, 해방되던 해까지 제31회를 끝으로 중단될 수밖에 없었다. 그리고 일본기독교 장로교단의 초대 통리로는 채필근 목사가, 총무국장에는 김종대 목사가 선출되었다. 이와 함께 노회는 해체되었고, 지교회들은 합쳐졌으며, 각 지방에는 15개의 교구를 두어 교회들을 관리하였는데 전남 교구장에는 정경옥[28] 목사가 선출되었다.

### 3) 선교사들 철수

1940년 가을까지 병원이 유일한 선교기관으로 남아 있었다. 그러나 10월 일본당국은 신사를 병원 내에도 설치하여 환자들과 직원들이 경배하도록 요구하였다. 다시 선교회는 갈등과 어려움에 직면하게 되었다. 그러나 선교회는 어떤 선교기관에도 신사를 둘 수 있었기 때문에, 타협의 여지는 없었다. 이에 따라 선교회가 운영했던 5개의 병원이 폐쇄되었다. 유일하게 애양원만이 남아 있었다. 일본 정부는 이곳에서 선교사들과 충돌하는 것을 주저했다. 마을로 되돌려 보낼 수 없는 수백 명의 환자들이 있었기에 문제가 쉽지 않았기 때문이었다. 그러나 실질적인 목적을 위해서 선교회의 적극적 활동은 중단되었다.

같은 달에 해외 선교사들과 일본 당국과의 관계가 소원하게 되는

---

26) 전남노회 편, 「전남노회 75년사」, 글벗(1993), pp. 187-188.
27) 전남노회 편, 앞의 책, p. 185.
28) 정경옥 목사는 감리교신학교 교수로 진도 출신이었다. 그가 진도 출신이였기에 전남 교구장으로 선출된 것이다.

3가지 상황이 단계적으로 이루어졌다. 첫째, 모든 한국인들과 외국인들과 직접적 혹은 간접적으로 연결되어 있는 것들을 차단하기 시작했다. 둘째, 일본이 무력을 행사하기 시작하였다. 일본 당국은 미국에 대해 훨씬 더 적대적이 되었다. 셋째, 미국 책임자 마쉬(Gaylord Marsh) 등 모든 미국인들은 한국을 떠날 것을 충고하였다. 상황의 긴박함 때문에 한국을 떠날 수 있는 특별 운송편이 마련되었다.

미 국무성은 선교회가 한국을 떠나도록 전보를 했고, 선교회는 교회에 남아 일하는 것이 선교에 훨씬 더 큰 징애를 준다고 주장하였다. 각 선교회의 최종 결정이 남아 있었고, 7명의 선교사를 제외한 모든 선교사들이 미 국무성의 충고를 따르기로 결정했다.

1940년 10월 16일 *Mariposa*호가 대부분의 선교사와 자녀를 포함한 219명의 미국인들을 태우고 인천을 떠났다. 그중 미국 남장로회 소속 선교사 약 50명이 있었다. 이것으로 한국 선교회 활동은 중지되는 시점이었다.

당시 한국에 남은 7명은 우월손 선교사 부부(R. T. Wilson), 타마자 선교사 부부(J. V. N Talmage), 크레인 박사(J. C. Crane), 돈슨 여 선교사(M. Dodson), 유화례 여 선교사(F. Root) 등이었다. 이 선교사들에게는 각자 남아 있어야 하는 이유가 있었다. 우월손 부부는 애양원을 감독할 책임이 있었다. 애양원을 책임질 마땅한 기관과 계획을 갖지 못하고 있었다. 타마자 부부는 선교회 유지재단의 회장이었고, 합법적인 문제를 풀어야 했다. 돈슨과 유화례 선교사는 주님의 소명이 없이는 그렇게 오랫동안 섬기고 사랑했던 그 땅을 떠날 수 없다고 느꼈기 때문이었다.

1941년 초에, 모든 미국인들은 한국을 떠나야 하는 긴급한 요청이 있었다. 이때 우월손 선교사 부부가 미국으로 돌아갔고, 몇 달 후에 크레인 박사도 돌아갔다. 타마자 부부와 두 명의 여자 선교사만이 남게 되었다. 이들은 애양원 사업을 돕고자 하였다.

타마자, 유화례, 돈슨 등은 그들이 할 수 있는 한 도움을 청하기 위해 백방으로 노력을 했고, 타마자는 1941년 9월 미국으로 가기 위해 배를 탔다. 그러나 일본 경찰이 타마자가 합법적으로 선교회 재산을 일본에 양도하지 않고 떠나자 스파이 혐의를 내세워 그를 체포하였다. 선교회의 재산을 지키고자 했던 타마자 선교사는 일본경찰에 의해 121일 동안 구금을 당한 채 1942년 4월 9일까지 일본의 공갈과 협박을 받는 고통을 겪어야 했다. 그리고 나머지 3명의 여 선교사는 일본경찰의 눈을 피해 숨어 지내야 했다.[29]

　　타마자 선교사의 희생으로 선교회의 재산은 지킬 수 있었고, 이들의 덕택으로 미국 남장로회는 해방 이후 다시 한국으로 귀환하여 선교활동을 재개할 수 있었다.

### 4) 노고단과 선교사들

#### (1) 노고단의 선교사 휴양지

　　이처럼 산중으로 휴양지를 정했던 이유는 이미 황해도 장연군이나 구미포(九美浦)의 해수욕장이 있었으나 이곳은 호남지방에서 거리가 너무나 멀었기에 호남지방 내에서 적당한 지역을 찾던 중 변요한 선교사는 지리산의 중덕 노고단을 찾게 되었다. 노고단에 선교사 휴양지 및 회의 장소를 마련키 위해서 1921년, 1922년, 1923년 3차에 걸쳐서 회의했던 내용을 갖고 변요한 선교사는 선교부를 대표하여 조선총독부(朝鮮總督府), 전남도지사 등과 협의하여 토지의 매입, 임대, 사용허가원, 영구임대에 대한 신청과 함께 1923년 여름 지리산 캠프허가를 받았다. 그 내용은 당시 선교사의 관련건물 건립 시 매입, 영구임대에 대한 것이었다.

---

29) G. T., *mission to Korea*, Board of World Mission, Presbyterian church, U. S., pp. 161-165.

이러한 결의에 따라 조선총독부와 영구임대를 계약하였다. 그 후 이곳에 건물을 건축하기 위해서 1922년에 움막으로 출발하였다. 1925년부터 건축을 시작하여 1928년에는 18동(棟)의 석조건물이, 1931년에는 32동의 건물이 완성되었다. 이 건물이 완성되자 주한 선교사들은 물론 중국(만주 포함) 각지에 주재하는 미국, 영국인의 피서자 총 수가 149명, 이들을 돕는 한국인 50여 명이나 되었다. 이곳은 일본 나가노현(長野縣)에 있는 가이루자와(일본의 유명한 휴양지가 있는 곳)로 만들겠다는 이상을 갖고 시설을 확장해 가자 52동(한국인 인부 및 조사 사용)으로 증가했다.

이곳에서 선교사들이 여름철이면 휴양을 하였으며, 또 회의나 세미나 등을 개최하는 장소로 사용하였다. 노고단의 선교사 휴양지에서 우리가 기억할 일은 이눌서(W. D. Reynold, 1867-1951) 선교사가 구약 개정판을 내기 위해서 작업을 한 장소가 바로 노고단이며, 이곳에서 구약 예레미야서만 빼놓고 완역을 했던 자리이기도 하다. 이미 이눌서 선교사는 1910년 성경을 완역 출간하였으며, 개역 작업을 이 노고단에서 실시하였다. 그가 작업했던 개역판은 1931년에 대영성서공회(大英聖書公會)에서 발행하였다.

그런데 이러한 장소에 돌집으로 잘 건축하고 유용하게 사용하였지만 신사참배의 문제로 1941년 완전 철수하게 되었다. 철수할 무렵에는 린톤(W. A. Linton, 인돈, 1891-1960) 선교사가 관리를 맡았지만 모든 시설을 그대로 놔두고 떠나게 됐다. 민족의 비극인 여수주재국군 14년대 반란사건과 6·25한국전쟁을 만나면서 다 파괴되었다. 그렇게 완고하게 잘 지어진 건물들이 모두 파괴되고 말았다.

그 후 피난을 갔던 선교사들이 다시 원대 복귀하면서 여름철이 되면 쉴 만한 장소가 없었다. 린톤 선교사의 아들인 인휴(Hugh M. Linton, 1926-1984) 선교사는 태평양전쟁과 6·25전쟁에 참전했던 경험이 있다. 1954년 한국에서 예편했던 그는 곧 예양원을 중심으로 활동을 하던 중 전주 선교부의 하퍼(J. B. Hopper, 조요섭, 1921-1992) 선교사와 함께 선교사들의 건강과 자녀들의 건강을 지키기 위해 지리산의 1,500미터 정상인 왕시루봉에 1962년 제2수양관을 신축하기로 의논하였다.

인휴와 하퍼 선교사는 다시 노고단처럼 건물이 요청되자 1962년 천막을 치고 1년을 지내다가 1963년 비로소 콘센트 건물 12동을 신축하였다. 방의 크기는 7~8평 정도였다. 이중 1동은 교회당, 또다른 1동은 창고였으며, 나머지는 모두 숙소였다. 부대시설로는 테니스장, 수영장이 있었다. 이처럼 건물을 신축하고 매년 여름철이면 사용하던 이 대지가 경성제국대학이 서울에서 설립되면서 대지의 소유는 경성제국대학이 되었다.

### (2) 역사를 지키기 위한 노력

해방이 되자 자연히 서울대 농대로 넘어가게 되어 서울대 농대와 계약을 하고 40여 년간 임대료를 지불하며 사용하였다. 최근 10여 년 간 각종 이유를 들어 철거하려고 하고 있으며, 과거에는 외국인 휴양소로 되어 있었지만 인휴 선교사의 아들인 인요한 선교사가 최근 발견한 간판의 내용에는 "선교사들이 자연을 파괴한 현장이고 우리나라의 아픈 역사를 말하는 곳"라는 정체불명의 안내문이 써 있다고 한다. 그런데 왕시루봉 사용료를 지불해 달라는 서울대 농대에 2003년도까지 임대료 3,300,000원을 지불하였는데, 그 영수증에는 변상금으로 기록되어 있었다. 결국 선교사들의 생명을 지키면서 살았던 이들의 흔적을 말살하려고 하는 당국의 처사에 그냥 있을 수는 없는 형편이 되고 말았다.

이들의 생명을 묻은 전라도 땅도 제대로 관리하지 못한 한국교회로 하여금 부끄러운 일을 만나게 되었다. 미국 남장로교 선교사 400여 명의 수고로 한국에 기독교문화를 전파하며 오늘의 풍요로운 땅을 만드는 데 기초적인 역할을 한 것은 바로 이들이었다. 그러함에도 선교사들의 유적지를 지키지 못한 우리들의 잘못을 뉘우쳐야 한다.

그동안 인휴 선교사가 왕시루봉에 선교사의 휴양지로 자리를 잡기까지는 그의 헌신적인 노력은 대단하였다. 그러나 그가 1984년 불의 교통사고로 삶을 마감하자 그의 아들인 인요한 선교사가 맡아 지금까지 갖은 노력을 다하고 있다. 인요한 선교사는 2006년 6월에 「내 고향은 전라도 내 영혼은 한국인」이라는 책을 출간하였다. 그는 선교사 집안 4대손으로 1920년 노고단부터 1962년 왕시루봉에 이르기까지 한국의 고난과 함께 이 땅을 지키다 목숨을 바친 선교사들의 선교역사를 보전하고자 하는 뜻있는 이순배 목사 등이 중심이 되어 선교사들의 유적지를 복원하고자 하는 운동을 추진하였지만 그 사업이 한국교회의 무관심으로 인하여 오늘 우리들이 짊어지게 되었다.

## 4. 한국교회 해산과 일본기독교조선교단

1) 호남지방과 교회의 조직

(1) 전라노회 조직

1907년 대한예수교장로회독노회 조직을 기점으로 지방활동을 하기 위한 노회가 결성되었다. 1911년 전남북대리회가 지역교회의 성장과 전도를 위해 전라노회 설립을 결의하였다. 대구에서 모였던 조선독노회에서 전라노회의 조직을 승인하였고, 이에 따라 1911년 10월 15일 전주 서문밖교회에서 전라노회가 발족하였다. 전라노회의 창립회원은 선교사 10명, 한국인 목사 3명, 장로 14명 등 총 27명이었다. 회장은 김필수 목사, 부회장 배유지(E. Bell) 선교사, 서기 이승두 장로, 회계 최국현 장로와 테이트 선교사가 선출되었다.

전라노회가 조직된 후에 교회가 개척되어 설립되면서 교인 수도 크게 증가하였고, 교회의 장로와 영수를 중심으로 전도활동이 전개되면서 호남지방 교회성장의 토대들이 마련되었다.

(2) 전남노회 조직

전남노회는 1917년 대한예수교장로회 총회가 호남지방의 광활함,

교회 사무는 복잡한데 교통이 불편하여 회합의 어려움 때문에 교회성장에 장애가 됨으로써 이를 극복하기 위해 전라노회를 남북으로 분립하기로 결정하였다.

〈표 11〉 전라노회 임원과 의결사항

| 회차 | 일시 | 회장 | 부회장 | 장소 | 의결사항 |
|---|---|---|---|---|---|
| 1 | 1911 | 김필수 | 배유지 | 전주서문밖교회 | |
| 2 | 1912 | 마로덕 | 이기풍 | 임피택촌교회 | 조사의 자격, 교회의 학습문답 건 신학교입학 건, 목사제명 건 |
| 3 | 1913 | 최의덕 | 윤식명 | 목포양동교회 | 목사안수건 |
| 4 | 1914 | 배유지 | 이기풍 | 광주숭일학교 | |
| 5 | 1915 | 부위렴 | 김필수 | 군산구암교회 | |
| 6 | 1916 | 김인전 | 이기풍 | 전주동문외교회 | |
| 7 | 1917 | 이원필 | 유서백 | 광주오원기념각 | 노회분립 건, 전북노회문서보관 건 |

이에 따라 전남노회는 1917년 9월 17일 목포양동교회에서 전남노회를 창립하고, 회장 유서백 선교사, 부회장 윤식명 목사, 서기 김창국 목사, 회계 낙스 선교사를 선출하였다. 전남노회는 교회가 중심이 되어 문맹퇴치운동, 청소년 신앙교육에 초점을 두고 집중적인 활동사역을 전개하였다. 그 결과 긱 지역의 교회가 운영하는 수학교는 교회성장의 기틀이 되어 교육활동기관이 설립되고 지방마다 새로운 교회가 설립되었다. 전남노회가 전남지방의 전 교회들을 감독하며 지원하는데 있어 어려움이 커지면서 1922년 전남노회는 전라남도 동남부지역을 분립하기로 결의하였고, 장성, 영광, 광주, 나주, 고창, 순창, 담양, 화순, 함평, 무안, 장흥, 영암, 강진, 해남, 완도, 진도, 제주 등을 전남노회 지경으로 하게 되었다.

1945년 7월 일본기독교조선교단이 창설되자 전남노회는 전남교구로 개편되었고, 해방을 맞이하면서 전남노회로 환원하였다. 월남한 목사들이 전남노회에 대거 참여하면서 교회는 부흥되기 시작하였고, 1946년 선교사들이 선교활동의 재건을 위해 재입국하여 동참함으로써 전남노회는 새롭게 도약하기 시작하였다. 그러나 1952년 광주 양림교회의 노회 개최 때 기장과 예장이 교권싸움, 교파싸움에 휩쓸리면서 분열되었다. 이때 전남노회는 노회록을 분실하였다.

<표 12> 전남노회 역대 임원(1917-1946년)[30]

| 회 차 | 연 도 | 노회장 | 부노회장 | 서 기 | 회 계 |
|---|---|---|---|---|---|
| 1 | 1917 | 유서백* | 윤식명 | 김창국 | 노라복* |
| 2 | 1918 | 김창국 | 노라복* | 남군혁 | 정대인 |
| 5 | 1921 | 노라복* | 이경필 | 남궁혁 | 이득주 |
| 10 | 1926 | 곽우영 | 강병담 | 김 강 | 오석주 |
| 15 | 1931 | 최흥종 | 김응규 | 강호연 | 맹현리* |
| 20 | 1929 | 김창국 | 이기풍 | 김태준 | 남대리* |
| 25 | 1934 | 허화준 | 김주환 | 최병준 | 조경주 |
| 26 | 1935 | 김주환 | 김창국 | 주형옥 | 조경주 |
| 27 | 1936 | 김창국 | 유서백 | 주형옥 | 조경주 |
| 28 | 1937 | 박용희 | 김종인 | 양윤묵 | 박종철 |
| 29 | 1938 | 박연세 | 박창국 | 주형옥 | 박종철 |
| 30 | 1939 | 박연세 | 이경필 | 주형옥 | 박종철 |
| 31 | 1940 | 최병준 | 박연세 | 주형옥 | 박종철 |

※ *는 선교사이다.

(3) 순천노회 조직

순천지방은 전남지방에서 빠르게 교회가 성장한 지역이었다. 인접지역에 비해 교세성장이 빨랐던 이유는 선교사들, 목회자들의 복음전파에 대한 열정, 평신도들의 전도에 힘입은 결과였다. 1922년 9월 10일 제11회 장로회 총회가 서울 승동교회에서 개최되었고, 이때 전남노회에서 순천노회의 분립청원을 요청하였고, 총회가 이를 인허하면서 순천노회는 창립되었다. 구례, 곡성, 순천, 광양, 보성 등 5개 지경을 순

---

30) 김수진, 「호남선교 100년과 그 사역자들」(서울 : 고려글방, 1992), p. 484.

천노회로 정하고, 조직 장소는 순천남성경학교, 조직 회장은 곽우영 목사로 결정되었다. 첫 창립회의에는 선교사 2명, 한국인 목사 4명, 장로 11명 등 총 17명이 참여하여 회장 곽우영, 부회장 변요한, 서기 강병담, 회계 이기홍 등을 선출하였다.

〈표 13〉 순천노회 역대 임원(1922-1948년)[31]

| 회 차 | 연 도 | 노회장 | 부노회장 | 서 기 | 회 계 |
|---|---|---|---|---|---|
| 1 | 1922 | 곽우영 | 변요한* | 강병담 | 이기홍 |
| 2 | 1923 | 변요한* | 정태인 | 조상학 | 이기홍 |
| 3 | 1924 | 정태인 | 곽우영 | 조의환 | 오석주 |
| 10 | 1927 | 강병담 | 정태인 | 이영희 | 조의환 |
| 11 | 1928 | 오석주 | 이영희 | 김정복 | 최정의 |
| 12 | 1929 | 이영희 | 김정복 | 오례택 | 고라복* |
| 13 | 1930 | 김정복 | 구례인* | 박경주 | 오석주 |
| 14 | 1931 | 김응규 | 양응수 | 황보익 | 오석주 |
| 16 | 1932 | 구례인* | 양응수 | 선춘근 | 오석주 |
| 17 | 1933 | 이기풍 | 황보익 | 김순배 | 오석주 |
| 18 | 1934 | 이수현 | 김형재 | 김순배 | 오석주 |
| 19 | 1935 | 김형재 | 김순배 | 이기홍 | 오석주 |
| 20 | 1936 | 김영진 | 김상두 | 김순배 | 오석주 |
| 21 | 1937 | 김상두 | 황보익 | 오례택 | 오석주 |
| 22 | 1938 | 오석수 | 김순배 | 선제련 | 김형재 |
| 23 | 1939 | 박용희 | 김형모 | 김형모 | 김형재 |
| 24 | 1940 | 선재련 | 김순배 | 김형모 | 김형재 |
| 27 | 1947 | 오석주 | 김순배 | 김종하 | 오례택 |
| 28 | 1948 | 황보익 | 김상권 | 김종하 | 오례택 |

※ *는 선교사이다.

순천노회가 출범할 수 있도록 바탕이 된 복음전도자는 오원 선교사였으며, 지원근, 조상학 목사였다. 오원 선교사는 1904년 전남 동남부 지역을 선교구역으로 정하고 고흥, 보성, 광양, 여수 등지를 지원근 조

---

31) 김수진, 「한국선교 100년과 그 사역자들」(서울 : 고려글방, 1922), pp. 491-492.

사와 함께 순회전도하였다. 이때 조상학을 만났고, 조상학의 열심전도로 보성, 광양, 여수 등지 교회들이 설립되었다. 1909년 오원 선교사가 순교하자 변요한 선교사가 동남부지역을 맡아 선교활동을 전개하였다.

이들의 열정에 힘입어 교세는 크게 성장하였고, 1922년 순천노회가 분립될 수 있었다. 1924년부터는 해당지역 출신의 강병담, 오석주 등 새 일꾼들이 탄생하였다. 제7회 순천노회에서는 교회지도자 양성을 위한 결의를 하였고, 제10회 순천노회에서는 교회의 자력성장을 결의하였다. 제14회 노회 때는 나환자 주일을 결의하는 등 지역사회를 위한 교회활동이 강조되었다. 그런데 불행하게도 1938년 4월 25일 제22회 순천노회에서 신사참배를 결의하였다. 이에 놀란 미국 남장로회 한국선교회는 9월 28일 광주에서 임시회집을 갖고, 선교사들의 노회 탈퇴를 선언하였다. 그럼에도 불구하고 신사참배 반대 및 거부의 움직임이 순천노회 내에서도 일어나기 시작하였다. 바로 순천의 원탁회 사건이다.

광복을 맞이하면서 순천노회는 재건되었지만 다시 교회분열에 휩싸이면서 기장과 예장으로 분열되었다. 통합 측에 입장을 따른 교회들은 미국 남장로회 선교사들과의 관계를 고려한 결과였다. 이후 한국전쟁을 겪으면서 사상적 이유로 공산당의 반목을 받았던 순천노회는 많은 순교자들을 배출하였고, 대표적 인물로는 손양원, 조상학 목사 등이 있다.

(4) 제주노회 조직

제주노회는 1930년 전남·전북노회에서 분립하였는데, 이전에는 제주도의 산북지역은 전북노회가, 산남지역은 전남노회가 관할해 왔었다. 1930년 11월 14일 제주도 성내교회 등 17개 교회를 중심으로 노회가 창립되었다. 초대노회장 최흥종, 부노회장 김재선, 서기 이도종, 회계 김재원 등이 선출되었다. 그러나 노회 창립 시부터 광복 이전까지 제주노회는 모든 여건이 미약하여 활동이 활발하지 못해 5개 처 교회가 신설되었을 뿐이었다. 그럼에도 불구하고 제주노회는 매년 농한기를 이용하여 5년제 달성경학교를 운영하여 교회지도자들을 배출했으며, 1944년 제주도가 일본 군사 요새지로 지정되어 군사기지화가 추진되면서 성내·한림·모슬포교회는 일본군이 징벌하여 일본 군인의 숙소로 바뀌는 사태가 발생하였다.

<표 14> 제주노회 역대 임원(1930-1942)[32]

| 회 수 | 노회장 | 부회장 | 서 기 | 부서기 | 회 계 | 부회계 |
|---|---|---|---|---|---|---|
| 1 | 최흥종 | 김재선 | 이도종 | 부상규 | 김재원 | 이덕연 |
| 2 | 이기풍 | 김재선 | 이도종 | 최정숙 | 최정숙 | 김계홍 |
| 3 | 김재선 | 김영식 | 이도종 | 김계홍 | 김재원 | 이덕연 |
| 4 | 정태인 | 이도종 | 최희준 | 고태홍 | 김계홍 | 김재원 |
| 5 | 정순모 | 이도종 | 최희준 | 이도종 | 최정숙 | 이덕연 |
| 6 | 이도종 | 정순모 | 고영흥 | 김계홍 | 허성제 | 고영흥 |
| 7 | 강문호 | 정순모 | 이도종 | 김계홍 | 허성제 | 고영흥 |
| 8 | 이도종 | 정순모 | 이상호 | 김계홍 | 허성제 | 고영흥 |
| 9 | 이도종 | 정순모 | 이상호 | 김계홍 | 김계홍 | 김재원 |
| 10 | 정순모 | 김응규 | 이기방 | 고영흥 | 허성제 | 김계홍 |
| 11 | 정순모 | 김응규 | 이기방 | 고영흥 | 허성제 | 김계홍 |
| 12 | 정순모 | 김응규 | 이기방 | 고영흥 | 허성제 | 김계홍 |
| 13 | 김응규 | 양천혁 | 김수현 | 김봉헌 | 고영흥 | 김재원 |

해방을 맞이하면서 일본군에서 교회를 되찾아 예배를 드리기 시작하였고, 제주노회가 재건되기 시작하였다. 노회는 교회성장을 도모하기 위해 제주 전 지역을 순회하며 전도강연회를 시행하였고, 도중에 4·3 사건이 발생하여 이도종 목사 등이 순교를 당하기도 하였다. 그럼에도 불구하고 제주노회는 명맥을 지켜 나갔으며, 한국전쟁이 발생하면서 이북에서 피난 온 교인 및 목회자들로 인해 피난민 교회들이 설립되기 시작하였다. 제주영락, 도두교, 한라, 라북, 신촌, 함덕, 시온, 효돈, 보목, 토평, 추광교회 등이 대표적 사례 교회이다. 1953년 교회가 기장

---

32) 김수진, 「한국선교 100년과 그 사역자들」(서울 : 고려글방, 1922), p. 495 발췌.

과 예장이 분열될 때 제주서부, 모슬포, 중문, 화순교회 등이 심한 분열을 경험하면서 제주도 교인들에게 큰 상처를 안겨 주기도 하였다.

### 2) 한국교회의 해산

일제는 1942년 3월부터 한국의 모든 기독교 교파를 하나로 통합시키는 사업을 추진하기 시작했다. 여러 교파로 난립되어 있는 것보다는 한 교파로 통합되어 있는 것이 다루기 용이하기 때문이었다. 바로 서울을 중심으로 한 친일파 감리교 시노자늘은 조선혁신교단(朝鮮革新敎團)을 조직하였다.

> 초대의장으로 장로교의 전필순 목사를 선출하였다. 이에 장로교에서는 조선혁신교단에 참여했던 전필순 목사를 추궁함으로 탈퇴성명을 냈고, 조선혁신교단은 정춘수 목사를 회장으로 하여 교단명칭을 조선감리교단(朝鮮監理敎團)이라고 고쳤다.[33]

장로교에서는 일본기독교조선장로교단이 1943년 창설됨으로써 사실상 조선예수교장로회 총회는 해체되었다. 조선감리교단도 일본기독교 조선(감리교) 메도디스트교단으로 명칭을 바꾸었다.

### 3) 태평양 전쟁에 협력한 부역자들

이미 일제는 집요한 탄압과 분열, 회유, 공작에 못 이겨 신사참배를 결의할 수 있도록 사전에 일본의 정책에 순응하게끔 정지작업을 하였다. 1938년 5월 경성기독교연합회라는 일제의 어용단체가 조직되어 이른바 종교보국(宗敎報國)을 서약하고 그해 7월에는 이를 확대하여 조선기독교연합회를 결성하였다. 같은 해 9월에는 장로회 총회에서도 신사참배를 결의했던 것도 강요에 의해서 일어나게 되었으며, 이후 많

---

33) 김광수, 「한국기독교 수난사」, p. 257.

은 교회들이 신사참배는 일본 국가의식이라면서 적극적으로 참여하였다. 따라서 1939년 9월 장로회 총회에서는 '국민정신 총동원 조선예수교장로회 연맹'을 결성하자 각 지역 노회별로 국민정신총동원 조선예수교장로회 전남노회 지맹(支盟)을 조직하고 일제 국책 수행에 적극 협력을 다짐하였다. 그 내용은 「장로회보」(1940. 1. 24.)에 자세하게 소개해 주고 있다.

〈국민정신총동원 조선예수교장로회 전남노회지맹〉
일시 : 소화 14년(1939) 11월 30일
장소 : 순천읍 매곡리 성경학교         참석 : 21명
식순 : 김형모 목사의 사회/국가봉창/궁성요배, 김형제 목사의 성서낭독/박용희 목사의 취지 선언/황군장병과 동양평화를 위한 기도묵도/찬송(30장)/황군용사의 가족에게 위문금을 보내기로 만장칠치로 결의
임원 : 이사장/박용희, 김순배 서기/나덕환, 김종○, 회계/김형제, 오석주
이사 : 이기풍, 오석주, 박용희, 조상학, 김정복, 강병모, 김제형, 김상○, 김순배, 선재련, 김형모, 양용근, 나덕환, 안덕윤
평의원 : 신영욱, 이정구, 신성일, 선춘근, 남중방, 육영석, 오석주, 바귀조, 황석○, 이○호, 강윤○, 김동혁, 유천석, 최학연, 박준영, 김병준, 이병묵, 정○기

그해 11월 성명과 함께 장로회 지도요강을 발표한 일도 있었다. 이를 실천하도록 각 노회를 지회로 명칭을 갖게 하였다. 지도요강을 실천 방안으로 모든 교회로 하여금 실천토록 하였는데, 당회장을 애국반 반장으로 개편을 하였다. 애국 반장은 주일예배가 시작하기 전 신사참배, 궁성요배, 황국식민서사, 일본 국가(기미가요) 제창 등 국민의례를 하고 예배를 드리게 하였다. 여기에 보다 일본화하기 위해서는 교회의 헌법, 교리의식 등을 전반적으로 재검토하여 민족주의적 색채를 배제하고 천황제 중심적 기독교로 전환할 것을 개정하였다.

일본적 기독교를 협력했던 한국의 각 교단 지도자들은 일본 성지를 순회한다는 명목하에 동경에 있는 황거(皇居), 야스쿠니(靖國)신사, 메이지(明治)신궁, 와가야마현에 있는 이세(伊勢)신궁, 나라현(奈良縣)에 있는 가시하라(柵原)신사, 교토에 있는 헤이안(平安)신궁을 순회하면서 참배를 하였다. 여기에 참여했던 대다수의 지도자들은 일본 천황의 명령에 절대 순종하면서 신앙생활을 지도해 왔었다. 참으로 어이없는 일이다.[34] 더욱이 1940년 12월 경성부민관(현 서울시 의회)에서 전 조선장로회 신도대회를 결성함과 동시에 국민총력연맹을 결성하였다. 이 날 신도대표로 약 8백여 명이 참가하여 궁성요배, 황국식민서사 제창, 기미가요 등을 부르짖었다. 한편 다음해 4월 전 조선여신도대회를 소집하고 일본 천황 생일을 축하하는 천장절 봉축식과 함께 연맹여자부를 결성하고 강연회를 가지는 등 부일협력에 적극 동원하기도 했다.

장로교에서는 1941년 8월 전시체제로 돌입하면서 소위 애국기(전투기) 헌납을 결의하고 애국헌납기성회를 조성하였다. 이러한 일도 모자라서 쇠붙이가 될 만한 놋그릇, 젓가락, 세숫대야 심지어 요강까지 거두어 갔었으며, 한국교회에 유일한 소망의 소식을 알렸던 교회 종까지 자진 헌납하였다.[35] 더욱이 일본기독교조선장로교 교단에서는 대동아전쟁 목적을 완성하기 위해서는 철저하게 협력해야 한다고 주장했으며, 징병 의무 및 정신을 높이는 일을 지키도록 하였다.

### 4) 천황의 명령에 순종한 목회자들

침략자 천황군을 지원하기 위해서 위문편지 및 위문품 보내기 운동을 전개하였고, 천황군에 조선 청년도 지원할 수 있도록 허락해 준 일에 너무 감사한다면서 장로교의 김영주 목사, 전필순 목사, 감리교의 정춘수 목사, 성결교 이명직 목사 등이 서울 승동교회에 모여 예배를

---

34) 대한예수교장로회총회 편, 「대한예수교장로교회사」, 상, p. 441.
35) 「조선예수교장로회 제31회 총회 회록」(1942. 9.), p. 50.

드린 일도 있었다. 여기에 목회자들은 솔선수범하여 전시 근로봉사대를 조직하여 전쟁을 협력하였으며, 매월 일정한 금액의 국방헌금을 바치기도 하고, 신사참배를 실시할 때마다 황군 승리기원을 시행하기도 하였다. 창씨개명을 유도하면서 전 교인에게 창씨개명을 요구하였다. 1941년 10월 경성(京城)노회를 비롯하여 각 지방(노회)지방 내 교역자들이 충남 부여신궁 건축을 위해 근로봉사를 하였다.[36]

이것도 모자라 여성 지도자들은 근로정신대(위안부)를 모집하여 한국의 젊은 여성들을 일본 천황군의 성 노리개감으로 전락시켰다. 근로정신대로 동원되었던 여성들은 천황군 최전방인 남양군도, 미얀마 전선 등으로 끌려갔으며, 그 인원은 대략 약 8~20만 명으로 추정되고 있다. 한편 오끼나와에서는 천황군들이 미군의 공격을 받고 패배할 것을 알았던 일본은 근로정신대의 부끄러운 일들을 감추기 위해서 총살시켰다.

근로정신대에 끌려갔던 여성들이 살아 돌아와 숨어 살면서 밤만 되면 일본군인들이 "악마의 탈을 쓰고 우리 앞에 나타날 때가 있습니다."라고 말씀하신다. 1990년도부터 지금까지 매주 수요일이면 정신대 출신 할머니들이 일본정부에게 보상하라는 데모를 일본 대사관 앞에서 하고 있다. 이들의 안타까운 모습을 보았던 젊은 여성들과 시민연대들이 함께 일본을 향해 보상하라고 울부짖고 있으며, 정신대 할머니들이 해마다 한을 안고 떠나는 모습을 볼 때마다 가슴이 아파 온다.

### 5) 일본기독교조선교단

일본적 기독교회란 천황의 명령을 절대로 순종하는 교회를 말한다. 1943년 5월 대한예수교장로회 총회를 해산하고 일본기독교조선교단이 출현하게 되었으며, 이때 교단 규약에 의해 각 지방 노회를 통폐합하고 도별로 교구제를 실시하였다. 전남지방에는 전남노회, 순천노회, 제주노회가 있었지만 이를 하나로 묶어 전남교구라 불렀다. 전남교구

---

36) 대한예수교장로회 총회 편, 앞의 책, p. 450.

장은 감리교협성신학교 교수인 정경옥 목사가 맡았다. 그가 전남지방과의 관계는 진도출신으로서 감리교신학교 교수로 재직 중 철저하게 일제를 잘 협력했다는 일로 그가 교구장을 맡았다.

이때 각 지방에 있는 교회들이 통폐합이 되었으며, 광주의 경우는 광주중앙교회와 양림교회만 남기고 모든 다른 교회들은 폐쇄하였다. 그리고 총회가 해산되면서 조선장로교단으로 명칭이 바뀌면서 교단 책임자를 통리라 하여 사가와(佐川弼近, 채필근) 목사가 맡았다. 부통리에는 아라모리(新森一雄, 김응순), 총무에 가네꼬(金子鍾人, 김종대), 교단 의장에는 소무라(趙村昇濟, 조승제), 부의장 가네시로(金城珍洙, 김진수), 서기는 총무가 겸임을 하였다. 역시 감리교회도 일본 기독교 조선 메도디스트 교단이 출현하였다. 이 외에도 구세군, 성결교, 성공회 등도 일본 각 교단에 예속되었다. 여기 소무라(조승제) 목사는 철저하게 일제를 협력했던 목사였기에 목포양동교회를 시무하면서 교단의 의장이 되었다.[37]

또 1945년 7월 19일에는 장로교, 감리교, 성결교회, 구세군, 군소교단의 교단 대표들이 서울에 모여 일본기독교조선교단을 조직하고 임원을 선출할 때 그 자리에서 개표를 하지 않고 통합 교단이 하는 일에 앞장섰던 전인선 목사가 투표함을 들고 나가 조선호텔에서 조선총독부 학무국 관리 입회하에 개표를 하였다. 선출된 임원은 초대 통리에 가네모도(金本觀植, 김관식), 총무에 송창근 목사를 선임하고 조선총독부의 제가를 얻어 세상에 발표를 하게 됐다.

통리로 선출되었던 가네모도 목사는 해방되던 그날 오전에 전남교구 본부가 있는 광주교회로 출장을 갔었다. 실무 책임자인 성갑식 목사는 그를 보는 순간 "통리님, 일본 천황이 항복 선언을 방금 12시 뉴스로 방송했습니다." 이 말을 들은 가네모도 통리는 군복을 벗고 다른 옷을 달라 해서 갈아입고 그 길로 상경했다는 어처구니없는 한 장면이

---

37) 「일본기독교조선장로교단조직표자료」

연출되었다.

### 6) 친일파 평양신학교 등장

평양에 있는 장로회신학교가 폐교되자 친일 세력들은 서울에 조선신학원을 설립하자고 총회에서 결의를 하자 교세가 강한 이북 세력들은 그냥 있을 수 없다 하여 채필근 목사를 중심해서 일본 국민으로서 국민의례 등 황국신민서사(皇國臣民誓詞)로 본분을 다 지키겠다는 각서를 쓰고, 1940년 4월 조선총독부로 인가를 얻고 평양신학교를 설립하였다. 이 학교에 편입학했던 신학생들은 이미 장로회신학교 다니다가 편입한 학생들도 있었다. 교장은 채필근 목사가 선임됐다.

한편 서울에서 설립하려고 했던 조선신학원은 기회를 관서지방의 교세에 밀려 총독부의 인가를 얻지 못하고 경기도 학무국 사설학원 인가를 얻어 그해 4월 서울 승동교회에서 개교를 하였다. 이 학원은 이사장 겸 원장은 김대현 장로가 맡았으며, 교수는 김재준, 윤인구 목사 등이었다. 1940년 평양신학교가 개교되자, 한강 이남 출신들은 조선신학원에 진학하였으며, 한강 이북 출신들은 평양신학교에 진학하였다.

1945년 8월 15일 해방을 맞이하자 평양요한학교를 평양성화신학교라 하여 감리교 교역자 양성을 하였다. 여전히 평양신학교는 그대로 교역자를 양성하였으며, 조선기독교연맹이 형성되면서 1949년 12월에 성화신학교와 평양신학교를 통폐합하고 '평양신학원'이라 불렀다.[38] 그러나 6·25전쟁으로 인하여 7월에 졸업반 학생들은 통신으로 졸업장을 전달하고 문을 닫았다. 6·25전쟁으로 북한에서 많이 월남했던 목사 중 약 8명이 '평양신학원'(후에 조선기독교신학교로 개칭)을 졸업한 분들이 장로교에 소속되어 목회했던 일도 있었으며, 이 중 임택진 목사는 총회장을 역임한 일도 있었다.

---

38) 대한예수교장로회총회 편, 앞의 책, p. 34.

## 5장

# 한국교회 수난과 재건

## 1. 한국교회의 수난

### 1) 북한교회 수난

일본의 패전으로 한국은 해방을 만나게 됐다. 이 일로 신사참배를 반대했던 목회자 및 일반 신도들이 철재로 만든 옥문을 힘껏 박차고 나왔으며, 문을 닫았던 교회들이 다시 문을 열고 주일 밤과 수요일 밤 예배를 드리면서 신앙을 만끽하였다. 평양 형무소에서 출옥한 성도 50여 명은 한상동 목사를 중심해서 평양 산정현교회에 모여 한국교회 재건을 선포하였다. 그해 11월 평북 선천 월곡교회[1] 평북노회 등 6개 노회 200여 명의 교역자들이 자숙 논을 발표하였다. 그러나 이 자리에 참여했던 증경총회장 홍택기 목사는 친일파로서 이를 거부하고 옥중

---

1) 홍택기 목사가 시무한 교회였다.

에서 고생한 목사나 신사참배를 하면서 교회를 지킨 사람들이나 다같이 고생하였다면서 "신사참배에 대한 죄의 책벌은 하나님이 하실 일이지 사람이 할 수 없는 일이라."고 항의를 하자 결국 이 모임은 결론 없이 끝나고 말았다. 들리는 말에 의하면 6·25전쟁 때 인민군에 의해 학살되었다고 전하고 있다.

그러나 무너진 재단을 그냥 방치할 수 없어서 1945년 12월 1일에 평양 장대현교회에서 이북의 5도 16개 노회가 연합하여 북한5도연합회를 조직하고 통일이 될 때까지 총회를 대행해 갈 수 있는 조직을 하였다. 초대회장에 김진수 목사를 선출하였다. 5도연합회에서는 다음과 같이 결의하였다.

1. 북한5도연합회는 남북통일이 될 때까지 총회를 대행할 수 있는 잠정적 협의기관으로 한다.
2. 총회의 헌법은 개정 이전의 헌법을 사용하되 남북통일 총회가 열 때까지 그대로 둔다.
3. 전 교회는 신사참배의 죄과를 통회하고 교역자는 2개월간 근신한다.
4. 신학교는 연합노회 직영으로 한다.
5. 조국의 기독문화를 목표로 독립기념전도회를 조직하여 전도교화운동을 대대적으로 전개한다.
6. 북한교회를 대표하는 사절단을 파송하여 연합국 사령관에게 감사의 뜻을 표하기로 한다.[2]

이상과 같은 결의를 하였지만 소련군의 힘을 얻었던 북한의 실력자인 김일성의 탄압으로 이 일은 이루지 못하고 탄압을 받기 시작하였다. 첫 북한교회의 수난은 1945년 11월 16일 평북 용암포 지역에서 기독교 사회민주당을 결성하였다 하여 탄압을 받으면서 교인 및 학생 시민 5천여 명이 신의주 공산당 본부로 집결하고 퇴각운동을 벌릴 때 소

---

2) 김광수, 「한국기독교재건사」, p. 43.

련군과 공산당들은 무차별하게 총격을 가하자 수십 명이 목숨을 잃었으며, 기독교지도자들이 많이 구속을 당하였다. 이를 가르쳐 '신의주 학생사건'이라 부르고 있다.

다시 평양에서 1946년 3월 1일 3·1절 독립기념식을 거행할 때 평양교역자회에서는 그 장소를 장대현교회로 정하였다. 그러나 공산당 측은 평양역에서 기념식을 갖는 등 양 세력의 긴장감 속에서 기념식이 거행됐다. 그런데 뜻하지 않게 역전 기념식에 수류탄 투석사건이 발생하자 난장판이 되고 말았다. 이 사진은 기독교 교인들이 소삭하였다 하여 탄압이 일기 시작하였다.[3] 같은 해 11월 3일 주일에 도, 시, 군 인민위원회 위원선거를 실시한다는 공포가 있자 교계에서는 이를 반대하였다. 이것이 화근이 되어 또 탄압을 받게 됐다.[4]

### 2) 조선기독교도연맹 출현

이 무렵 공산당의 실력자인 강양욱(평신 42년 졸업생, 평양고정교회) 목사를 중심해서 조선기독교도연맹을 조직하고 증경총회장 김익두, 김응순 목사를 강제로 가입시키고 전면에는 김익두 목사를 내세웠으며, 초대 위원장(총회장)을 박상순 목사로 선출하였다. 이들은 11월 3일 주일에 실시하는 선거에 즉시 지지한다는 성명서를 내는 등 모든 목사는 이 연맹에 가입토록 하였다. 만일 가입하지 않으면 많은 불이익을 당하는 고통의 역사는 끊일 날이 없었다.[5] 신앙의 자유를 빼앗던 많은 목사 및 일반 신도들이 신앙의 자유를 누리기 위해서 또는 혼자서 가족을 이끌고 38선의 그 삼엄한 경계선을 뚫고 월남했던 일이 많았다.

이미 기존 평양신학교와 성화신학교를 통폐합하고 1949년 12월경에 「조선기독교신학교」라는 어용학교로 간판을 붙이었다. 그러나 1950년

---

3) 김양선, 「한국기독교해방10년사」, pp. 65-66.
4) 김양선, 앞의 책, p. 69.
5) 김양선, 앞의 책, p. 68.

6·25전쟁으로 학교는 수업을 할 수 없어서 무기방학을 하였다. 그러나 북한에서는 22년만인 1972년 '평양신학원'이라는 이름으로 문을 열고 10명의 학생을 선발하여 모집하였으며, 교수는 6·25전쟁 전에 목사 안수를 받고 조선기독교연맹에 가입한 목사들이 교육을 담당하였다. 학제는 3년으로서 한 기수 당 10명씩 모집하여 10명을 졸업시키고 3년 후에 다시 10명을 모집하여 3년간 졸업시키었다. 2006년까지 60명이 졸업하였다.[6] 1988년 11월 첫 주 봉수교회가 헌당함으로써 이 교회에서 예배를 드리게 됐다. 1992년 만경대 구역 칠곡동(김일성 출생지)에 칠곡교회(처음은 반석교회, 김일성 부인 강반석)를 신축하였다.

여기에 북한 교인들이 사용한 신약과 구약은 1983년과 1984년에 발행하였으며, 찬송가는 일제 말엽에 사용했던 신편찬송가를 사용하였다. 아울러 평양신학원도 이 건물에서 사용하게 됐으며, 현재 조선그리스도교연맹 위원장은 강양욱 목사를 거쳐 고기준 목사가 맡았으나 그가 사망하자 강양욱 목사의 아들 강영섭 목사가 맡았다. 여기에 남선교회전국연합회에서 평양봉수교회를 재건축하여 입당예배를 2007년 12월 21일에 드렸다. 총 공사비는 30억 원으로써 대지 300평, 건평은 600여 평의 넓은 공간으로써 북한에서는 최현대식 건물이 되며, 앞으로 북한 동포들에게 예수 그리스도를 통한 세계가 오리라고 생각된다.

## 2. 한국교회 재건

### 1) KNCC의 재건

남한은 해방과 함께 신앙의 자유를 얻어 교회재건에 박차를 가하였다. 1945년 9월 8일 일본 기독교조선교단 장로교 지도자 김관식, 김영주, 송창근 목사 등과 감리교 지도자 변홍규, 이규갑, 박연서 목사 등이 모여 남부대회를 소집하였는데, 교단 존속을 지지하는 세력과 반대

---

6) 김수진, 「이야기한국교회사」, p. 170.

세력이 맞서면서 감리교 대표들이 옛날 교회의 환원을 주장하면서 퇴장하였다.[7]

이 일로 인하여 하나 된 교회 모습이 이루어지지 못하고 감리교를 재건하게 되었다. 1945년 11월 27일 감리교 지도자 일부가 정동제일교회에서 기독교 남부대회를 성사시키기 위해서 조선기독교남부대회를 개최하였다. 1946년 4월 30일 제2회 남부대회가 정동제일교회에서 소집되었으며, 이때 대회장에 배은희 목사가 선출되었다. 그러나 대부분의 교파 지도자들이 불참힘으로 인하여 기독교 남부대회의 의미를 상실하자 곧바로 해체하고 말았다.

그러나 1946년 9월 3일 장로교, 감리교, 성결교, 구세군 등 지도자들이 모여 '조선기독교연합회'를 재건하였다. 회장에 김관식 목사, 총무 임영빈 목사, 간사 엄요섭 목사를 각각 선출함으로 오늘의 KNCC의 모체가 되기도 하였다. 이 연합회는 한국 개신교를 대표할 수 있는 기관이 되었으며, 1947년 3월 1일 서울 운동장에서 3·1절 기념식을 개최하였다. 또한 4월 부활절에는 서울 남산에서 미군과 함께 부활절 예배를 개최하기도 하였다.

불행하게도 KNCC도 6·25전쟁으로 수난을 만나면서 총무였던 남궁혁 목사가 납북되는 비극도 당하였다. 일제에 의해 강제로 추방당했던 선교사들이 각 선교부의 루트(route)를 통해 다시 내한하게 되었으며, 이 일로 교파주의의 뿌리는 더욱 깊게 내리기 시작하였고, 6·25전쟁 시 미국의 참전으로 많은 군목이 종군에 임하게 되었다. 이때 미국의 오순절 계통 군목이 내한함으로써 이들을 통해서도 미국의 오순절 계통 교회가 서울을 중심으로 각 지방에 설립되기도 하였다.

### 2) 장로교회 재건

조선기독교남부대회가 해체되고 전국의 각 지방노회가 재건됨에 따

---

7) 김양선, 앞의 책, pp. 49-51.

라 일부 장로교 지도자들은 1946년 6월 12일 서울 승동교회에서 장로회 남부대회를 소집하였다. 남한에 있는 노회 대표들이 모여 총회를 이루었다 하여 '남부대회 총회(32회)'라 하였다. 대회장에 배은희 목사를, 부회장에 함태영 목사를 각각 선출하였다. 이 날 남부대회에서는 다음과 같은 사항을 결의하였다.

> 첫째, 헌법은 남북이 통일될 때까지 계정하지 않고 그대로 사용한다.
> 둘째, 제27회 총회가 범한 신사참배 결의는 이를 취소한다.
> 셋째, 조선신학교를 남부 총회 직영신학교로 한다.
> 넷째, 여자 장로직의 설정 문제는 남북통일 총회 시까지 보류한다를 결의하였다.[8]

1947년 4월 제2회(총회 33회) 남부대회가 대구 제일교회에서 모였을 때에 1943년 일제의 강압으로 해산되었던 제31회 총회를 계승하여 제33회 총회로 계승할 것을 결의하였다. 이러한 결정에 따라 1948년 4월에 모인 제34회에서 이자익 목사를 총회장으로 추대하였다.

### 3) 광주·전남지방의 노회재건

남한지역의 교회들이 재건되면서 호남지방의 교회들 역시 침체와 좌절을 딛고 새로운 모습으로 발전하기 시작하였다. 비록 교회지도자들 간의 갈등과 분열이 있었지만 각 지역의 노회조직이 재정비되고, 교회는 부지런히 신자들을 모으는 한편 새로운 교회들을 개척하기도 하였다. 이러한 교회의 재건과 성장의 배후에는 기독교 민족지도자들의 영향이나 일제시대에 교회가 애국운동의 중심지로서 얻은 평판과 명성이 적지 않게 작용했겠지만 무엇보다 중요한 것은 자유롭게 신앙생활을 할 수 있는 세대가 열렸다는 점이었다.

---

8) 김양선, 앞의 책, p. 52.

전남노회는 1945년 11월 7일 광주 금정교회에서 제35회 모임을 갖고 노회재건의 힘찬 발걸음을 내딛게 되었다. 회장 김창국 목사, 부회장 이남규 목사, 서기 성갑식 목사, 부서기 김병두 목사, 회계 서한권 장로, 부회계 서영범 장로 등이 선출되었다. 시찰은 광주, 나주, 목포, 강진 등 4개 시찰로 나누었으나 1946년 5월 7일 목포 양동교회에서 열린 제36회 노회에서는 광주, 함라(함평·나주), 목포, 장강(장흥·강진) 등 4개 구역으로 나누었다. 이후 1951년 제43회 노회에서 광주시찰에서 광산시찰을 분립 신설되어 시찰조직이 늘어났다.[9]

다각적인 노력의 결과로 전남노회는 해방 전과는 비교할 수 없을 정도로 발전되었다. 1949년 3월 15일 광주 남부교회에서 열린 제40회 노회에 보고된 각 시찰지역의 목사와 장로의 수, 조직교회와 미조직교회 및 기도처 수는 다음과 같다.

〈표 14〉 전남노회 교회현황(1949년)

(단위 : 명 & 곳)

| 시 찰 | 목 사 | 장 로 | 조직 교회 | 미조직 교회 | 기도처 |
|---|---|---|---|---|---|
| 광 주 | 16 | 26 | 14 | 35 | 8 |
| 나 주 | 3 | 18 | 11 | 8 | 3 |
| 영 광 | 3 | 7 | 4 | 5 | 1 |

특이할 일은 김창국 목사와 이경필 목사가 1949년 3월 16일과 9월 14일에 공로목사 추대식을 통해 전남노회 공로목사로 추대되었다는 점이다. 특히 김창국 목사는 전남노회에서 4번 연속 노회장을 역임하였으며, 이경필 목사는 2번 노회장을 역임하였다.[10]

---

9) 전남노회 편, 「전남노회 75년사」, pp. 197-198.
10) 전남노회 편, 「전남노회 75년사」(서울 : 글벗, 1993), pp. 199-200.

## 3. 6·25전쟁과 교회수난

### 1) 6·25전쟁

　6·25한국전쟁은 동족끼리 총부리를 맞대고 서로 싸웠다는 데 민족의 비극이 되었다. 이 전쟁은 남북 분단에서부터 출발되었다. 36년간 일제의 식민지였던 한국은 해방을 맞이하였지만 한국 국민들의 동의 없이 강대국인 미국과 소련의 일방적인 분단선을 설정하고 각각 군정을 실시하였다. 북한에 진주한 소련군은 남침야욕을 품고 국력증강에 힘을 기울였으며, 남한을 점령한 미국은 1948년 12월부터 철수에 임하고 있었다.

　남북은 각각 정권을 수립하여 북한은 1948년 9월 9일 조선인민주의인민공화국을 설립하고 김일성이 공산당 서기장이 되면서 권력의 실권자가 되었고, 남한은 대한민국정부를 수립하고 이승만이 대통령으로 선출되었다. 그리하여 한반도에는 두 개의 정권이 들어서 북쪽은 소련의 영향을, 남쪽은 미국의 영향을 받게 되었다. 1949년 중국이 공산당 모택동에 의해 장악되면서 중화인민공화국의 정권이 되면서 김일성은 적화통일의 전략을 세워 남침의 기회를 노리고 있었다. 김일성은 모든 학교마다 병영화하고, 철저한 군사훈련을 시켰다. 1950년 6월 25일 김일성은 보병 10개 사단, 탱크 242대, 항공기 211대를 앞세워 38선을 넘어 남하하기 시작하였다. 이때 남한은 일요일이라서 많은 지휘관들이 주말 외출을 하고 무기 역시 부족한 상황이었다. 이러한 상황으로 남한의 국군이 인민군을 방어하기는 어려웠고, 남침한지 48시간 만에 서울을 빼앗기게 되었다.

　시민들의 피난행렬은 남으로 이어졌고, 국군이 방어할 능력을 상실하자 한국정부는 미국에 유엔 안전보장이사회 소집을 요청하였고, 유엔은 일본에 주둔하였던 미국 극동사령부 소속 병력을 한국전쟁에 투입하였다. 이들이 부산을 통해 안양까지 진격해 왔으나 지형적인 인지 미숙으로 밀리고 말았다. 이승만 대통령은 서울을 사수하고 인민군은 퇴각시킨다는 방송을 남기고, 자신은 부산으로 피난을 떠나 결국은 시민들을 속이게 되었다. 국군의 후퇴가 계속되자 각 지역의 학도의용군이 지원하여 공산당을 막고자 하였지만 이 역시 어려움을 당하고 있었다. 인민군은 대전을 점령한 뒤 방어력이 약한 호남지방을 공격하기 시작했다. 1950년 7월 23일 주일 아침 인민군이 광주에 진입하였다.[11]

호남지방을 점령한 공산당은 영남지역을 침공하였고, 공산당에 의해 점령된 지역에서는 인민위원회가 조직되어 이승만 정권에 협력했던 우익인사를 비롯해 군경 유가족, 교계 지도자들을 숙청하기 시작하였고, 살상이 자행되었다. 이때 남한 각처의 남녀 중·고등학교 학생들을 감언이설로 속여 인민군 지원을 독려하였다. 최후 격전지였던 낙동강 전투에는 엄청난 인민군 병력이 투입되어 유엔과 국군의 희생뿐만 아니라 인민군의 희생도 속출하였다.

1950년 9월 15일 맥아더 사령관의 전법으로 인천 상륙작전이 성공하자 인민군은 서서히 퇴각하였다. 같은 해 9월 28일 서울이 탈환되고 10월 1일 평양을 함락하고 압록강을 향해 돌진하였다. 그러나 뜻하지 않게 중공군의 개입되면서 후퇴하지 않을 수 없게 되었고, 1951년 1·4 후퇴 명령이 내려졌다. 1953년 7월 27일 중공군과 유엔군의 군사협정으로 휴전선이 만들어지게 되었다. 지금은 인민군과 유엔군이 휴전선을 지키는 동시에 한반도 통일을 가로막는 형편이 되었다. 한국전쟁은 남북의 모든 도시를 폐허로 만들었고, 국군 22만여 명, 미군 14여만 명, 유엔군 16,000여 명 등 총 376,000명의 사상자를 낳았으며, 북한군 60여 만 명, 중공군 1백여 만 명 등 총 160여 만 명의 사상자를 낳았다. 질병으로 인한 사망자까지 계산하면 한국전쟁으로 인한 사망자 수는 600여 만 명으로 추산되고 있다. 또한 이산가족이 1,000여 만 명 발생되었다.

---

11) 전남노회 편, 앞의 책, pp. 219-220.

## 2) 전남지방 교회의 수난과 순교자

한국전쟁으로 한국교회는 교회당의 파괴, 지도자들의 희생, 경제적 파탄에 따른 자립약화, 윤리의식 저하 등의 피해를 입게 되었다. 이러한 피해를 전남 교회 역시 빗겨 갈 수는 없었다. 그러나 다른 한편으로 신앙을 사수하기 위해 목숨을 바친 많은 순교 사례들이 구전되면서 교회 선교와 재건에 큰 영향을 주었고, 선교사와 교회로 하여금 공산당 포로수용소에서 전도하게 할 수 있는 기회가 되기도 했다. 당시 KNCC 총무였던 남궁혁 목사는 대한기독교서회 빌딩에 모여 대책회의를 집례하였다. 월남한 목사들은 '서울 사수론'을, 일부는 '피난론'으로 의견이 분분했지만 성도들을 남겨 두고 피난을 갈 수는 없다는 쪽으로 의견이 수렴되었다. 그러나 막상 공산당이 서울을 점령하자 '서울 사수론'을 주장하던 상당수의 목사들은 먼저 피난을 갔으며, 공산당의 만행을 알지 못했던 남한 목사의 대부분은 서울에 남아 있었고, 인민군 환영대회에 강제동원되면서 수난을 당하기 시작하였다.

한편 지방에서도 이러한 일은 반복되어 일부는 예배당을 징발하여 '인민위원회', '여성동맹위원회', '민주청년동맹위원회'의 사무실로 사용되기도 하였다. 동시에 목사와 전도사는 수시로 소환되어 자술서를 쓰게 하였으며, 인민재판을 열어 처형을 시키기도 하였다. 전남지방에서는 전남 영광군 염산교회가 김방호 목사를 포함한 교인 77명이 순교를 당하였다. 또 영광군 야월교회는 전교인 65명이 공산당에 의해 예배당에 감금된 채 전원이 불에 타 순교당하였다.[12] 그리고 무안군 몽탄교회의 정재련 전도사가, 해제 중앙교회와 청계 복길교회의 교인들이, 목포연동교회에서는 최명길 목사, 김계수 장로가, 신안 임자성결교회에서는 문준경 전도사, 이판일 장로가, 진도읍교회에서는 김수현 목사가, 강진읍 교회에서는 배영석 목사가, 해남에서는 신복균 전도사가, 영암읍교회에서는 교인 26명이, 상월교회에서는 나옥매 전도사를 비

---

12) 김수진, 「6·25전란의 순교자들」, pp. 21-26.

롯한 30명의 교인이, 구림교회에도 교인 18명이 순교를 당하였다. 순천지방에서도 덕양교회 조상학 목사, 애양원교회 손양원 목사, 소록도교회 김정복 목사, 구례읍교회 이선용 목사, 화순 화학산에서는 조영택, 김인재 전도사, 담양읍 교회에서는 김용선 전도사, 광주양림교회에서는 박석현 목사 등이 공산당에 의해 순교를 당하였다.

### 3) 14년대 반란 사건

제주도의 4·3사건은 유엔결의에 의해 1948년 5월 10일 남한만 총선을 실시한다는 미군정의 발표에 대해 항거하다 일어난 사건이었다. 이때 제주도민들은 남한만의 총선은 영원한 분단을 초래한다고 주장하면서 4월 3일 대대적인 항의를 하였다. 이때 제주도 도민 전체가 이 항의운동에 가담하자 미군정은 제주도의 치안과 안정을 찾기 위해 1948년 10월 19일 육군 14연대 병력이 여수 부두에 집결하게 되었다. 인사계 담당자의 한 사람이었던 지상사는 공산당원이었다. 14연대 내에 위장한 공산당원이 약 40명이 있었고, 이들에게 지상사는 무기고 점령과 신호에 따른 경찰타도를 지시하였다. 이에 따라 연대 내에 있던 공산당원들이 "경찰이 쳐들어온다. 경찰을 타도하자. 우리는 동족상잔을 위한 제주도 출동을 반대한다."라고 주장하였다.[13]

이들 공산당 반란군은 새벽 통학 열차 편으로 순천으로 이동하였고, 일부는 차량으로 이동하였다. 순천도 여수와 같은 상황이 발생하였다. 순천경찰서가 사전에 여수소식을 통보받았지만 공산당 반란군은 막지 못했다. 순천 경찰관이 공산당 반란군이 쏘는 총탄에 쓰러지면서 순천 시내에도 시체들이 쌓이기 시작했다. 안용준 목사가 쓴 "사랑의 원자탄"에 이 상황이 묘사되어 있다.

---

13) 김수진·한인수, 「한국기독교회사 호남편」, pp. 331-332.

순천 경찰서에서는 이 급보를 받고 결사 교전하였으나 중과부적으로 전원 전사하여 반란군의 점령한 바 되고 순천 시내 좌익 청년학도들은 반란군에 호응하여 협력하였다. 다시 이들은 순천 시내 정치요인, 정당관계자, 부유한 지주 등을 닥치는 대로 학살하였다. 순천 전 지역은 총성이 진동하고 살육이 벌어져 그야말로 아수라장이었다. 거리가 시체로 무더기를 이루고 붉은 피는 순천시가를 시내로 만들었고 곡성은 하늘에 사무쳤다.[14]

치안이 불안정하면서 좌익 학생들까지 극성을 부렸다. 이들은 특히 예수 믿는 학생들을 미워했다고 한다. 14연대 반란이 일어나자 좌익 학생들은 해방이나 맞이한 듯 우익학생들과 기독학생들을 죽이기로 작정하고, 이들을 색출하였다. 이로 인해 손양원 목사의 아들 동인, 동신도 체포되었고 순천 시내 뚝에서 총살당했다. 지금도 그때를 기억하는 사람들은 순천 냇가 뚝에는 많은 시체들이 쌓여 있었고 피가 낭자했다고 전한다.

14연대 반란사건으로 많은 사람들이 죽어 가는 가운데 원수를 용서해 주고 뜨겁게 사랑한 그리스도인의 본을 보인 이가 있었다. 그가 바로 손양원 목사, 황두연[15] 장로이다. 황두연 장로는 한민당 당원들의 음모로 죽임을 당할뻔 하였다. 왜야하면 평화일보는 14연대 사건의 주모자가 황두연 의원이라고 대서특필하였고, 내무부는 황두연 의원을 사형시켜야 한다고 신문보도를 냈다. 이러한 일로 황두연 장로는 체포되었으나 크레인 선교사와 보이열 선교사의 도움으로 그의 억울함을 풀 수 있었다. 두 아들을 죽인 원수를 예수의 사랑으로 용서해 준다는 손양원 목사의 거룩한 뜻에 감격을 받은 사령관은 안재선을 손양원 목사에게 인도하였다.

---

14) 안용준, 「사랑의 원자탄」, p. 162.
15) 순천지방 국회의원을 지내다가 모함으로 국군에 의해 처형될 뻔하였다. 그는 살아남았고 정계를 은퇴한 후 장로회신학대학교에서 신학을 공부하여 목사가 되었다.

안재선은 손양원 목사의 위대한 사랑에 감동하여 그리스도인이 되었을 뿐만 아니라 신학교에 입학하여 죄인을 위하여 생명을 바친 주님 사업을 위해 헌신하다가 하나님의 부르심을 받았다. 이러한 손양원 목사의 그리스도의 사랑과 진리의 실천은 나덕환 목사와 순천 일대 교회에 큰 감화를 주었고, 그 결과 타 지방교회들이 분열될 때에도 순천지방은 교회가 분열 없이 성장하는 토대가 되었다. 아들을 죽인 살인자를 용서해 준 손양원 목사의 사랑을 한국 목회자들은 배우고 따라야 하다. 모든 문제와 죄는 예수의 사랑으로 용서된다는 것을 생각해야 한다.

1949년 1월 10일 14연대 반란사건에 대한 재판이 공개적으로 진행되었다. 이때 재판받은 군인 수는 2,812명이었고, 사형 수 410명, 종신형 568명이 이었다. 경찰에 검거된 검거인 수는 3,539명이었고, 이 중 14연대 사건에 연루되었던 사람만 3,239명이었다.[16] 14연대 진압과정에서 여수 1,300명, 순천 1,135명, 보성·고흥·광양·구례·곡성 등에서 190명 등이 사망했으며, 중상자 수는 1127명, 행방불명자 수는 4,300명으로 추정되었다.

그동안 4·3사건은 4·3평화운동으로 바꾸어 부르게 되었다. 이 사건은 1947년 3월 1일 사회개혁을 요구하는 제주도민 3만여 명이 제주경찰서를 비롯한 74개 지서를 습격한 사건이었다. 이를 저지하기 위해서 군경, 우익세력과 좌익세력이 충돌하면서 많은 부상자를 발생시킨 사건이었다. 그 이듬해인 1948년 4월 3일 남한만의 총선거를 반대하는 시위가 전체 주 도민에 의해 일어나면서 또다시 군경과 시민이 충돌하였다. 시위자들은 남한만의 총선거는 영원히 한반도를 분단으로 남게 하는 일이라며 반대를 하였다. 급기야 군경의 무력진압으로 제주도민의 사상자가 3천여 명이나 발생되었다. 생명의 위협을 느꼈던 사람들은 밀선을 타고 일본 오사카로 건너가 코리아 타운을 형성하였다. 한

---

16) 김수진, 「호남선교 100년과 그 사역자들」(서울 : 고려글방, 1994), pp. 451-452.

으로 남았던 4·3사건은 종식되고, 2003년 10월 31일 정부와 희생유족들의 협력으로 4·3 평화공원을 조성하면서 새로운 전기를 마련하였다. 4·3 평화공원은 이 땅에 영원한 평화가 이루어지기를 염원하는 상징으로 제주시 봉개동 일원 12만 평의 대지 위에 상징조형물, 추념광장, 4·3사료관, 문화센터 등으로 구성되어 있다.

## 4. 장로교회의 분열

### 1) 고려파의 분파

신사참배에 대한 항거로 평양 형무소에 투옥되었던 약 70명의 기독교 인사 중 주기철, 채정민 목사를 포함한 약 50명의 기독교인들이 순교를 당하고 20여 명만이 출옥하였다. 그들 중 이기선·한상동·주남선 목사는 출옥 후에 순교한 주기철 목사가 봉사하던 평양 산정현교회에서 약 2개월간 체류하였다. 그곳에서 그들은 한국교회의 재건에 대한 문제를 논의하였다. 1945년 11월 14일 평북노회 주체로 선천 월곡교회에서 '교역자 퇴수회'를 개최하였는데, 초빙강사로 박형룡 박사와 이기선 목사가 초대되었다. 이때 박형룡 박사는 한국재건운동의 원칙을 발표히였다. 원칙이 발표되자 신사참배를 결의했던 홍택기 총회장은 이를 강력히 반대하였다. 그 이유는 옥중에서 고생한 분과 교회를 지키기 위해 수고한 분의 고통은 똑같기 때문이라는 것이었다. 교회를 버리고 도피한 자들이나 은퇴한 자들보다는 오히려 교회를 지키기 위해 일제의 강제에 굴복한 자들의 노고가 더 높이 평가되어야 한다고 하였다. 그리고 신사참배에 대한 회개와 책벌은 하나님이 하실 일이지 인간이 정죄할 수 없는 일이라고 하였다. 한국교회의 재건에 대한 입장이 분분하였다. 한편 소련군의 진주와 교회에 대한 공산당의 감시가 한층 심해지자 김진수·김철훈·이유택·김길수 목사 등을 중심으로 북한 5도 16개 노회가 '5도연합회'를 1945년 12월 초에 평양 장대현교회에서 조직되었다. 이 연합회는 남북통일이 완성될 때까지 총회를 대행하는 잠정적 의결기관으로 결의되었다. 또한 전국 교회는 신사참배의 죄과를 통회하고, 교역자는 2개월 근신을 결의하였다.

공산당과 소련군은 교회에 간섭을 하고, 교회에 대한 무력행사를 노골화하였으니 교회의 미래는 밝지 못했다. 그러자 주남선·한상동 목사는 그들의 고향인 경남 거창과 부산으로 월남하였다. 그리고 이들을 중심으로 1945년 9월 18일 경남노회가 재건되었다. 이 재건노회에서 "목사·전도사·장로는 일제히 자숙하여 교회를 사직할 것과 자숙 기간이 끝나면 교직자의 시무투표를 시행하여 그 진퇴를 결정할 것" 등을 결의하였다. 그러나 이 결의안은 교회 지도자들의 반대로 무산되었고, 이에 분개한 노회원들은 1946년 7월 9일 정기노회에서 임원의 총사퇴를 요구하고, 주남선 목사를 노회장으로 추대하였다. 이에 대해 심사참배 문제를 해방이 되었다고 하여 죄를 운운하는 것은 비양심적이라는 반대론자들이 있었다. 그래서 1946년 12월 3일 진주에서 개최된 정기노회에서 더 이상 신사참배 문제를 거론하지 않기로 결의하였다.

또 한상동 목사는 박윤선[17] 목사를 만나 신학교 설립에 대한 의견이 교환되면서 고려신학교가 설립되는 기초가 마련되었다. 주남선·한상동·박윤선 목사를 신학교설립준비위원으로 하여 1946년 9월 20일 초대교장으로 박윤선 목사를 선임하여 고려신학교가 개교되었다.[18] 그러나 고려신학교는 초기부터 경남노회 지도자들과 원만한 관계를 형성하지 못했다. 이 학교는 독선적인 신앙노선으로 기성교회와 유대를 갖지 못하였고, 노회 또한 이 학교를 인정하지 않았다. 이에 따라 한상동 목사는 신학교와 전국 교회의 지지를 얻기 위해 박형룡 박사를 이 학교의 교장으로 추대하였지만, 박형룡 박사가 학교를 사임하였고, 여전히 고려신학교는 경남노회의 인정을 받지 못했다.

1948년 4월 새문안교회에서 모인 총회에서 전남노회는 고려신학교

---

17) 박윤선 목사는 전 만주 동북신학교 교수였다.
18) 김수진·한인수, 앞의 책, p. 385.

에 학생을 추천해도 좋은지를 질의하였다. 총회는 고려신학교를 재차 인정하지 않았다. 마침내 36회 총회에서 고려파는 총회에서 쫓겨나게 되었다. 이로 인해 장로교의 제1차 분열이 가속화되었지만 호남지방 교회지도자들은 고려파의 영향을 받지 않고, 계속 발전해 나갔다.

## 2) 기독교장로회 창립

1952년 제37회 총회가 끝나고 대구에서 총회의 신학문제에 관한 반대가 전국적으로 퍼지기 시작하면서 지방 노회의 교회들도 싸움이 일기 시작하였다. 경기, 전북, 군산, 충남, 경남, 경북, 경서 등 노회원 중 조선신학교 회원들을 중심으로 대구남산교회에서 총회 호헌대회가 개최되었다. 이를 계기로 조선신학교 측과 장로회 신학교 측의 분쟁이 날로 심해졌다. 이 영향을 받아 호남지방에서도 군산, 전북, 김제, 목포, 충남 등 노회가 분립되었으며, 이로 인해 교회는 분열이 되고, 이 문제가 세상 법정까지 비화되었다.

1953년 4월 25일 제38회 총회가 대구서문교회에서 개최되었다. 이 회의에서 충남, 전북 두 노회의 회원권 문제로 분쟁이 있었고, 김재준 목사의 파면 등 '개신교회로서는 선례가 없었던 교권의 발동'이 있었다. 이때 김세열 목사를 중심으로 한 80여 명의 목사들이 서울로 올라와 전북, 김제, 군산, 충남, 경서, 경북, 목포, 충북, 제주 등 분립노회원 47명과 더불어 제38회 총회를 재개하였다.[19] 1954년 6월 10일 김세열 목사를 총회장으로 하여 제39회 총회를 개최하면서 총회의 명칭을 '대한기독교장로회'(약칭은 기장)로 하고, 캐나다 선교부를 총회 회원으로 받아들였다. 이로 인해 호남지방의 노회들은 분쟁이 일어나면서 그 영향이 미션학교와 지방교회들에게 미쳤고, 또 호남교회사에 일대 오점을 남기는 계기가 되었다.[20]

---

19) 김수진 · 한인수, 앞의 책, p. 389.
20) 김수진 · 한인수, 앞의 책, pp. 388-389.

### 3) 예장, 합동, 통합의 분열

장로교의 분열은 계속되어 1959년 제44회 총회에서 N. A. E.(national association of evangelicals)과 에큐메니칼(Ecumenical) 간의 대립이 발생하였다.[21] 이 분열은 과거 장로교 분열에 비해 치명적인 것이었다. 옥중의 인사들이 해방과 함께 출옥하고, 해외에 망명하였던 보수주의 신학자들이 귀국하였으며, 한국교회의 재건과 아울러 신학교를 재건하여 부산의 고려신학교와 서울의 대한예수교장로회신학교가 설립되었고, 신학의 양극화는 더해 갔다.[22] 이러한 상황에서 당시 대한예수교장로회신학교 교장이었던 박형룡 박사의 '삼천만환사기사건'[23]이 발단이 되었고, W. C. C.의 용공시비, 신신학 시비 등이 원인이 되어 분열이 일어났다.

분열이 거듭되자 호남지방을 중심으로 선교활동을 하였던 남장로회 선교부는 이를 중재하기 위해 노력했다. 브래드리(S. H. Bradley), 벨(L. N. Bell), 타요한(J. Talmage) 선교사가 많은 수고를 하였다. 타요한 목사는 WCC는 용공도, 신신학도, 단일교회 지향도 아니기 때문에, 미국 남장로회는 한국교회의 평화를 위해 WCC를 탈퇴할 용의가 있다는 태도를 보였다. 그리고 회합을 위한 통합총회를 1960년 2월에 개최하였지만, 끝내 성공을 못하고 교회는 분열되었다. 호남지방에서는 10개 노회 중 9개 노회가 분열되었고 교회는 싸움과 저주의 장소로 변했으며 교회지도자들과 교인들의 추태가 연출되었다. 한국전쟁을 경험하면서

---

21) NCC는 합동찬송가, 주일학교 공과, 기관지 「기독공보」의 발행, 부활절 연합예배, 3·1절 기념 연합행사 등을 주도하면서 한국교회의 협력, 일치에 크게 기여해 왔다. 그러나 한국교회 내에서 WCC의 에큐메니칼 신학노선에 대한 회의의 움직임이 일어나기 시작했고, 향후 한국교회의 한 논란점으로 부상할 조짐을 보였다. 그 내용은 용공성, 신신학 노선에 관한 것이었다. 전택부, 「한국교회발전사」(서울 : 대한기독교출판사, 1993), pp. 320-323 참고.
22) 김남식 역, 대한예수교장로회, 「한국장로교 신학사상사 I」(서울 : 베다니, 1997), p. 515.
23) 박형룡 목사가 신학교 부지확보 및 문교부 인가를 얻기 위해 박호근에게 삼천만환을 맡겨 이 일을 추진하였으나 사기를 당하고 말았다.

교회를 지키기 위해 수많은 순교자를 배출했던 호남지방의 교회의 모습은 보이지 않았다. 교회의 수치와 굴욕뿐이었다. 그중 광주양림교회는 기장으로 분립되는 아픔이 가시기도 전에 다시 NAE와 에큐메니칼로 다시 분열되었다. 그 결과 오늘날 양림리에는 3개의 양림교회가 서 있으며, 현재 동반 성장하고 있다.

교회의 분열은 미션학교에까지 영향을 미쳐 광주숭일중·고등학교, 전주신흥중·고등학교에서도 소요가 있었다. 전주신흥중·고등학교에서는 '남장로회선교협의회'가 있었던 1960년 6월 7일에 한국기독교장로회에 속한 광주, 김제, 목포, 여수, 순천, 전주 고등성경학교 소속 학생 60여 명이 회의장을 포위하고 항의를 하였다. '에큐메니칼 운동 반대', '비정치참여', '달라로 매수말라' 등의 구호를 외치며 연대항의를 하였고, 일부 과격한 학생들이 선교사를 구타하여 상해를 입히는 사태도 발생하였다. 이로 인해 6명의 학생이 특수폭행 및 치사, 특수재물손상, 특수주거침입이란 죄명으로 구속 기소되는 슬픔을 겪어야 했다.[24]

그러나 분열의 원인이 이권과 세력다툼이라는 비성서적 병폐에서 기인한 것이었다면 그에 대한 해명은 역사의식의 부재, 교회론 이해의 천박성 등을 인정하는 증거에 불과할 것이다. 우리는 이에 대해 깊은 반성과 성찰을 해야 할 것이다. 더구나 끊이지 않는 교회의 분쟁은 교회 본연의 사명인 선교와 사회를 향한 책임 있는 방향제시를 상실케 하는 것이다. 또한 교회 분열로 교권이 약화되자 많은 유사 사이비 기독교 집단들이 일어나 교회를 대항하기 시작하고, 신자들을 혼란에 빠뜨렸다. 교회 분열을 통해 얻은 것이 있다면 그것은 상처요, 잃은 것은 사랑일 것이다.

1960년 5월 17일 전주에서 호남지방 10개 노회와 선교회를 중심으로 교회의 싸움을 중지하고 교회 평화를 유지하면서 복음 선교에 주력할 것을 다짐하는 긴급성명을 제주, 목포, 김제, 진서, 전남, 군산, 순

---

24) 1960. 10. 24., 「기독공보」.

천, 대전, 전북, 충남노회 지도자들과 9명[25]의 선교사들이 발표하였다. 그 내용은 다음과 같은 것이었다.

첫째, 통합총회는 대전에서 분열된 총회를 통합하는 것이요, 다른 교파를 통합하자는 것은 아니다. 이 통합총회는 연동 측, 승동 측, 중립 측, 남북장로회, 호주선교회가 하나가 되어 나가는 것이다.

둘째, 통합총회는 NAE와 WCC의 신조를 따르는 것이 아니라 70년 동안 내려온 대한예수교장로회 신조를 유일한 신조로 믿으며 사도신경을 그대로 믿는다.

셋째, WCC는 지난 제44회 총회에서 탈퇴하였고 이제는 우리와 아무 상관이 없다.

넷째, 통합총회가 신신학운동, 용공주의 운동, 단일교회 운동단체라고 하는 것은 거짓선전이다.

다섯째, 신앙생활은 신자와 하나님과의 직접관계이다. 다른 사람을 비평하거나 재판하지 말고 자기가 구원 얻을 수 있는가를 생각할 것이다. 타국사람이 구원 얻고 못 얻는 것은 하나님과의 관계이다. 우리가 비판할 수 없다.

여섯째, 교회를 불법적으로 분열하면서 자기 혼자라도 교회를 지킨다거나 피를 흘리더라도 사수한다는 것은 장로회 정신이 아니요, 성경대로 사는 생활도 아니다.

일곱째, 구원은 특정 교파에 국한된 것이 아니요 예수님의 피로 구원함을 받는 것이니 경솔히 다른 신자를 구원할 수 없다고 선전할 수 없다.

여덟째, 우리는 앞으로 하나님의 뜻을 따라 모든 혼란을 방지하고 교회부흥에 힘쓰기로 한다.

아홉째, 우리 총회를 이탈한 교회, 교역자, 신도는 잘못을 깨닫고 돌아오기 바라며 우리는 반가이 영접할 것을 약속한다.[26]

---

25) 보이열, 조요섭, 인휴, 부명광, 인도아, 보계선, 박대위, 모요한, 타요한 선교사 등이다.
26) 김수진·한인수, 앞의 책, 이날 서명에 참여했던 노회와 노회장은 제주노회장 강문호, 목포노회장, 김성배, 전남노회장 선재련, 순천노회장, 김종하, 전북노회장 이장봉, 김제노회장 최봉춘, 전서노회장 이두옥, 군산노회장 안

이것은 교회가 예수님의 몸이요 정신이 거하시는 전이고, 신자는 예수의 몸된 교회가 하나님께 영광을 돌리는 교회가 되기를 바란다는 내용이었다. 이와 같이 1954년은 한국 장로교회의 분열에도 불구하고 교회는 새로운 성장과 발전의 단계로 도약하는 해이기도 했다. 예장총회가 선교 70년을 기념하기 위해 남한지역 교회가 설립되지 않은 지역에 교회를 개척하여 교회가 없는 지역이 없도록 하자는 안을 채택하였기 때문이었다. 1957년 총회 보고서를 보면, 복음의 황무지에 개척 전도단을 파송해 세워진 교회 수가 약 280곳에 이르렀다. 시청각전도, 개인전도, 축호전도, 직장전도, 대도시순회연합 부흥회 등에 힘입은 결과였다.

　호남지방에서도 1954년은 남장로회 선교사업의 원칙과 정책을 평가하고 변화를 모색한 시기였다. 그 실례가 대전대학[27]의 설립과 대전 스테이션의 개설, 월간지「복된 말씀」출판, 호남신학교 설립, 기독교 방송국 광주, 이리지부 개설 등이다. 1954년이 호남교회 성장의 도약판이 될 수 있었던 사회적 요인은 인구팽창을 들 수 있다. 1957년 호남지방의 교세통계를 살펴보면 세례교인 수가 약 39,000명으로 1950년과 비교해 볼 때 두 배 증가된 수치이다.[28] 한국장로교회의 일치를 위한 움직임은 1959년 12월 17일 호남선교협의회에서 교회일치를 위한 회합으로 다음과 같은 내용이 제출되면서 시작되었다.

　　1. 한국교회는 WCC를 탈퇴한다.
　　2. 미국 NCC가 클리블랜드 회의에서 승인결의를 취소한다.
　　3. 신학교는 보수신학으로 하고, 총회는 합동으로 모인다.[29]

　이 내용에 대해 승동 측과 연동 측 간에는 의견차이가 있었다. 이

---

　　　경운, 대전노회장 최희덕, 충남노회장 차동식, pp. 395-396.
　27) 현재 대전시 오정동에 위치한 한남대학교이다.
　28) 김수진·한인수, 앞의 책, pp. 397-398.
　29) 김수진·한인수, 앞의 책, p. 395.

내용에 대해 승동 측은 수용하였으나 연동 측은 수용하지 않았다. 이에 따라 제2차 회합이 피어슨 성경학교에서 개최되었다. 이 회합에 참석했던 미국 남·북장로회 선교부는 타요한, 인돈, 조요셉, 마펫, 곽안전, 서의필, 설의돈, 프로포토, 부래들리, 넬슨 등이었고, 승동 측은 이인식, 최재화, 이승길, 고성모, 나덕환, 권연호, 박병훈, 명신홍 등이었으며, 연동 측은 한경직, 전필순, 김석찬, 유호준, 이창규, 김광현, 안광국, 김봉충, 최중해, 김형남 등이었다. 이 회합에는 7개 항목[30]이 의제로 상정되었지만 단 1개 항목 "우리는 힙하여야 하겠다."는 것만이 만장일치로 가결되었다. 그리고 서로의 주장과 제안을 확인한 채 그 이상의 합의는 도출되지 않고 해산되었다. 이 회합에서 가장 중요한 의제가 되었던 문제는 2가지였다. 하나는 신학교 재조직 문제였고, 또 하나는 WCC 탈퇴문제였다.

 1960년 총회에서는 연동 측을 중심으로 교회일치를 위한 실행위원회를 구성하였다. 유재환(경기), 오석주(호남), 김진호(영남), 박종열(충청), 감의도, 타요한, 선두화 등이 중심이 되어 장로교회가 일치하기를 기도하며 8개 통합안을 제시하였다.[31] 그리고 같은 해 2월 17일 새문안교회에서 총회가 개최되었을 때, 연동 측, 일부 승동 측 회원들이 함께 참석해 '통합총회'가 되었다. 이때부터 '통합'이라는 용어가 사용되기 시작했고, '통합 측'이라는 말도 생겨났다. 그러나 이 총회는 교회일치가 아닌 교회가 분리되는 가슴 아픈 상황으로 발전되었다.

 1962년 나덕환 목사를 위원장으로 하는 통합 측의 합동추진위원회가 구성되고, 합동원칙과 합동정책을 채택하며 이를 공포하면서 교회일치운동이 본격화되었다. 제1차 회담은 서울 남대문예배당에서 개최

---

30) 1. 우리는 합하여야 하겠다. 2. 우리는 다같이 과오를 범하였다. 3. 우리는 합하기 위하여 어떠한 일할 순서를 작성하자. 4. 분과위원회가 3항에 대한 것을 담당한다. 5. 분열되지 않은 노회는 현 상태를 유지한다. 6. 합동 측은 전에 수양회를 한다. 7. 양측 회원들의 회합은 앞으로 계속한다.
31) 대한예수교장로회 총회 편, 「대한예수교장로교회사」 하, p. 164.

되었다. 이때 참여한 각 대표는 통합 측에서 나덕환, 강신영, 김석찬, 문창권, 이상근, 김광현, 김세진, 이창로, 유익 등이었고, 합동 측에서 양화석, 박손혁, 명신홍, 송상석, 조연성, 양성봉, 김처호, 이성현, 이대영 등이었다. 그 결과 한국장로교회의 일치의 필요성과 의지를 재확인하였다.[32]

제2차 회담에서는 본격적인 일치를 위한 합의가 협의되었다. 통합 측은 3가지를 합동조건으로 제시하였다. 첫째, WCC 탈퇴를 재확인한다. 둘째, 국내 연합사업은 종전대로 계속한다. 셋째, 선교사와의 유대는 공고히 하되 그 사업을 총회에 통합하도록 한다는 것이다. 반면에 합동 측은 4가지를 제시하였는데, 첫째 WCC의 에큐메니칼 운동은 전폐하고 NCC를 탈퇴한다. 단 국내 연합사업은 협력하되 WCC의 사업은 협력할 수 없다. 둘째, 신학교는 보수적이요 순복음적으로 경영한다. 셋째, WCC의 에큐메니칼 운동을 반대하는 선교사를 환영한다는 것이다. 그 회담 결과 의견이 좁혀지지 않아 합의점은 찾지 못한 체 해산되었다. 다시 제3차 회담이 대구제일교회당에서 개최되었다. 이때 교회일치를 위한 합의에서 가장 쟁점이 되었던 문제는 NCC 탈퇴였다. 제3차 회담에서도 합의점을 찾지 못한 채 해산되었다.

이렇듯 여러 차례 일치를 위한 노력이 있었음에도 불구하고 일치가 이루어지지 못했고, 양측의 견해 차이만을 확인하는 계기가 되었을 뿐이었다. 한국교회의 분열상을 목격했던 미국 남·북장로회, 호주 장로회 선교부에서 다시 한국교회의 일치를 위한 중재를 시도하였지만 결과는 변하지 않았다. 특히 이를 위해 적극적으로 협력했던 미국 남장로회 선교부는 2명의 지도자[33]들을 보내 한국교회 일치를 위한 노력을 기울였지만 그 가능성의 길은 멀리 떨어져 있었다. 결국 합동측과 통합측은 완전 분열되어 서로 갈 길을 가고 말았다.

---

32) 대한예수교장로회총회 편, 앞의 책, p. 167.
33) 브래들리(Bradley), 넬슨 벨(Nelson Bell) 박사였다.

# 6장.
# 민주화운동과
# 통일문제

## 1. 유신정권과 박정희 대통령 시해사건

　박정희 대통령 3선을 개헌하고, 1971. 4. 대통령 후보 박정희가 김대중 후보를 제치고 대통령으로 당선되자 헌법을 파기하고 그의 계획대로 그해에 "10월유신"을 단행하였다. 박정희는 곧 계엄령을 선포하고, 국회를 해산시키고, 각급 학교에는 무기한 휴교령을 내렸다. 모든 고등학교, 대학교 캠퍼스는 계엄군이 장악을 하고 학생들의 출입과 집단행동을 원천적으로 봉쇄하였다.

　　유신 독재에 대해 용기 있는 젊은 교역자들이 1974년 초에 KNCC 사무실에서 유신반대선언을 하기에 이르렀고 마침내 긴급조치 1호가 선포됐다. 이 긴급조치에 의해 젊은 교역자들이 무더기로 구속됐다. 같은 해 4월에는 긴급조치 4호가 선포되어 이른바 민청학련사건으로 250여명의 젊은 청년 학생이 구속됐다.[1]

1975. 3. 총회(총회장 이상근 목사)의 강력한 요구에 의해 박정희 유신정권은 그 해 8. 15.을 기해 구속됐던 성직자들을 모두 석방시켰다. 그러나 민청학련과 관련되어 구속된 청년 대학생들은 인혁당 사건의 배후 세력과 관계가 있다하여 석방시키지 않았다. 인혁당에 관련된 7명은 군사재판에 회부되어 사형선고가 내려지지 20시간 만에 서대문 구치소에서 사형집행을 당하였다. 사형수 담당 민간인 목사를 제외시키고 사형장에서 군목이 집례를 하는 가운데 그들은 억울한 생을 마감한 것이었다. 70년대 후반에 접어들면서 박정희 유신 정권은 초법적인 형태로 인권을 유린하고, 언론을 통제하고 헌법에 보장된 집회 결사의 자유를 말살하는 등 공포 분위기를 조성하였다. 더 이상 선교의 침해를 받을 수 없다고 판단한 총회에서는 대정부, 대사회적으로 대처해 나가기 위해서 연합사업 및 사회문제 대책위원회가 필요하다고 느껴 임원회에 조직을 일임하였다. 그 결과 위원으로는 한완석 목사를 비롯해서 강신명, 김종대, 유호준, 안광국, 김광현, 이상근, 임택진 김만제, 림인식, 이규석, 김광훈, 이창호, 전성천, 조선출, 김윤식, 김형태, 이종성, 이의호, 곽재기, 성갑식 등 제씨로 구성하여 연합사업 및 사회문제대책위원회가 발족하였다. 1976. 12. 2. 첫모임을 갖고 위원장에 김종대 목사, 서기에 성갑식 목사를 선출하였다. 이들은 유신시대에 긴급조치로 구속된 사건마다 관여하여 큰 영향력을 행사하였다.[2]

　결국 박정희 유신정권은 1979. 10. 부마사건(부산과 마산에서 일어난 민주화 운동)으로 그를 보좌했던 보좌관들이 강경파와 온건파 간에 실랑이가 일었고, 박정희는 마침내 그해 10. 26. 청와대 안가에서 자신의 심복 부하인 중앙정보부장 김재규의 총탄에 시해를 당하고 말았다. 박정희 군사 독재는 경제개발에는 공이 있었으나 민주주의를 억압하고 인권을 유린하는 등 독재 권력을 전횡하였다. 장기집권을 획책하

---

1) KNCC 편,「한국교회 인권선교20년사」, p. 26.
2) 「대한예수교장로회총회 제60회 회의록」, p. 171.

여 아무 죄도 없는 성직자를 구속하고 민간인 및 대학생들에게까지 간첩죄를 뒤집어 씌워 처형시켰으며 일본에서 유학 온 재일동포 유학생들을 간첩으로 조작하는 등, 그는 한국역사에 씻을 수 없는 오점을 남기고 생을 마감하였다.[3]

## 2. 신군부와 5·18 광주민주화운동

내통령의 유고로 최규하 국무총리가 대통령 권한을 대행케 되었으며, 최규하는 대통령 권한 대행자로 국가의 안녕과 질서를 위하여 1979년 10월 27일 상오 4시를 기해 제주도를 제외한 전국 일원에 비상계엄을 선포하고, 계엄사령관에 육군참모총장 정승화 대장을 임명하였다. 당시 총회장이었던 조원곤 목사는 비록 유신독재로 국민을 억압하고 설교까지 시비를 걸었던 정부였지만 일단 박정희 대통령이 사망하자 애도하는 의미에서 총회장 담화문을 발표하였다.

> "앞으로 전개될 정치발전의 절차나 헌법개정의 내용은 신앙과 선교의 자유가 완전히 보장되며 인권과 사회정의를 구현할 수 있도록 예언자적 사명을 다할 것이다."라고 천명했다. 지난 10·26사태 이후 시국에 대한 교단의 입장을 천명하기 위해 수차에 걸쳐 협의한 내용을 문안에 담고 최종적으로 총회교회연합사업위원회와 사회대책위원회(위원장 조원곤 목사)의 실행위원회에서 최종적으로 합의를 모아 여기에 발표하게 되었다.[4]

이 글을 대했던 많은 독자들은 모두들 걱정을 하였다. 총회 총무 성갑식은 비록 최규하 대통령이 제4공화국 정부를 출범했지만 과거의 유신헌법에 의하여 선출되었기에 진정한 민주주의의 국가 형태로는

---

3) 대한예수교장로회총회 역사위원회 편, 「대한예수교장로교회사」, p. 221.
4) 「대한예수교장로회 제65회 총회 회의록」(1980), p. 231.

볼 수 없음을 지적하였으며, 더욱이 전두환 장군의 12·12신군부 쿠데타가 일어났던 이 사실 자체를 염려해서 강력하게 최규하 대통령에게 하루 속히 헌법을 개정한 새로운 민주주의를 요구했다.

유신정권의 몰락으로 국민들은 민주화의 큰 뜻이 한반도에 이루어 질 것을 기대하였지만 이것은 잠시뿐이었다. 새로 등장한 전두환 장군을 중심으로 한 일부 정치군인들이 등장하여 1979년 12월 12일 신군부 쿠데타를 일으킴에 따라 군사문화가 재등장하는 것을 보고 다시 시민, 학생들은 정치 일정을 밝히라면서 연일 데모가 끊이질 않았다. 이러한 사실을 직시했던 본 교단 총회에서는 총회장 조원곤 목사가 "80년대를 향한 교단의 입장"을 발표하였다.[5]

총회에서는 역사적인 불행이 이 땅에 올 것을 예견하고 총회장의 호소문을 발표하기에 이르렀다. 그러나 신군부 세력들은 국방의 임무를 저버린 채 1980년 5월 18일을 맞이하여 광주 시민들의 민주화운동을 무력으로 진압, 살상한 사건이 백주에 일어났다. 이러한 사실을 뒤늦게 알았던 본 교단 총회 부총회장 박치순 목사, 증경총회장 김종대 목사가 5월 28일 광주를 방문하여 증경총회장 한완석(광주 제일교회) 목사, 총회장 조원곤 목사(광주 양림교회)를 만나 사태를 파악하고 위로를 전하였다. 이들은 즉시 귀경하여 5월 30일 서울 연동교회에서 서울 교역자 중심으로 나라를 위한 기도회를 갖고, 이어서 광주를 방문하고 돌아왔던 박치순·김종대 목사 등이 광주사태를 상세하게 보고하였다. 광주의 사실이 언론에는 왜곡보도되었지만 진실을 알았던 서울 교역자회를 중심해서 전국 교회가 한 주일 광주시민을 위한 헌금을 실시하기도 하였다.[6]

---

5) 「대한예수교장로회 제65회 총회 회의록」(1980), p. 232.
6) 「대한예수교장로회 제66회 총회 회의록」(1981), p. 86.

## 2) 국보위사건과 5·18 광주민주화운동

전두환 군부는 1980년 4월에 접어들자 19개 대학에 휴교령을 내렸고, 이에 반대하는 대학생들은 철야농성을 벌이기 시작하였다. 그해 5월이 되면서 대학가에는 더욱 강력한 저항운동이 일어났다. 여기에 김대중 등 재야인사들이 "민주화추진국민선언"을 발표하기에 이르렀다. 5월 15일에는 전국 대학생들이 3일째 가두시위를 하면서 30개 대학 10만 명이 서울역 앞에 집결하여 민주헌법을 개정하고, 민주헌법에 의해 대통령을 선출해 달라고 요구하고 나섰다. 이들의 힘에 밀린 제4공화국 최규하 정부와 중앙정보부장 서리 전두환 소장은 더 이상 물러설 수 없다면서 5월 17일 정부는 비상계엄을 전국적으로 확대하고 전·현직 국가원수 비방금지, 정치활동 금지, 대학휴교 등 계엄포고 제10호를 발표하였다.[7]

비상계엄령이 선포되던 그날 광주에서는 대학생들이 계엄령 철폐를 부르짖으면서 거리로 나와 계엄군과 대치를 하였다. 급기야 계엄군은 광주 시민 및 대학생들은 향하여 무차별 총격을 가하기에 이르렀다. 이에 격분한 시민들은 그냥 있을 수 없다고 판단하고 무기고를 점령하여 무기를 손에 잡은 뒤 곧 시민군을 편성하였다.

얼마 동안 시민군의 힘에 밀린 계엄군은 광주를 빠져 나와 다시 광주를 진격하려고 작전을 세워 놓고 있었다. 그리고 5월 22일 새벽 미명을 기해 광주 외곽에서 탱크와 무장한 헬리콥터 등을 앞세우고 광주로 진격했다. 이때 시민군은 광주 시민의 재산과 인명손실을 최소화하기 위하여 순순히 무기를 버리고 계엄군에 투항하였지만 여전히 계엄군은 시민군과 일반 시민, 대학생을 적군으로 생각하고 총격을 가했다.[8]

---

7) 대한예수교장로회 총회 역사위원회 편, 앞의 책, p. 239.
8) 「김대중 자서전」, 1권, p. 427.

이 일로 김대중은 내란 음모죄란 죄명으로 군법재판에서 사형을 선고받았으며, 이 외에 수많은 사람들이 옥고를 치르는 등의 고초를 당했다.

1980년 5월 18일 광주에 일어났던 5·18 광주민주화운동으로 인하여 희생된 사람의 명단을 아직도 제대로 파악하지 못하고 있었다. 광주 시민 및 민주화세력들은 광주민주화운동이 헛되지 않게 하기 위해서 계속 전두환 정권과 싸워야 하는 일이 남아 있는 와중에 전두환 소장은 초헌법적인 기능을 갖고 있는 국보위를 조직하고 친히 위원장으로 취임하면서 입법, 사법, 행정권을 모두 장악하였다.

그러나 교계의 반발을 최소화하기 위해서 1980년 5월 보안사 내에 있는 문만필 군목은 교계 지도자들을 롯데호텔로 초청하여 전두환 국보위원장을 위한 조찬기도회 자리를 마련하였다. 여기에는 한국 교계지도자 한경직 목사 등이 대거 참석하였으며, 이로 인해 마치 전두환 위원장을 한국 교계가 지지한 것처럼 오해하게 되었다. 그 후 전두환 국보위원장은 유신헌법과 비슷한 헌법을 만들고 그 헌법에 의해 반대 없이 단일 대통령 후보로 출마해 제5공화국이 출범하게 되었다. 전두환 대통령은 광주의 수많은 시민을 학살하고 정권을 장악했지만 광주 및 다른 지역에서는 조금도 굴하지 않고 꾸준하게 민주화운동에 앞장섰다.[9]

전두환 군사정권이 출범하면서 소위 민주언론에 참여했던 많은 교수들과 각계 인사들이 해직을 당하였다. 여기에 5·18 광주민주화운동에 가담했던 많은 시민, 학생들이 국방을 지켜야 할 국군에 의해 무참하게 살상을 당하고, 여기에 수많은 사람들이 모진 고문을 당하는 등 어려움을 겪고 있었다. 이러한 때에 본 교단에 속한 많은 교회들이 기도와 헌금으로 보탬이 되도록 지원하였다.

---

9) 대한예수교장로회총회 역사위원회 편, 앞의 책, p. 243.

### 3) 5·18 광주민주화운동과 광주교계의 역할

매일같이 일반 매스컴들은 불순 세력에 의해서 광주가 혼란하다고 보도하였지만 광주민주화운동에 함께 참여했던 광주교계 교인들과 시민들은 하나가 되어 민주화를 열망하는 공동체를 형성해 갔었다. 더욱이 5·18이 일어나던 그날부터 무장군인이 광주시민을 학살하면서 진주했던 기간까지 모든 교인들은 시민군들을 격려하고 그들에게 식사를 대접하였으며, 역시 치안의 공백기간이었지만 그 치안을 모든 광주 시민군들이 이를 잘 지켜 주었다. 이 일로 도난 사진은 물론 불미스러운 일은 단 한 건도 없었다고 한다. 일단 힘에 밀려 철수했던 무장군인이 다시 광주를 장악하기 위해서 헬리콥터와 탱크 부대가 함께 광주를 재진입하니 군인들의 힘에 밀린 시민군과 시민들은 광주 금남로에 자리잡고 있는 광주 중앙교회 여전도회 회원들과 광주 YWCA의 임원들의 협력으로 잠시 피신할 수 있도록 도와주기도 하였다.[10]

여기에 무장군인들의 발포로 수많은 시민들이 길거리에 쓰러져 있어 시신을 나르는 일과 부상당한 시민들을 손수레에 싫고 광주 기독병원, 전남대 대학병원, 조선대 대학병원에 나르는 일에 한몫을 담당하였다. 시민군들이 무장군인들의 힘에 밀려 도청 상무대에서 마지막 보루로 남았다가 이들의 힘에 밀려 더 이상 살상을 당하는 일을 피하기 위해서 항복하고 말았다. 비록 무장군인들이 광주를 점령하면서 또다시 피비린내 나는 참극이 일어나고 있었다.

전두환 정권의 그 무서운 철통 같은 암흑의 시대에서도 광주교계는 설교를 통하여 새로운 시대가 다가오고 있음을 암시하는 등 잠시도 멈추지 않고 행하였다.

1987년 5월 10일 광주 지역 목회자 176명이 광주 서남교회에 모여 4·13 조치 철회를 요구하는 구국기도회를 가졌다. 이날 사회는 광주 서정교회 이경석 목사가 예배순서에 따라 진행을 하였다. 광산 비아교

---

10) 광주제일교회사 편, 「광주제일교회 100년사」, p. 371.

회 박형구 목사가 성명서를 낭독하자 만장일치로 이를 채택하였다. 그 내용을 살펴보면 다음과 같다.

〈성명서〉
1. 현 정권은 국민적 합의에 역행하는 반민족적인 4·13 조치를 즉각 철회할 것을 촉구한다.
2. 민주화와 개헌 요구로 구속된 자들과 정치적으로 억압 받는 사람들과 그밖의 민주 인사들을 즉각 석방, 사면하여 국민의 신뢰와 자유 우방과의 국제적 신뢰를 회복할 것을 촉구한다.
3. 현 정권이 현금의 위기상황을 극복할 정치적 역량의 한계를 느낀다면 솔직하게 정계에서 퇴진할 것을 촉구한다.
4. 현 정권은 출범 과정 시 이 고장 광주에서 자행한 비인도적 만행에 대하여 그 진실을 하나님 앞과 시민 앞에 솔직하게 회개하기를 충심으로 촉구한다.
5. 미국의 레이건 정부는 자국의 국익에 길들여진 현 민정당 군부 독재정권의 지속을 두둔하고 직선제 개헌 투쟁 과정에서의 야당을 분열시키는 데 직접적으로 관여한 일련의 망거를 다시는 자행하지 말고 퇴색되어 가는 미국의 신뢰를 조족히 회복하기를 촉구한다.

-4·13 조치철회구국기도회 성명서

광주교계는 이에 자극을 받고 같은 해 5월 24일 도청 앞에서 광주 NCC(회장 : 한철완 목사)가 주관하여 4·13 철폐를 요구하는 예배를 드렸다. 이러한 운동은 남쪽의 뜨거운 열풍을 타고 북상하여 결국 6·10 항쟁으로 이어져 갔었다. 여기에 예장 통합 측 총회 인권위원회 주관으로 4·13 조치 철회를 위한 기도회를 1987년 6월 22일 서울 새문안교회에서 갖기도 하였으며, 철야기도회와 다음날 아침까지 새문안교회 입구 계단에 앉아 "오월의 노래" 등을 부르면서 교계 지도자들을 끌어 모으기도 하였다.[11]

광주 5·18 망월동에서 첫 예배를 드렸던 일은 장로회신학교대학교 신학대학원에서 김수진 목사의 한국교회사를 수강했던 졸업반 학생들이 국내 역사 탐방 차 1989년 10월 31일 광주 5·18 망월동을 방문하였다. 이때 졸업반 학생들이 예배를 드린 일이 처음으로 시작되었다. 예배가 다 끝난 후에 민주화를 희생당한 젊은 광주시민 학생들이 즐겨 불렀다는 '5월의 노래'를 합창하였다. '5월의 노래' 중 가사를 소개하면 다음과 같다.

1. 꽃잎처럼 금남로에 뿌려진 너의 붉은 피
두부처럼 잘리워진 어여쁜 너의 젖가슴
* (반복) 오월 그날이 다시오면 우리의 가슴에 붉은 피 솟네

2. 왜 쏘았지 왜 찔렀지 트럭에 싫고 어디 갔지
망월동에 부릅뜬 눈 수천의 빛발 서려 있네

3. 산자들아 동지들아 모여서 함께 나가자
욕된 역사 고통없이 어떻게 해쳐 나가랴

그 후 매년 김수진 목사의 한국교회사를 수강했던 학생들이 가을이 되면 국내 역사탐방 길에서 광주 5·18 망월동을 방문하면서 얼마동안 예배가 진행되었다. 그 후 예장(통합) 총회 인권위원회(위원장/문장식 목사)에서는 더 이상 묵인할 수가 없다는 판단 아래 첫 예배를 드리기 시작하였다.

총회 인권위원회(위원장 문장식 목사) 및 위원들과 호남지방에 있는 인권위원회가 공동으로 1995년 5월 16일 오후 3시 30분 광주 망월동 묘역에서 추모 예배를 드렸다. 이날 이명남 목사(총회 부회록서기, 당진교회)가 "내가 세상을 이기었노라"라는 제목으로 설교를 했다. 이날 밤 광주서림교회에서 김기수 총회장이 "한 알의 밀알처럼"이란 제목으로 설교를 하였다. 이날 행사를 마친 후 7월 24일 인권위

---

11) 광주서남교회 30년사 편, 「광주서남교회 30년사」, pp. 277-278.

원회 위원장 문장식 목사의 명의로 '5·18 관련 책임자 처리에 대한 우리의 입장'이란 성명서를 발표하였다.[12]

그 후 매년 추모예배를 드려오고 있는데, 문민정부 시절 김영삼 대통령이 5·18을 "5·18광주민주화운동"으로 역사적 정의를 내렸으며, 그 후 국민의 정부 시절 김대중 대통령은 5·18광주민주화운동 기념 국립묘지를 조성하여 5·18민주화운동 때 희생된 사망자들을 망월동 구 묘역에서 세 '국립묘지'로 이장하였고, 5·18 기념문화회관과 5·18기념공원을 조성하여 현재에 이르고 있다.

## 3. 평화통일로 가는 길

### 1) 민주화와 정권 교체

민정당(민주정의당) 대표인 노태우는 광주·전남에서 일어났던 4·13 조치 철회 구국기도회가 전국으로 확산되자 1987년 6월 28일 서울 장춘체육관 선거가 아니라 정당 정치에 의해서 직접 선거를 하겠다고 발표를 하였다. 이러한 과정을 거쳤던 노태우는 민정당 공천으로 대통령 후보가 됐으며, 여기에 야당 정치인 김영삼, 김대중도 각각 야당의 공천을 받고 출마를 하였다. 그러나 야당에서 출마했던 김영삼과 김대중은 국민들로부터 절대적인 지지를 받았지만 결국 야당 후보가 서로 표를 분산했기 때문에 결국 군부의 출신이었던 민정당의 노태우가 대통령으로 당선이 됐다. 5년 단임제였던 관계로 임기를 다 마친 후 여당에서는 통일민주당과 민정당이 통합하면서 김영삼 총재가 여당의 후보로 대통령 출마를 하였다.

역시 김대중은 '국민의 당'인 야당 후보로 출마를 하였지만 결국 김영삼 후보가 대통령으로 당선이 됐다. 김영삼 대통령도 5년 단임제를

---

12) 「대한예수교장로교회사」 하권, pp. 317-318.

마치고 그 후 여당에서는 이회창 총재가 한나라당의 후보로 출마를 하였다. 역시 야당에서는 '국민의 당'인 김대중 후보와 경쟁을 하였지만 대한민국 출범 후 최초로 정권 교체가 이루진 놀라운 사실이 한반도에서 일어나고 말았다. 집권 여당이었던 이회창 후보가 패배하고, 평생을 야당으로 정치 활동했던 김대중 후보가 당선이 되어 1997년 2월 '국민의 정부'라는 이름을 갖고 집권하였다.

## 2) 통일의 길이 가까워지고 있다

국민의 정부를 출범시켰던 김대중 대통령은 전남 신안 출신으로 평생을 정권 교체를 바라보고 정치를 해 왔었다. 박정희 군사 독재 정권에서도 굴하지 않고 민주주의를 위해서 앞을 향했던 김대중 전 대통령 후보는 1973년 8월 뜻하지 않게 유신정권하에서 일본 동경에서 납치되어 그를 대한해협에서 생매장을 하려고 하였지만 미국의 협력으로 극적으로 살아나게 됐다.

> 양 두 손목을 묶고 있는 밧줄을 꼼짝도 하지 않았다. 모든 것이 소용없었다. 눈앞이 캄캄했다. 그때 바로 예수님이 나타나셨다. 나는 기도드릴 엄두도 못 내고 죽음 앞에 떨고 있는데 예수님이 바로 앞에 서 계셨다. 아. 예수님! 성당에서 봤던 모습 그대로였고 표정도 그대로였다. 옷도 똑같았다. 나는 예수님의 긴 옷소매를 붙들었다. 살려 주십시오. 아직 제게는 할 일이 남아 있습니다. 저를 구해 주십시오.[13]

사경에서 살아났던 그가 미국으로 망명하여 미국에서도 한국의 민주화를 위해 활동을 하다가, 1993년 7월 귀국하여 그렇게 그리던 서울 땅을 밟았다. 8월 13일에는 납치사건 생환 20주년 기념식을 가졌다. 1997년 5월 새정치국민회의 대통령 후보로 선출되었으며 12월 18일 대선에서 이회창 여당후보를 누르고 대통령으로 당선되었다. 그에게

---

13) 김대중, 「김대중 자서전」, 313쪽.

국민의 정부를 창출할 수 있도록 한 일은 재야세력 시민들과 광주 시민과 전남 기독교인들의 기도와 성원에 힘을 얻어 그렇게 바라는 청와대에 1998년 2월 25일 입성을 하였다.

그가 평생토록 통일을 노래해 왔던 그는 2000년 6월 15일 친히 평양을 방문하여 역사적인 조선민주주의인민공화국 김정일 국방위원장과 대한민국 김대중 대통령과 함께 정상회담을 개최하는 역사적 사건을 일구어 놓았다. 이때 두 정상이 합의한 6·15 공동선언문은 다음과 같다.

### 6·15 공동선언문

조국의 평화적 통일을 염원하는 온 겨레의 숭고한 뜻에 따라 대한민국 김대중 대통령과 조선민주주의인민공화국 김정일 국방위원장은 2000년 6월 13일부터 5월 15일까지 평양에서 역사적인 상봉을 하였으며, 정상회담을 가졌다. 남북정상은 분단역사상 처음으로 열린 이번 상과 회담이 서로 이해를 증진시키고 남북관계를 발전시키며 평화통일을 실현하는 데 중대한 의의를 가진다고 평가하고 다음과 같이 선언한다.

1. 남과 북은 나라의 통일문제를 그 주인인 우리 민족끼리 서로 힘을 합쳐 자주적으로 해결해 나가기로 하였다.
2. 남과 북은 나라의 통일을 위한 남측의 연합제안과 북측의 낮은 단계의 연방제 안이 서로 공통성이 있다고 인정하고 앞으로 이 방향에서 통일을 지향해 나가기로 하였다.
3. 남과 북은 올해 8월 15일에 즈음하여 흩어진 가족, 친척 방문단을 교환하며 비전향 장기수 문제를 해결하는 등 인도적 문제를 조속히 풀어 나가기로 하였다.
4. 남과 북은 경제협력을 통하여 민족경제를 균형적으로 발전시키고 사회, 문화, 체육, 보건, 환경 등 제반 분야 협력과 교류를 활성화하여 서로의 신뢰를 다져 나가기로 하였다.
5. 남과 북은 이상과 같은 합의 사항을 조속히 실천에 옮기기 위하여 이른 시일 안에 당국 사이의 대화를 개최하기로 하였다.

김대중 대통령은 김정일 국방위원장이 서울을 방문하도록 정중히

초청하였으며 김정일 국방위원장은 앞으로 적절한 시기에 서울을 방문하기로 하였다.[14]

이러한 일이 있기까지는 광주·전남 교계의 뜨거운 열정으로 이루어졌으며, 이 일로 남북의 교류가 활발하게 이루어지게 됐다. 다시 열린 정부인 노무현 대통령은 2007년 10월 4일에 역시 평양에서 남북정상회담을 두 번째 실시하는 일이 이루어지게 되었다.

### 3) 통일을 기다리는 남북 크리스천들

남북한 크리스천이 자유롭게 북한을 왕래할 수 있는 길을 터 놓은 것은 광주민주화운동이 일어난 지 4년 후인 1984년 10월 29일 WCC 국제위원회와 일본 NCCJ 주관으로 일본 도쿄 교외에 자리 잡고 있는 도산소(東山莊)에서 열린 한반도 평화정책협의회에서부터 출발하게 된다. 이후 북한이 서서히 개방하자 캐나다, 미국, 일본 NCC에서 차례로 방문하였다. 1986년 9월 스위스 글리온에서 남·북 크리스천들이 첫 상봉하여 '글리온 선언'을 발표하였다. 이들은 헤어졌던 형제가 만난 것처럼 뜨겁게 서로 껴안고 눈물을 흘리면서 "우리가 미워했던 것들, 용서해 주시오."라고 하여 화해와 용서의 장이 되었다. 이때 스위스 글리온에서는 일본 도산소에서 만나 보고서를 다음과 같이 작성하였다.

> 한국, 아시아, 세계의 교회들은 악을 악으로 갚지 말고 이웃들을 사랑하라는 계명을 새롭게 인식해야 한다. 우리 기독교인들은 우리의 가슴을 열고 대화함으로 증오와 편견을 뿌리 뽑고 하나님의 식탁으로 나갈 때 진정으로 우리의 형제자매들과 화해하였다고 말해야 한다. 교회는 희망을 제시하고 평화, 정의, 일치를 증거해야 한다. 교회는 분단의 비극으로 상심하고 있는 모든 사람들에게 대화 참여

---

14) 김대중, 「김대중 서전」 2권, p. 299, 김수진, 「이야기 한국교회사」, pp. 230-233.

의 모델이 되어야 한다. 기독교인들은 서로 서로를 사랑으로 감싸 주며, 성령 안에서 교제함으로 서로 지원해야 한다.[15]

이를 계기로 1985년 11월 11일부터 19일까지 WCC 국제위원회 간사인 E. 바인게르트너가 북한에 있는 북한교회를 방문하였다. 이때 그는 조선기독교도연맹 총무인 고기준 목사에게 한국 NCC가 보내 준 찬송가 6권을 선물로 전달해 주었으며, 그 답례로 고기준 목사는 북한에서 발행한 신구약성서 몇 권을 한국 NCC에 전달함으로 최초로 남북한 기독교 지도자의 선물 교환이 이루어지게 되었다.[16]

이러한 일이 있은 지 얼마 안 되어 남한은 풍년이 계속되어 쌀로 막걸리를 만든다는 소식을 들은 한국교계에서 몇 년 째 흉년인 북한을 돕기 위해 '사랑의 쌀 나누기 운동본부'를 개설하였다. 그리고 이 일에 적극 참여하여 1989년 6월 홍콩을 통해 북한에 쌀 1만 가마를 보냈다. 이 일로 북한은 서서히 남한 교회에 관심을 갖게 되었다. 지금도 매주 토요일이면 '사랑의 쌀 나누기 운동본부' 주최로 예배를 드리고 계속 쌀을 모아 북한뿐만 아니라 가난한 동남아시아 여러 나라에 보내고 있다.

일본에 있는 재일대한기독교회(在日大韓基督敎會) 주최로 1990년 7월 13일 남북한 기독교 대표들이 일본 도쿄에서 만나 함께 주님의 성찬에 참여하여 다 같이 살 수 있는 길을 모색하고 토론하였다. 한국교회와 재일대한기독교회에서 북한 돕는 운동을 전개하게 되었다. 이처럼 북한 크리스천들이의 만남은 새로운 전환점을 갖자 한국교회에서 직접 조선그리스도교연맹을 방문하고 북한 동포에게 필요한 의약품, 각종 의류, 쌀, 밀가루 등을 지원하였다.

또 뜻하지 않게 1987년 북한 평양에 봉수교회를 설립하여 예배를 드리고 있으며, 1992년에는 김일성 어머니 강반석 권사의 기념 교회로

---

15) 김수진, 「한일교회의 역사」, p. 304.
16) 김수진, 앞의 책, p. 304.

평양 칠골에 칠골교회를 설립하여 예배를 드리고 있다. 이후 남한 교회에서는 북한을 방문하면 봉수교회나 칠골교회에서 함께 예배를 드리는 일이 있어서 이럴 때마다 그리스도의 사랑이 얼마나 큰가를 체험할 수 있는 좋은 기회가 되기도 하였다.

 목포. 광주 선교의 아버지라고 부르던 배유지 선교사는 비록 광주 양림동산에 안장되었지만 그의 후손들이 그 역사를 이어가고 있었다. 바로 목포 그의 딸 샤롯(W. B. Charlotte, 인사례)은 1899년 목포에서 출생을 하였으며, 그의 어머니 로티(C. I. Witherspoon Lottie, 1867-1901)는 두 자녀를 낳아 키우다가 1901년에 사망을 하자 그의 시신은 서울 양화진에 안장하였다. 이때 배유지 선교사는 두 자녀를 안고 일시 귀국하여 미국에 맡기고 다시 목포에서 사역을 하였다. 미국에서 성장한 샤롯은 1922년 선교사로 내한하여 1912년 군산에서 선교사로 사역하고 있던 린턴(W. A. Linton, 인돈) 선교사를 만나 결혼을 하였다. 그는 군산에서 휴(Hugh M. Linton, 인휴)를 낳았다. 휴 선교사는 아버지의 뒤를 이어 1952년 내한하여 여수 애양원에서 사역을 하다가 5남 1녀를 남기고 1984년 교통사고로 삶을 마감하였다. 그의 아들 장남은 미국 시카고에 거주하고 있으며, 둘째는 스티븐 린톤(인세반)은 유진벨(배유지)재단 이사장으로 북한 의료지원에 힘을 쏟고 있다. 셋째 스티븐은 건축가로서 역시 북한을 지원하고 있다. 그는 무려 6명(남자 5명, 여자 1명)의 자녀를 낳았으며, 그중 인요한은 막내 아들로서 연세대 세브란스 병원 외국인진료소 소장으로 재직하고 있다. 2006년 「내고향은 전라도 내 영혼은 한국인」이란 책을 출판하여 화제가 되고 있다.[17]

 의료 선교사 인요한은 유진벨재단의 후원으로 1997년 1월에 중국 심양을 통하여 북한 땅을 방문하였다. 이때 북한 실정을 파악하고 귀국했던 인요한은 이미 둘째 형이 조직해 놓았던 유진벨 재단에 힘을 얻었던 인요한 의사는 때마침 김대중 대통령의 북한을 방문하여 6 · 15

---

17) 김수진, 「예수오실 때까지」, pp. 246-246.

남북평화 통일 선언문이 발표되자 이에 힘을 얻어 2000년 한국에도 유진벨재단을 하게 되었다.

  스티븐 형과 나는 미국과 한국의 유진벨재단을 통하여 성금 모금에 더욱 힘을 기울였다. 미국의 선교사들, 목사님들, 미국 내 한국교포들, 한국의 기업가들, 미국의 교회들, 한국의 교회들이 우리의 뜻에 기꺼워하며 많은 도움을 주었다. 그리하여 지난 11년 동안 유진벨재단은 모두 350억 원의 상당의 식량과 의약품과 의료 장비를 북한에 지원할 수 있었다. 그분들의 도움으로 북한 결핵환자 20만 명을 치료했고 그중 15만 명은 상당의 결핵 검진 차 17대와 앰뷸런스, 다목적차, 이동예방접종차 등 80여 대를 북한에 보내 북한 전역을 돌며 환자들을 치료할 수 있게 했다.[18]

 이처럼 남북 최고 정상이 이루어지면서 남북관계가 더욱 가까워져 가고 있으며, 여기에 유진벨(배유지) 선교사의 후손들이 이러한 사역을 하는 일은 얼마나 귀한 줄 모르겠다. 이와 때를 같이 해서 그 후 평양 봉수교회의 시설이 낡아서 예장 통합 측 소속 남선교회전국연합회에서는 조선그리스도교연맹 위원장 강영섭 목사의 요청에 의해 모금을 하고 2007년 12월 재건축을 하고 완공하여 남선교회전국연합회 임직원들이 참여하여 입당 예배를 드렸다. 봉수교회 안에 부대시설로 연맹 사무실과 평양신학원도 이곳에 있어서 조선그리스도연맹 소속 목사를 배출하고 있다. 이 신학원은 3년제로서 1학년에 입학하면 3년 후에 졸업을 하고 나면 다시 신입생을 모집하여 3년간을 교육시킨 후에 다시 1학년을 모집한다.
 현재 북한에는 2개의 교회당(봉수교회와 칠골교회)과 500개의 가정 교회 등 도합 1만 2천여 명의 교인이 있다. 지난 2009년 11월 3일에서 6일까지 남측 한국기독교협의회(KNNC)와 북측 조선기독교도연맹과

---

18) 인요한, 「내고향은 전라도 내영혼은 한국인」, p. 261.

공동으로 평양 봉수교회에서 남측 99명, 북측 300명이 모여 함께 예배를 드렸다.

남북이 나뉘어 있는 가운데 남한은 풍요로운 삶을 살고 있으나 북한은 그렇지 못하다. 북한은 여러 해 가뭄으로 영양실조로 죽어 가는 생명이 수만 명 이상이 된다니 기가 막힐 일이다. 동포의 아픔을 깨달은 남한 교회는 북한 돕기에 적극적으로 나서야 한다.

먼 훗날 남북이 하나가 되었을 때 남한 교회의 도움으로 생명을 얻어 살아난다면 그들은 자연히 기독교인이 될 수밖에 없을 것이다. 더욱이 1990년 7월부터 2002년까지 8회에 걸쳐 일본에서 재일대한기독교회 주관으로 한국에 있는 예장 통합교단을 중심해서 6개 교단 대표자들이 조선그리스도교연맹 대표자들을 만나 화해와 일치, 선교 그리고 평화적인 남북통일을 이야기한다는 것은 참으로 의미 있는 일이었다.

2007년 12월 11일 역사적인 사건이 일어나고 말았다. 경의선 화물 열차가 그 두꺼운 벽을 뚫고 문산역에서 북한 개성역까지 힘있게 달렸으며, 다시 개성역에서 짐을 싣고 출발한 기차는 서울역에 짐을 풀고 다시 경부선인 부산역까지 안착을 하였다. 앞으로 머지않아 전라도 총각들이 호남선 열차를 타고 다시 경의선으로 바꿔 탄 다음 평양 봉수교회에서 결혼 예식을 거행할 날이 곧 오리라 기대해 본다.

·부록·
# 한국기독연대표

1832. 7. 27.  네덜란드 선교회 소속 귀츨라프 선교사는 충청도 홍주성 성주에게 선교시도
1866. 9. 4.  토마스 선교사 평양 대동강에서 순교
1876. 봄  이응찬, 백홍준, 이성하, 김진기 만주 영구에서 맥킨타이어 선교사로부터 최초로 세례
1882. 봄  심양에서 로스역인 「누가복음」, 「요한복음」 발간
      5.  한미수호통상조약 체결
      10. 20.  인천에서 이수정 신사유람단 비수행원으로 도일
1883. 4. 29.  이수정 일본에서 야스가와 목사와 낙스 선교사의 집례로 세례
1884. 6. 24.  일본 주재 미국 감리교 선교사 맥클레이가 입국하여 김옥균의 주선으로 고종황제 알현
      9. 20.  미국 북장로교 의료 선교사 알렌 입국
      겨울  중국 길림성 즙안현에 조선족교회 설립
      12.  이수정 일본 요꼬하마에서 마가복음 1천 부 번역 출간

213

| | | |
|---|---|---|
| 1885. | 4. 5. | 미국 북장로교 언더우드. 미국 감리교 아펜젤러 선교사 입국 |
| | 4. 9. | 알렌 선교사 광혜원 개원 진료 실시 |
| | 8. 3. | 아펜젤러 배재학당 설립 |
| 1886. | 2. | 언더우드 경신학당 설립 |
| | 5. 31. | 스크랜톤 부인 이화학당 설립 |
| 1887. | 봄 | 엘러스 정동여학당 설립 |
| | | 보구여관(현 동대문이대병원) 설립 |
| | | 언더우드, 아펜젤러, 스크랜톤, 헤론 등 성서번역위원회 조직 |
| | 9. 14. | 새문안교회 설립 |
| | 10. 9. | 정동감리교회 설립 |
| 1888. | 1. | 최초의 유년부 교회학교가 스크랜톤 부인에 의해 출발 |
| 1889. | 10. | 호주 장로교 선교사 데이비스 남매 입국, 오빠 데이비스 사망, 마펫 선교사 입국, 미국 침례교 선교사 펜윅 입국 |
| | 12. 8. | 미국 북장로교와 호주장로교 선교부가 협의하여 연합 선교공의회 조직 |
| 1890. | 7. | 의료 선교사 헤론의 사망으로 그 시신을 서울 합정동 양화진에 안치 |
| | 9. | 영국 성공회 선교사 입국 |
| 1891. | 1. 15. | 부산진교회 설립 |
| | 10. | 호주 장로교 선교사 남녀 4명 입국, 경남지방 선교담당 |
| 1892. | 10~11. | 미국 남장로교 7인 선교사 입국, 호남지방 선교담당 |
| 1893. | 1. 28. | 선교구역 분할 협정 체결 |
| | 4. | 장로교 미션연합공의회 조직 |
| | | 장감 선교부 연합으로 평양 기홀 병원 개원 |
| | | 부산 일신병원 개원 |
| | 6. | 전주 서문교회 설립 |
| | 12. | 매켄지 선교사 단독으로 입국 |
| 1894. | 1. 8. | 평양 장대현교회 설립 |
| | 봄 | 군산 구암병원 개원 |

|  |  |  | 평양 숭실학당 설립 |
|---|---|---|---|
| 1895. | 10. |  | 미국 남감리교 리드 선교사 입국 |
| 1896. | 겨울 |  | 일본인 전도자 노리마쯔 수원에서 선교활동 |
| 1897. | 2. | 2. | 감리교에서 「조선그리스도인회보」 창간 |
|  | 4. | 1. | 장로교에서 「그리스도신문」 창간 |
|  | 봄 |  | 감리교 서울구역회 조직, 전주 예수병원, 목포교회 설립, 목포 제중병원 개원 |
|  | 9. |  | 미 남감리회 중국 연회에서 한국지방회를 조직 |
|  | 12. |  | 미 남감리회 한국지방회를 한국선교회로 개칭 |
| 1898. | 1. |  | 러시아 정교회 알렉세예프 선교사 입국 |
|  | 9. |  | 캐나다 장로교 선교사 4명 입국, 함경도지방 선교담당, 원산 구세병원 개원 |
| 1899. | 봄 |  | 대구 동산병원 개원 |
| 1900. | 봄 |  | 일본 요꼬하마에서 신약전서 완역 37,000부 발간 |
| 1901. | 1. |  | 미국 감리회 김창식, 김기범 최초로 목사 안수 미국 감리회 서지방회(인천중심), 북지방회(평양중심), 남지방회(서울 중심) 등 3개 지방회 조직 |
|  | 봄 |  | 평양 마펫 선교사 사랑채에서 장로회신학교 개교, 선천 미동병원 개원 |
|  | 9. |  | 장로공의회 조직 |
| 1903. | 10. | 28. | 황성기독교청년회 조직 |
| 1904. |  |  | 함흥 제혜병원 개원 |
| 1905. | 6. |  | 3개 지방 감리회가 모여 한국선교연회를 조직 |
|  | 7. | 1. | 장감 연합으로 「그리스도신문」 발간 |
|  | 9. |  | 4개 장로교 선교부와 2개 감리교 선교부가 연합하여 '한국복음주의선교연합공의회'를 조직, 장감선교공의회 내에 주일학교위원회 설치 |
|  | 11. |  | 장감연합으로 *The Korean Mission Field* 창간, 을사보호조약 체결, 장로회 공의회에서 1주간 구국기도회 실시 |
| 1906. | 3. |  | 진주 베돈 병원 개원 |
|  | 7. |  | 「그리스도신문」 발행 |

|       |        |                                                                 |
|-------|--------|-----------------------------------------------------------------|
|       | 가을    | 캐나다 선교부 중국 연길 용정에 개설                              |
| 1907. | 1. 6.  | 평양 장대현교회 대부흥운동 시작                                  |
|       | 5. 3.  | 동양선교회 창립(한국 성결교회)                                   |
|       | 6.     | 장로회신학교 제1회 7인 졸업                                      |
|       | 7.     | 감리교 협성신학교 설립                                           |
|       | 9. 17. | 대한예수교장로회 독노회 조직, 한국인 7인 목사 탄생, 이기풍 목사 제주도 선교사로 파송 |
| 1908. | 3.     | 서울 정동감리교회에서 한국연회를 조직하고 일본 주재 해리스 선교사가 초대 감독으로 선임 |
|       | 10.    | 구세군 영국인 호가드 선교사 입국                                 |
|       | 11.    | 경성성서학원 설립                                                |
|       | 가을    | 장감연합으로「찬송가」발행, 정익로 장로, 김정식 총무 등이 일본 동경에 YMCA 창립 및 동경교회 창립, 미국 남감리회 동만주 선교 개시 |
|       | 12.    | 동양척식회사 발족                                                |
| 1909. | 4.     | 일본 조합교회 식민지 전도를 위해 와다세 입국 및 조합교회 설립 |
|       | 10.    | 만주 할빈역에서 안중근 일본인 이토 히로부미 사살          |
|       | 10. 12.| 한석진 목사 도일 3개월 간 동경교회 시무                        |
| 1910. | 8. 29. | 한일병탄 체결과 동시 식민지로 전락                             |
|       | 가을    | 최중진 목사 전북 매계에서 자주교회 선언                        |
| 1911. | 9. 17. | 대구에서 모이는 제5차 독노회에서 총회 조직을 위한 결의 |
|       | 10.    | 전라노회 조직을 필두로 해서 평안북노회, 평안남노회, 황해노회, 함경노회, 경상노회, 경기충청노회가 차례로 조직 |
|       | 11.    | 105인 사건, 미국 감리교 북만주 선교 개시                      |
| 1912. | 9. 2.  | 7개 노회가 모여 대한예수교장로회 총회 조직 초대 총회장에 언더우드 선교사 선임, 중국 산동성에 박태로, 사병순, 김영훈 목사를 선교사로 파송 |
|       | 9.     | 동경교회는 장감연합으로 교역자 파송                            |
|       | 12.    | 동양선교회 서울 지부를 설치 초대 감독에 영국인 토           |

|       |       |       | |
|-------|-------|-------|---|
|       |       |       | 마스 선교사가 취임 |
| 1913. | 8.    |       | 일본조합교회 조선지방회 조직 |
|       | 11.   |       | 조선예수교장로회 총회 창립(1912년) 기념으로 박태로, 사병순, 김영훈 목사를 중국 산동성 선교사로 파송 |
| 1914. | 4.    |       | 조선 YMCA연합회 조직 |
| 1915. | 3.    | 5.    | 연희전문학교 설립(경신학당 대학부) |
|       | 12.   | 7.    | 「기독신보」 창간 |
| 1916. | 2.    |       | 감리교 「신학세계」 창간 |
| 1917. | 9.    | 1.    | 총회에서 제2차로 방효원, 홍승한 목사를 산동성 선교사로 파송, 제2차 세계대전 종결 |
| 1918. | 2.    |       | 조선예수교장감연합협의회 조직(KNCC) |
|       | 3.    |       | 장로회신학교 「신학지남」 발간 |
|       | 4.    |       | 파리에서 모이는 국제평화담에 한국 대표 파송 |
|       | 12.   |       | 미 남감리회 선교연회를 남감리회 연회를 개편 |
| 1919. | 2.    | 8.    | 일본 동경 유학생이 모여 2·8독립선언 성명서를 발표 |
|       | 3.    | 1.    | 서울 파고다공원에 모여 3·1독립을 선언과 함께 독립만세 시위 이후 전국 및 만주지역까지 확산 |
|       | 4.    |       | 중국 상해 임시정부 수립 |
| 1921. | 9.    | 1.    | 일본 조선조합교회 해산 조선회중교회로 개편 초대회장 유일선 목사 |
|       | 11.   | 1.    | 조선주일학교 제1회 대회 개최 |
| 1922. |       |       | 여름조선주일학교에서 하기성경학교 처음 실시 |
| 1923. | 8.    |       | 조선 YWCA 조직 |
|       | 9.    | 1.    | 관동대지진 발생 |
|       | 9.    |       | 조선기독교여자절제회 조직, 대구 이만집 목사 자치교회 선언, 일본 관동대지진, 물산장려운동 조직 |
| 1924. | 3.    |       | 김교신 무교회 주장 |
|       | 9.    | 24.   | 조선예수교연합공의회(KNCC) 창립 총회 |
|       | 12.   |       | 면려청년회(C. E.) 조선연합회 조직 |
|       | 12.   | 19.   | 경기충청노회에서 경기노회 분립 |
| 1925. | 1.    | 20.   | 충청노회 분립 |
|       | 6.    |       | 캐나다 장로교 선교부는 캐나다 연합교회 선교부로 |

|      |         | 개칭, 일부 캐나다 장로교 선교부는 재일한국인 선교사 활동, 서울 남산에 조선신궁 완공 |
|------|---------|---|
| 1924. | 3. | 오사카에서 조선예수교회 제1차 신도대회 개최 |
| 1926. | 6. 10. | 6·10만세운동 |
|      | 9. | 제4회 조선예수교연합공의회에서는 YMCA, YWCA, 조선주일학교연합회, 영국성서공회 등 12개 단체가 참여 |
|      | 겨울 | 오순절 한국 선교 출범 |
| 1927. | 10. 3. | 캐나다 장로교 선교부 영 선교사 도일 재일 동포 전도 출발 |
| 1928. | 9. | 조선예수교장로회 사기 발간, 금주운동 전개 |
|      | 12. | 여전도회전국연합회 조직 |
| 1929. | 1. 25. | 「주일학교 선생」 창간 |
|      | 가을 | 평양에서 권세열 선교사에 의해 무산아동 교육을 기관 '성경구락부' 창설 |
| 1930. | 1. | 「종교교육」 창간 |
|      | 12. 2. | 남북감리교회 합동 초대 총리사에 양주삼 목사 |
| 1931. | 9. | 만주사변 발발 |
| 1932. | 12. 3. | 종교시보 창간 |
|      |    | 평양 서기산 추계 황령제에 미션학교 불참 |
| 1933. | 10. 6. | 제4회 전 조선주일학교 대회, 조선예수교회 창립 |
| 1934. | 3. 23. | 재일본 조선기독교회 창립 |
|      | 11. 21. | 여권문제 필화 사건 |
|      | 가을 | 재일 조선기독교대회 조직, 한국기독교 희년대회, 장로교 「신편찬송가」 발간, 감리교 「신정찬송가」 발간, 조선예수교연합공의회 해산 |
| 1935. | 9. | 신사참배 강요 |
|      | 12. 22. | 기독교대한 복음교회 창설 초대 감독에 최태용 목사 |
| 1937. | 7. 7. | 중일전쟁 발발 |
|      | 4. 16. | 만주 장춘에 만주사평가성경학교 개설(후에 만주신학교로 개칭) |
|      | 11. 26. | 만주 조선기독교 총회(장로교. 감리교, 성결교회, 동 |

|       |        | 이기독교)와 함께 6개, 교구로 개편 창립 |
|-------|--------|--|
| 1938. | 7.     | 조선기독교연합회 결성 회장에 일본인 와니 목사 선임 |
|       | 9. 20. | 신사참배 거부하며 장로회신학교 폐교 |
|       | 9. 25. | 제27회 장로회 총회에서 신사참배 결의 |
|       | 가을    | 신사참배 반대로 장로교 미션학교는 모두 폐쇄 |
| 1939. | 3.     | 조선신학원 기성회 조직 |
|       | 9.     | 장로회 총회에서 '국민정신총동원조선예수교장로회 연맹' 조직 |
|       | 11.    | 성명서와 함께 모든 교회로 하여금 신사참배, 궁성요배, 황국신민서사 제창 후 예배를 시작하도록 함. |
| 1940. | 1. 16. | 재일조선기독교회 임시 대회 및 일본기독교회로 합동 결의 |
|       | 4. 11. | 조선총독부의 인가로 평양신학교 재건 초대 교장에 채필근 목사 |
|       | 9. 12. | 조선신학원 조선총독부 경기도 학무국의 허가로 서울 승동교회 1층에서 개교, 이사장 및 원장에 김대현 장로 교수에 김재준, 윤인구 목사 |
|       | 9.     | 조선예수교장로회 총회는 해산 후 일본기독교 조선장로교단으로 개편 모든 조선 기독교 각 교단들이 일본기독교 교파 교단에 예속 |
|       | 11.    | 전국 교역자 300여 명 불법 감금, 선교사 전원 강제 출국 |
|       | 12. 10.| 캐나다 영 선교사 일행 강제 출국 |
| 1941. | 3. 10. | 기독교조선 감리교단 만주교구로 개편 |
|       | 8.     | 각 교단별로 애국기 헌납 운동 전개, 조선청년들을 징병, 징용, 여성 정신대 동원령을 발표 |
|       | 10.    | 경성교구에 속한 성직자들이 부여신궁 거설에 부역 |
|       | 11.    | 순천노회 15인 목회자 구속 |
|       | 11. 26.| 중국 길림성 장춘에서 만주조선기독교 총회 창립 |
|       | 12. 8. | 태평양전쟁 발발 및 비상조치에 의해 재일조선기독교 목사, 장로, 전도사 18명 구속 |
| 1943. | 1.     | 각 교단은 해산시키고 교단 통폐합 운동 추진 |

|       |        |                                                                                                  |
|-------|--------|--------------------------------------------------------------------------------------------------|
|       | 12.    | 성결교회 해산                                                                                     |
| 1944. | 봄     | 각 지역 교회 통폐합 실시 주일 밤과 수요일 밤 예배 폐지                                           |
| 1945. | 7.     | 일본기독교 조선교단 출현 초대 총리 김관식 목사, 총무 송창근 목사                                 |
|       | 8. 15. | 일제의 패망과 해방, 신사참배 반대하다 투옥되었던 성직자 및 일반 신도들 석방, 출옥 성직자들 산정현교회에 모여 5개 개혁안 발표, 소련군 북한 진주와 함께 남한은 미군이 진주하여 각각 군정실시 |
|       | 9. 8.  | 동대문 감리교회에서 3연회를 조직                                                                 |
|       | 10.    | 구세군 재건                                                                                       |
|       | 11.    | 성결교회 총회 재건, 총회장 박현명 목사 피선, 경성신학교 재건                                     |
|       | 11. 14.| 평북노회 주최로 6개 노회 퇴수회 모임                                                             |
|       | 11. 15.| 교토 한인교회에서 재일기독교연합회 재건                                                          |
|       | 11. 16.| 평북 용암포 지역에서 기독교사회민주당과 공산당과의 충돌로 인하여 신의주학생의거 사건 발발     |
|       | 11. 27.| 정동제일교회에서 조선기독교 남부대회를 개최                                                      |
|       | 12.    | 이북 5도 연합회 조직                                                                              |
| 1946. | 2. 10. | 일본 동경교회 재건                                                                                |
|       | 3. 1.  | 북한에서 3·1절 행사를 평양역 광장과 장대현교회에서 각각 실시, 이 일로 기독교와 공산당과 충돌 |
|       | 6. 12. | 남한 장로회 남부대회 결성 총회장 배은희 목사. 제27회(1938) 총회 시 신사참배 결의를 취소하고 조선신학교를 직영하기로 결의 지방노회가 재건됨에 따라 조선주일학교연합회도 재건되었으며, 1948년 명칭을 대한기독교교육협회라 부름 |
|       | 6.     | 여전도회 전국대회를 서울 연동교회에서 개최하고 재건                                              |
|       | 9. 3.  | 장로교, 감리교, 성결교, 구세군 등 지도자들이 모여 '조선기독교연합회' 조직                        |
|       | 9.     | 충남 강경에서 동아기독교를 재건하고 1949년 9월 교단 명칭을 기독교대한침례회라 함. 제48회 경남노회에서 고려신학교를 신설하고 고려파가 예장에서 이탈 |

|      |        |                                                                 |
|------|--------|-----------------------------------------------------------------|
|      | 11. 3. | 북한은 주일에 인민위원회 선거를 실시하려고 할 때 기독교가 반대하자 목사 및 반대자를 구속 |
|      | 11. 28.| 평양에서 조선기독교도연맹(KCF) 조직                              |
| 1947.| 3. 1.  | 서울운동장에서 3·1절 기념식 거행                                  |
|      | 4. 18. | 제2회 남부 총회에서 조선예수교장로회 총회로 재건                  |
| 1948.| 5.     | 박형룡 박사를 중심으로 보수신학을 수호한다면서 조선신궁자리에 장로회신학교 설립 |
|      | 5. 10. | 남한 단독으로 국회의원 선거 실시                                 |
|      | 8. 15. | 남측은 대한민국 정부 출범                                        |
|      | 9. 9.  | 북측은 조선민주주의인민공화국 정부 출범                          |
| 1949.| 4. 22. | 교단 명칭을 '대한예수교장로회'로 변경                             |
|      | 5.     | 출옥 성도를 중심해서 예장에서 이탈 재건파를 조직                |
|      | 7.     | 서울 새문안교회에서 면려청년회 재건                              |
| 1950.| 3.     | 평양 장로회신학교와 성화신학교를 통합하여 기독교신학교로 개편 |
|      | 6. 25. | 한국 남북전쟁 발발                                               |
|      | 가을   | 중국 기독교는 스스로 삼자애국교회로 선언                        |
| 1951.| 1.     | 대구에서 군종학교 설립과 동시 군목제도 실시                    |
|      | 5.     | 임시 수도 부산에서 모인 제36회 총회가 속회되면서 장로회신학교와 조선신학교를 취하하고, 그해 9월 대구에서 총회가 직영하는 총회신학교를 개교 |
| 1953.| 6. 10. | 신학방법론으로 인하여 조선신학교 신학생 51명이 총회에 진정서를 제출하고 박형룡 박사가 교장으로 있는 장로회신학교로 전학, 일부 총대원들이 이탈하여 서울 한국신학대학 강당에서 대한기독교장로회(후에 한국기독교장로회)라는 명칭으로 교단을 설립, 총회장 김세열 목사 |
|      | 7. 27. | 판문점에서 휴전협정 체결                                         |
| 1954.| 4.     | 총회신학교 예과 1년, 2년생은 조선 신궁터에 자리 잡고 수업      |
|      | 4. 26. | 제39회 총회에서 제27회(1938년) 총회 시 신사참배 결의를 취소하고 참회기도회 실시 |

|        |       | 5.     | 문선명 통일교 창설 |
|--------|-------|--------|-----------------|

1955.    4.         총회신학교를 장로회신학교로 명칭 변경
         11.        경기노회에서 박태선 집단 이단으로 규정
1956.    9.         총회에서 나운몽 이단으로 규정
1958.    1.         루터교 선교회 창립
         5.  29.    장년면려회(남선교회전국연합회) 조직
         9.  28.    제44회 대전 총회에서 합동 측과 통합 측은 서울 연동 교회에서 속회 분립
         10.        김준곤 목사 대학생선교회 발족
         11.        서울 승동교회에서 제44회 합동 측 속회 총회로 분립, 제44회 총회 분열로 장로회신학교도 분열, 통합 측은 장로회신학대학교, 합동 측은 총신대학교
1960.    2.  19.    합동 측과의 통합을 위해 WCC 탈퇴
         3.  15.    정부통령 선거 시 자유당 부정 선거로 마산의거사건 발발
         4.  19.    4·19 학생혁명
         9.         고신과 합동 측 통합(1963년 9월 각각 환원)
1961.    4.         총회에서 서울여자대학 설립
         5.  16.    박정희 소장 군사 쿠데타
1963.    5.         KNCC 초청으로 일본 NCC 대표단 입국
         11.        일본 NCC 초청으로 KNCC 대표 도일
1965.    6.  22.    한일국교 협정
         7.  5.     영락교회에서 한일국교 비준 반대 집회가 개최 일부 교인들 시위
1966.    9.         한국기독교장로회 총회장 초청으로 일본기독교단 오무라 의장 방한
         가을       중국인민공화국 문화혁명으로 기독교 탄압
1967.    2.  16.    공명선거추진을 위한 운동으로 기독교 염광회 창립
         6.  8.     박정희 대통령 재선으로 재집권 야당후보인 윤보선 낙선, KNCC 6·8 부정선거에 대하여 성명서 발표
         9.         전주에서 모이는 예장 총회장의 초청으로 일본 기독교단 스즈끼 의장 방한

| 1969. | 1. | | 박정희 대통령 주변에서 중임제를 폐지하고 3선 출마의 길을 모색함, 기독교 염광회에서는 이 소식을 접하고 3선 개헌반대 운동에 돌입 |
| | 9. | 8. | KNCC에서 3선 개헌 반대 성명서 발표, 대한기독교연합회 및 예장 합동 측 3선 개헌 지지 성명서 발표 |
| | 9. | 14. | 국회에서 3선 개헌 통과 |
| | 9. | 29. | WCC 재가입 |
| 1971. | 4. | 4. | 제7대 대통령 선거 박정희 대통령 후보 당선, 야당 후보인 김대중 낙선 |
| | 봄 | | 중국 북경에 최초로 개신교 및 천주교가 각각 개방 |
| | 12. | | 군사정부는 국가비상사태 선언 |
| 1972. | 봄 | | 조선기독교연맹에서는 평양신학원을 개원하고 학생 10명을 모집 교육실시 |
| | 7. | 18. | '7·4 남북공동성명서' 발표 |
| | 10. | | 10월 유신선언(비상계엄선포) |
| | 12. | | 유신헌법 발표 |
| 1973. | 5. | 30. | 빌리 그레함 한국 전도대회 여의도 광장에서 실시 |
| | 6. | | 아시아 방송국 개국 |
| | 7. | | 서울 아카데미하우스에서 제1회 한일교회협의회 개최 |
| 1974. | 1. | | 대통령 긴급조치 1호, 2호 선포 |
| | 2. | 25. | KNCC 인권위원회 조직 |
| | 7. | 18. | KNCC 민주화 및 구속자를 위한 목요기도회 정례화 |
| | 8. | 13. | 한국대학생회(CCC) 주최로 여의도 광장에서 '엑스플로 1974 대회' 개최 |
| | 11. | | 목사 기독교 교수 등 66명이 참가하여 '한국 그리스도인의 신학적 성명' 발표 |
| 1975. | 2. | | 총회에서 종교탄압 중지 요청 성명서 발표 |
| | 3. | 20. | 서울 연동교회에서 '기독교정의구현전국성직자단' 조직 |
| | 5. | 8. | 서울 아카데미하우스에서 구속된 성직자 석방운동 전개 |
| | 7. | 25. | 총회에서는 서울 연동교회에서 구속된 성직자에 대한 입장 성명서 발표 |
| 1976. | 3. | 1. | 명동성당에서 구국선언문 발표, 여기에 참여했던 교 |

|  |  |  | 계인사 전원 구속 |
|---|---|---|---|
|  | 5. |  | 찬송가합동추진위원회 결성 |
| 1977. | 8. | 15. | 여의도 광장에서 민족복음화성회 개최 |
|  | 10. |  | 서울에서 세계기독실업인대회(CBMC) 개최 |
| 1978. | 9. |  | KNCC 산업선교신학 정립협의회에서 '산업선교신학 선언문' 제정 |
| 1979. | 7. |  | 미국 카터 대통령 방한 시 교계지도자와 환담 |
|  | 8. |  | 총회는 "산업선교는 하나님의 명령" 성명서 발표 |
|  | 10. |  | 부산과 마산에서 유신철폐 시위 발생 |
|  | 10. | 26. | 청와대에서 중앙정보부장 김재규에 의해 박정희 대통령 사살 |
|  | 12. | 12. | 신군부에 의해 쿠데타, 중국 정부의 개방정책으로 각 교회마다 삼자애국교회 간판을 내걸고 재건운동 |
| 1980. | 5. | 18. | 신군부는 정권을 장악하기 위해 제주도를 제외한 전지역에 계엄령 선포, 이에 항의한 광주지방 시민 학생들에 의해 민주화운동 전개 |
|  | 5. | 30. | 국가보위비상대책위 설치(위원장 전두환) |
| 1981. | 3. |  | 전두환 정부 출범 |
| 1982. | 2. | 11. | KNCC 목요기도회 재개 |
| 1983. | 봄 |  | 조선기독교도연맹에서 신구약성경 발간 |
|  | 12. |  | 통일찬송가 발행 |
| 1984. | 2. |  | 재일대한기독교회와 일본기독교단이 선교협약 체결 |
|  | 8. | 15. | 여의도 광장에서 한국 기독교 100주년 선교대회 개최, 조선기독교도연맹에서 무곡찬송가 발간 |
|  | 9. | 21. | 제69회 총회의 결의에 따라 1985년 1월 4일 총회 인권위원회 조직 활동 |
|  | 10. | 29. | 일본 동경에서 WCC 국제위원회가 주관하여 "한반도 평화"란 주제로 모임 |
| 1985. | 4. | 5. | 인천에 한국 기독교 100주년 탑 건립 |
|  | 10. |  | KBS-TV 시청료 거부운동 전개 |
|  | 11. | 11. | WCC 국제위원회 E. 바인게르트 간사가 조선기독교도연맹 초청으로 북한을 방문 |

| | | |
|---|---|---|
| 1986. | 4. 18. | 미국교회협의회 대표 10명이 북한 방문 |
| | 6. 13. | CBS 기능정상화 범기독교추진위원회 결성 |
| | 8. 25. | KNCC 주최로 인천 송도 비취 호텔에서 "교회와 평화통일"을 위한 세미나 개최 |
| | 9. 2. | WCC 국제위원회 주관으로 스위스 글리온에서 남북 지도자 첫 상면 |
| | 9. 29. | "대한예수교장로회 신앙고백서" 선포 |
| 1987. | 5. 6. | 일본 NCC 대표 마에지마, 나까지마 목사 북한 방문 |
| | 5. | 총회에시는 4·13 호헌조치를 철폐하라는 총회장 목회서신을 전국 교회에 발송 |
| | 6. 10. | 4·13 호헌을 철폐하라는 6·10 항쟁 시민운동 전개 |
| | 6. 17. | 미국 NCC 북한 방문 |
| | 6. 22. | 4·13 호헌 철폐 위한 "나라를 위한 기도회"를 총회 인권위원회 주관으로 서울 새문안교회에서 모임 |
| 1988. | 2. | 노태우 대통령 정부 출범 |
| | 4. 25. | KNCC 주최로 국내 인사 200명, 외국 인사 100명 등이 참가하여 '세계기독교 한반도 평화협의회'를 개최 |
| | 7. 5. | 총회 인권위원회 주최로 서울 새문안교회에서 "교권수호를 위한 전국교회 비상기도회"를 개최한 후 종로 5가 총회 본부까지 항의 행진 |
| | 10. | 평양 봉수교회 봉헌 |
| | 11. 23. | 스위스 글리온에서 남북 지도자 2차 접촉 후 "글리온 공동선언" 발표 |
| 1989. | 2. 26. | 3·1운동 70주년 기념 심포지엄 실시 |
| | 7. 29. | 재일대한기독교회 대표자들이 평양 조선기독교도연맹 방문 |
| | 9. 27. | 호주연합교회 한국선교100주년 기념예배 실시 |
| | 11. | 경기도 용인에 한국기독교순교자기념관 개관 |
| | 12. 28. | 한국기독교총연합회(CCK) 창립 |
| 1990. | 3. 1. | CCK 사랑의 쌀 나누기 운동 전개 |
| | 3. | 호주연합교회에서 "분단된 한국의 통일" 선언문 발표 |
| | 7. | CCK '사랑의 쌀 나누기 운동 본부'에서는 쌀 1만 톤을 |

|       |       |      | 홍콩을 통해 북한 전달 |
|-------|-------|------|---------------------|
|       | 7.    | 10.  | 재일대한기독교 주관으로 일본 동경에서 남북교회 지도자 및 WCC 회원 국가 대표자들이 함께 만남 |
|       | 9.    | 20.  | 제75회 총회에서 사형제도폐지위원회 설치 결의 후 사형제도폐지원회 발족 |
| 1991. | 5.    | 30.  | 총회 인권위원회 주관으로 100주년기념관에서 "인권탄압 종식을 위한 비상시국기도회"를 개최 |
|       | 7.    | 12.  | 재일대한기독교 주관으로 일본 동경에서 남북지도자 2차 만남 |
| 1992. | 3.    | 12.  | 총회 창립 80주년 기념 심포지엄 개최 |
|       | 5.    | 11.  | 총회 창립 80주년 기념대회 |
|       | 9.    | 27.  | 미국 남장로교 한국선교100주년 기념예배 실시 |
|       | 11.   |      | 평양 칠골교회 봉헌 |
| 1993. | 2.    |      | 문민정부 김영삼 대통령 취임 |
| 1994. | 6.    | 2.   | 동경에서 제4차 모임을 개최 이때 재일대한기독교회와 선교협약을 맺고 있는 한국교회의 6개 교단과 함께 만남 |
| 1995. | 1.    | 5.   | 총회 사상 합동 총회장이 총회 신년 하례식에 참가 축사 |
|       | 2.    | 28.  | 총회 임원과 합동 측 임원과 첫 상면 |
|       | 5.    | 18.  | 총회 인권위원회와 호남지방 각 노회 인권위원회 공동주관으로 5·18 광주민주항쟁 기념 예배 실시 |
|       | 5.    | 27.  | 총회(79회) 결의에 의해 여성안수 실시를 위한 헌법개정 발표 |
|       | 8.    |      | 미국 신시내티에서 광복 50주년 기념 통일을 위한 모임을 개최 |
|       | 12.   |      | 기독교 텔레비전 방송 개국 |
| 1996. | 6.    | 6.   | 재일대한기독교회 주최로 남북 기독자 제5차 일본 동경 모임을 개최 |
| 1997. | 10.   | 14.  | 호주연합교회 및 호주한인교회 협의회 대표자들이 조선기독교도연맹의초청으로 북한 방문 |
| 1998. | 2.    |      | 국민의 정부 김대중 대통령 취임 |
|       | 3.    | 8.   | 조선기독교도연맹 대표 4명이 호주연합교회 초청으로 |

|   |         | 호주 방문 |
|---|---------|-----------|
|   | 10. 8.  | 재일대한기독교회 주최로 남북 기독자 제6차 모임을 일본 오사까에서 개최 재일대한기독교 선교 90주년 기념 |
| 1999. | 3.   | 한기총 '사랑의 쌀 나누기 본부'에서는 현재까지 11억 원에 해당되는 쌀을 북한에 전달 |
|   | 4. 16.  | 한기총 북한난민 보호 UN 청원운동 발족 |
|   | 12. 18. | 1차, 2차 옷보내기 운동본부에서 20만 벌을 북한에 보냄. |
| 2000. | 6. 15. | 평양에서 김대중 대통령과 김정일 국방위원장 남북정상회담 개최 후 "남북공동합의문" 발표 |
|   | 7. 10.  | 총회 사형제도폐지위원회 창립 10주년 기념 및 제9회 사형제도폐지정책협의회 개최 |
|   | 8. 15.  | 남북 적십자의 주선으로 남북 이산가족 100명씩 교환 실시 |
| 2003. | 2. 15. | 노무현 대통령 취임 |
| 2007. | 10. 4. | 노무현 대통령과 김정일 위원장과 평양에서 남북정상회담 |
| 2008. | 2. 25. | 이명박 대통령 취임 |
|   | 5. 2.~6. 10. | 소고기 재협상 촛불문화재 축제 실시 |
|   | 7. 16.  | 남선교회전국연합회의 지원으로 평양봉수교회 봉헌 |

## 집필자 김수진 목사에 대하여

학 력 : 장로회신학대학교 신학과(Th. B), 단국대문학부(B. A.)
　　　　연세대학교 연신원, 일본 도시샤(同志社) 대학(Th. M.)
　　　　미국 훌러신학교(D. Min.) 미국 코헨신학교(Th. D.)
경 력 : 한영신학대학교 교수역임
　　　　전북 익산황등교회 담임목사
　　　　예장통합 교육자원부 총무
　　　　장로회신학대학교 신대원 및 대학원 출강
　　　　대전신학대학교 학부 및 신대원 출강
　　　　광나루문인회 회장/목양문인회 회장역임
현 재 : 한국교회역사연구원 원장
　　　　한국찬송가공회가사분과 전문위원
　　　　한기총(CCK) 기독교문화개발보전본부장
　　　　한국기독교성지순례선교회 전문위원회 위원장
　　　　한일교회역사연구회 회장

저 술 : 한국기독교발자취/일본기독교발자취/한일교회의 역사
중국개신교회사/일본개신교회사/신앙의 거목들
광주초기기독교사 연구/군산지방 기독교사 연구
6·25전란의 순교자들/아름다운 순교자
한국 기독교 선구자 이수정/예수 오실 때까지
목포지방 기독교 100년사/호남선교 100년과 그 사역자들
사진으로 본 한국초기장로교회 100장면/
사진과 함께 읽는 이야기 한국교회사
아름다운 빈손 한경직/마부 출신 이자익 목사 총회장
교회란 무엇인가 등 다수 있음
광주제일교회 100년사/서두교회 100년사, 고현교회 110년사
매계교회 100년사/옥산중앙교회 100년사
등 개교회사도 다수 있음.
공 저 : 한국 기독교의 역사 1-2권/한국기독교사(호남 편)
일제의 종교탄압과 저항운동/어둠을 밝힌 한국교회와 대각성 운동
기독교계론(기독교대학교재)
부인유고집:참 행복했다오(어느부인의유언)
역 서 : A. 케배루의 기독교적 인간상/다모츠의 이 사람아 노년에 무슨 재미
로사나
니누마의 한국을 사랑한 어느 일본인 전도자
도히아끼오의 일본기독교사
작 사 : 새찬송가 577장

# 광주·전남지방의
# 기독교 역사

초판 인쇄　2013년 7월 15일
초판 발행　2013년 7월 25일

지 은 이　총회교육자원부 편 / 김수진 저
펴 낸 이　채형욱
펴 낸 곳　한국장로교출판사
주　　소　110-470 / 서울 종로구 연지동 135 한국교회100주년기념관 별관
전　　화　(02) 741-4381~2 / 팩스 741-7886
영 업 국　(031) 944-4340 / 팩스 944-2623
등　　록　No. 1-84(1951. 8. 3.)

ISBN 978-89-398-0523-1 / Printed in Korea
값　11,000원

※ 이 출판물은 저작권법에 의해 보호를 받는 저작물이므로 무단전재와 무단복사를 할 수 없습니다.